GAOXIAOSHIJIANYUREN JIZHI YU
DAXUESHENGSHIJIANNENGLIPEIYANGYANJIU

高校实践育人机制与大学生实践能力培养研究

吴光辉——著

中国政法大学出版社

2023·北京

图书在版编目（ＣＩＰ）数据

高校实践育人机制与大学生实践能力培养研究/吴光辉著. —北京：中国政法大学出版社，
2023.11

ISBN 978-7-5764-1243-7

Ⅰ.①高…　Ⅱ.①吴…　Ⅲ.①大学生－社会实践－教学研究　Ⅳ.①G642.45

中国国家版本馆 CIP 数据核字(2024)第 002824 号

出 版 者	中国政法大学出版社
地　　址	北京市海淀区西土城路 25 号
邮寄地址	北京 100088 信箱 8034 分箱　邮编 100088
网　　址	http://www.cuplpress.com (网络实名：中国政法大学出版社)
电　　话	010－58908586(编辑部) 58908334(邮购部)
编辑邮箱	zhengfadch@126.com
承　　印	固安华明印业有限公司
开　　本	720mm×960mm　1/16
印　　张	14
字　　数	260 千字
版　　次	2023 年 11 月第 1 版
印　　次	2023 年 11 月第 1 次印刷
定　　价	79.00 元

前　言

在当今社会，教育正经历着前所未有的变革。随着信息技术的飞速发展以及全球化和工业4.0的深入推进，社会对人才的需求正在发生深刻的变化。在这样的背景下，高等教育也面临着巨大的挑战和压力。特别是在我们的国家，不仅要培养大量的高素质人才以满足社会的需求，更要在全球竞争中赢得优势。这就需要高等教育能够适应社会发展的需要，提升教育质量，培养出更多的高素质人才。实践育人通过实践活动培养学生的能力和素质，是培养高素质人才的重要方式。实践育人重视学生的实际操作能力，强调以实际操作为主线，以解决实际问题为目标的教育方式。通过实践活动，学生可以将理论知识与实际相结合，提高自我认知，增强创新意识和团队协作能力，更好地适应社会和职场的需求。因此，实践育人在高等教育中占据着重要的地位。

这本专著共分为七章。第一章是高校实践育人概述，主要阐述了高校实践育人的内涵与理论，内容及原则，以及类型与特点。这为理解和实施实践育人提供了基础。第二章讨论了高校实践育人机制的构建。从管理体制的完善、支持系统建设、师资队伍建设以及质量保障体系四个方面探讨了如何构建有效的实践育人机制，以促进学生的全面发展。第三章重点讲述了高校课程体系中的实践教育。详细介绍实践教育在课程体系中的作用，实践教育课程的类型及设置，设计与开发，以及组织与管理等方面，以期能让读者对实践教育有更深入的理解。第四章着重讨论了高校实践育人的评价与优化。这部分探讨如何建立评价指标体系，研究评价方法，进行效果的定性分析，并提出优化策略，以期能够对实践育人的效果进行有效评估和持续改进。第五章是关于高校实践育人与职业生涯规划教育的整合。这部分研究两者的内在联系，探讨职业生涯规划教育在高校实践育人中的作用，并提出融合策略，以期能使学生在获取知识和技能的同时规划好自己的职业生涯。第六章专注于高校实践育人与大学生实践能力培养的关系。详细阐述了大学生实践能力的内涵与要素，理论基础及意义，以及在实践育人中的具体培养策略。第七章总结与展望。总结本书的研究成果并展望高校实践育人的未来发展趋势。

全书集系统性、科学性、新颖性于一体，知识性趣味性强、理论研究科学严谨、语言描述准确、章节划分得体、结构体系完整，能够为高校实践育人与大学生实践能力培养提供合理建议和科学指导。本书在撰写过程中参考了一些专家、学者的研究成果和著作，在此表示衷心的感谢。由于时间仓促，水平有限，不足和缺陷之处在所难免，恳切希望广大读者、专家批评指正。

CONTENTS
目 录

第一章

高校实践育人概述

第一节　高校实践育人的内涵与理论

在高等教育的教育教学中，实践育人是培养适应新时代社会需要人才的新途径，是高等教育理念的重要组成部分，具有特殊的地位和作用，应该引起高校的高度重视。

一、高校实践育人的基本内涵

"实践育人"是一个涵盖"实践"与"育人"两个核心元素的概念。"实践"通常指的是行动，而"育人"可以被解读为一种功能或行动。"实践育人"概念特别强调实践，可以被视为一种特定的教育活动，也就是一种具备教育人的功能的实践活动。作为高等教育的关键组成部分和环节，"实践育人"既体现了一般实践活动的通性，又突显了教育实践活动的特性。高校实践育人的特性主要体现在以下几方面：第一，高校实践育人的主体是大学生，这是一群处于特殊成长阶段的社会群体。他们主要的任务是学习知识、掌握技能、提升自身的综合素质，这与普通实践活动的主体存在本质区别。第二，高校实践育人通常在高校的组织和引导下进行，其导向性和目标性非常明显。主要的目标是让大学生在实践活动中学习、锻炼并接受教育。第三，实践育人的形式和内容也需要与大学生的特殊性相匹配，例如，他们正处于成长期，他们的主要任务是学习，而他们的活动场所主要是学校。这些特殊性决定了实践育人的形式和内容也具有特殊性。

关于高校实践育人内涵的定义，学术界提出了各种各样的观点。根据学者们的研究，结合高校实践育人的特性，可以把高校实践育人定义为：基于学生在课堂教学中获取的理论知识和间接经验，遵循学生的成长、人才培养规律以及教育教学规律，激励和引导学生开展或参与有利于提高其思想道德修养和综合素质，推动其全面发展的各种具有导向性、体验性、应用性的实践教育活动。

高校实践育人工作以大学生为参与主体，以主观见之于客观的实践活动为主要载体，形式多样、内容丰富。[1] 实践育人是一种强化学生思想政治教育和提升学生综合素质培养的方式，也是提高当前高等教育质量的内在要求。

二、高校实践育人的理论基础

实践活动的推进离不开理论的引导，这种理论基础不仅赋予了实践活动思想视角，也为实践活动指明了方向。在推进高校实践育人工作的过程中，科学的理论支撑是不可或缺的。高校实践育人的理论基础主要包括马克思主义实践观、人的全面发展理论、杜威的实用主义教育思想（如图1-1）。

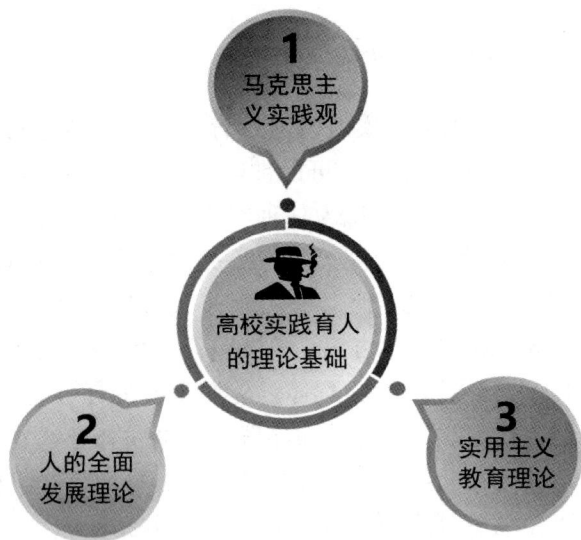

图1-1　高校实践育人的理论基础

---

〔1〕　李淑静：《应用型本科高校实践育人研究》，吉林大学出版社2021年版，第25页。

（一）马克思主义实践观

马克思主义的实践观是高校实践育人理念的重要理论基础。这一观念突出强调实践的主导地位和决定作用，认为实践是认识的源泉和动力，也是检验知识真理性的唯一标准。马克思主义的实践观还明确提出，实践是改造世界和发展自身的基本途径。这一实践观深深影响了教育界对于实践育人的理解和实施。

1. 实践是认识的源泉和动力

马克思主义认为，人类的认识并非源于空想，而是源于对物质世界的实践活动。人类通过劳动和实践与自然界和社会建立联系，从而获得对客观世界的直接感知。"思想根本不能实现什么东西。为了实现思想，就要使用实践力量的人。"〔1〕实践活动不仅为人的认识提供了对象，也赋予了认识以活动的性质。通过实践活动，人们逐步获得并积累知识、形成理论，而这些理论又指导人们进行新的实践活动。在这个过程中，实践活动和认识活动形成了一个动态的互动过程，推动知识的形成和发展。

2. 实践是检验真理的唯一标准

"人的思维是否具有客观的真理性，这不是一个理论的问题，而是一个实践的问题。人应该在实践中证明自己思维的真理性，即自己思维的现实性和力量，亦即自己思维的此岸性。"〔2〕马克思主义认为，知识的真理性不能仅仅通过逻辑推理来验证，而必须通过实践来验证。只有当理论知识被用于实践并取得预期效果时，这种知识才能被认定为真理。这一观念为实践育人提供了重要的理论支持。通过实践活动，学生可以检验他们所学的理论知识是否正确，是否具有实际应用价值，从而提高他们的认识水平，锻炼他们的能力。

3. 实践是改造世界和发展自身的基本途径

"全部社会生活在本质上是实践的。凡是把理论引向神秘主义的神秘东西，都能在人的实践中以及对这种实践的理解中得到合理的解决。"〔3〕马克思主义强调，人通过实践活动改造世界，同时也实现了自身的发展。这一观念对于实践育人具有重要的启示意义。通过参与实践活动，学生不仅可以应用

---

〔1〕《马克思恩格斯全集》（第2卷），人民出版社1957年版，第152页

〔2〕《马克思恩格斯全集》（第1卷），人民出版社1956年版，第55页。

〔3〕《马克思恩格斯全集》（第1卷），人民出版社1956年版，第501页。

和发展自己的知识和技能，还可以影响和改变社会，实现自身价值。这种影响和改变不仅体现在具体的技术创新和社会服务上，还体现在他们的人格塑造和价值追求上。通过实践活动，学生可以培养自己的责任感、创新意识和人格品质，从而成为社会发展的主动者和推动者。

（二）人的全面发展理论

人的全面发展理论在马克思主义理论中占据着重要地位，是马克思价值目标的根本体现。人的全面发展理论是一个哲学概念，是个人全面发展、自由发展、充分发展的统一。指的是人从各种束缚中解放出来，实现体力、智力、个性和交往能力的全面发展。即"人以一种全面的方式，也就是说，作为一个完整的人占有自己的全面的本质"。[1]马克思关于人的全面发展理论大体上可以分为以下几个方面：

1. "类本质"的全面发展

马克思认为，人的"类本质"是人的一种有意识的自由活动，即人的实践本质。人只有充分发挥自己所具有的"类特性"，使实践活动得到充分发展才能被称为人。首先，人的思维能动性是人与动物的本质区别。也就是说，人能够自主地发展自己的能力、发挥自己的才能以及进行创造性的实践活动。其次，人的实践活动应该是多种多样的，不能被所谓的"分工"所限制，同时人的活动具有全面性，不应该只是简单的、重复性的劳动。人的全面发展应该是能够从事多种实践活动，可以在不同的部门之间进行劳动活动的转换，发展自己的兴趣爱好，以达到自主活动和自我价值的实现。

2. "社会本质"的全面发展

人的"社会本质"的全面发展主要包括以下几方面的内容：①个人与他人之间的关系。个人不是独立存在的，而是与他人相互联系在一起的，只有正确处理个人与他人之间的关系，才能获得个人的全面发展。②个人的主要社会关系。个人的主要社会关系包括个人与家庭、个人与集体以及个人与社会的关系。妥善处理个人与家庭、个人与集体以及个人与社会之间的关系，既是社会发展的需要，也是个人全面健康发展的需要。③个人的社会活动。个人通过与他人、社会进行交往，通过各个社会领域的活动来突破个体各方面的局限性，实现自己的全面发展。同时，个人的全面发展和社会成员的全

---

[1]《马克思恩格斯全集》（第1卷），人民出版社1956年版，第189页。

面发展是统一的，只有社会成员中的每一个人都获得充分发展，个人才能实现自己的全面发展。

3. "个性"的全面发展

马克思认为，人的"个性"的全面发展包括以下几个方面：①人的多种需要的满足。人的需要是全面而丰富的，是个人自身发展水平的一种体现。只有人的多种需要得到满足后，才能感受到自我价值，真正体会到生活的乐趣。人都有自我实现的诉求，只有这种高层次的诉求得以实现，人才能获得积极的肯定，享受劳动自由带来的意义。②身心的全面发展。只有人的身心达到一种和谐统一的发展状态，才能在社会实践活动中实现自己的需要并不断完善自己。也就是说，不但要拥有健康的体魄，还要具有健全的心理，才能获得个体的全面发展。③个体潜能的发挥。人的潜能是在不断适应自然的过程中进化而来的，是一直存在并且不断变化的。在旧式的劳动分工下，个体潜能被社会环境和其他因素所压抑，不能充分发挥出来。我们应该在社会实践活动中不断开发自己的潜能，使其充分发挥出来。④精神道德观念和自我意识的发展。人在发展到一定程度之后，就会形成自己独立的意识和独特的精神道德观念，这也是人的"个性"全面发展的标志。

马克思关于人的全面发展的理论对高校实践育人具有重大的指导作用和现实意义，两者在精神核心和价值寻求方面高度一致，都致力于人的自由而全面的发展。以全人发展为目标的高校实践育人，通过指导学生参与实践活动，培养出德、智、体、美、劳全面发展的社会主义建设者和接班人。高校实践育人被视为推动学生全面发展的关键途径。人的全面发展是人类实践活动的历史结果。由此，实践是人全面发展的最基础路径。实践是培养道德和智慧的统一过程，通过参与实践，学生的身心素质、思想道德素质和科学文化素质会相应提升。

全人发展理论拥有深邃且丰富的内涵，为高校实践教育的推进指引了方向。人的全面发展理论应贯穿于高校实践育人的各个环节，不仅要在确定实践育人的目标和内容时坚持和贯彻人的全面发展理论，而且在构建实践育人的各项机制时，也要始终遵循人的全面发展理论。以此为指导原则，以促进学生全面发展为终极目标。

（三）实用主义教育理论

美国哲学家、教育学家杜威是实用主义教育理论的代表人物。实用主义理论的观点是"教育即生活""学校即社会""教育即经验的改造",三者构成一个完整、统一的体系。杜威认为,教育要与社会生产相结合,校内学习要与校外学习联系起来。教育必须适应现实社会的需要,教育内容应与受教育者的实际需求相结合,传授实用的知识与技能。实用主义教育理论认为,学生才是教育的中心,重视学生的经验、兴趣和需要,强调学生发展的主动性、创造性,强调以学生为主体的教学实践。注重发挥学生在学习中的主体作用,教师的作用在于根据学生的特点和需要来组织和指导学生的活动,改变了传统的教师本位的教育理念。主张建立合作、民主、平等的师生关系,教师要关爱学生,与学生为友、向学生学习,根据学生个性心理特点开展教育活动。实用主义教育理论强调"做中学"的教学模式,注重实践教学,鼓励学生在实践中学习知识,从而促进理论知识与实践动手能力的融合。

杜威的实用主义教育理论阐明了教育与学生生活以及社会现实的紧密联系,他倡导学生"从做中学",这与高校实践育人的核心精神高度吻合。杜威的实用主义教育观点为大高校实践育人提供了明晰的指导原则。一方面,高校实践育人需要尊重学生的需求,激发学生的主动性,并与社会保持紧密联系,适应社会进步。正如杜威所言:"教育并不是一件告诉和被告知的事情,而是一个主动的、建设性的过程。"[1]只有符合学生的需要的实践活动才能激发学生积极参与,更好地培养他们的创新和实践能力,进而推动他们全面发展。另一方面,大高校实践育人需要强调将校内实践与校外实践相融合。校内实践是课堂理论教学的直接延伸,注重理论知识的扩展和深入。而校外实践更注重对民情的调查和社会服务等活动,资源丰富,更能符合学生的兴趣和需求,使得学生更具参与积极性和主动性。在实践教育过程中,校内外实践应相互补充、相互激励,不能偏重任何一方,需并驾齐驱,以利于培养全面发展的学生。

综合来看,杜威实用主义教育观念中的"教育即生活""学校即社会"和"在做中学习"等理念都强调了实践的重要性,为高校实践育人提供了坚实的理论支撑,为高校实践育人体系的建立和创新提供了重要的指导思想。

---

〔1〕 [美] 约翰·杜威:《民主主义与教育》,王承绪译,人民教育出版社 2001 年版,第 46 页。

第二节　高校实践育人的内容及原则

一、高校实践育人的主要内容

高校实践育人的主要内容包括实践教学、军事训练、主题教育、志愿服务、社会调查、创新创业、勤工俭学等方面，这些方面相互配合，为大学生提供全面的实践教育（如图 1-2）。

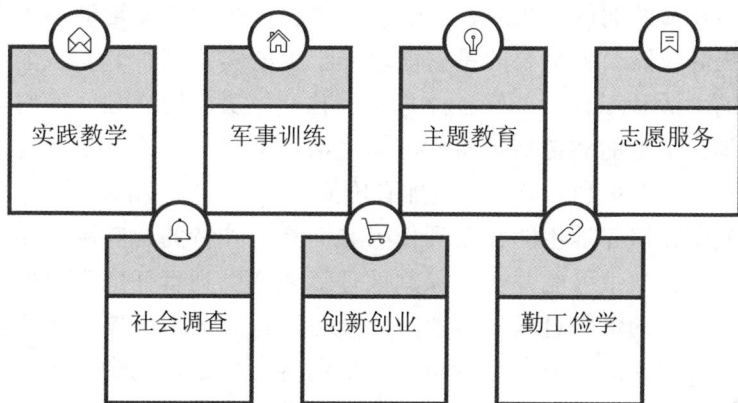

图 1-2　高校实践育人的主要内容

（一）实践教学

在高等教育中，实践教学是一种理想的教学形式，通过将理论知识与现实操作紧密结合，培养学生的实际技能和创新思维。

实践教学作为高等教育中的重要组成部分，担负着将理论知识和实际操作紧密结合的任务。这种教学方式关注知识的应用，旨在使学生通过实践活动理解和掌握理论知识，并将其转化为可用的技能。这种方式更趋向于培养学生的实践能力，而非仅仅对理论知识进行灌输。在实践教学中，学生有机会在实际情境中应用所学理论知识，使知识得到活化。理论知识不再是抽象和孤立的，而是变得具体和有用。学生能在具体的实践活动中看到理论知识的实际应用，理解理论知识的实际意义和价值。这种理解过程通常比单纯的理论学习更深刻、更持久，有助于将知识内化为自己的一部分。

实践教学也有助于培养学生的解决问题的能力。在现代社会中，解决问题的能力是极为重要的。实践教学提供一个环境，使学生有机会遇到和解决实际问题。这些问题可能涉及知识的运用、技能的运用，甚至情感和态度的运用。在解决这些问题的过程中，学生不仅能够提高自己的知识和技能，还能培养自己的批判性思维和创新思维。这对于学生的个人成长和职业发展都有极大的帮助。在实践教学过程中，学生可以直接接触到现实工作环境，这对于他们理解和适应未来的职业生涯具有重要的意义。通过实践教学，学生可以更好地理解职业规则、职业道德、职业期待等现实因素，使他们更好地为未来的职业生涯做准备。实践教学还有助于学生建立职业身份，对未来职业生涯产生积极的期待。实践教学的价值不仅仅在于它能帮助学生理解和掌握知识、提高技能，更重要的是它能培养学生的实践精神和实践能力，使他们在未来的生活和工作中能够独立思考、独立解决问题、独立面对挑战。通过实践教学，学生能够更好地将学习与生活，学习与工作、学习与社会联系起来，使学习变得更加有意义、更加有价值。

实践教学在培养学生的社会责任感方面具有独特的优势和作用。在学术和理论学习中，学生可能并不能深刻地理解和感受到责任的重要性。在实践教学中，责任感的培养自然而然地融入学习过程。学生不仅要负责自己的学习，也需要对团队的任务和目标负责。他们将不再是被动的知识接收者，而是活跃的知识创造者和使用者。实践教学要求学生为自己的工作负责，不仅是为了完成任务，更是为了自己的成长和进步。学生需要在实践中承担责任，同时也要对结果负责。他们可能需要独立完成某项任务，也可能需要与他人协作，共同完成困难的项目。这种责任感的培养，对于学生的个人成长（尤其是职业素养的形成），具有非常重要的意义。实践教学也是培养学生团队合作精神的重要场所。在实践过程中，学生往往需要与他人协同工作，以完成复杂的任务。这种协同工作要求学生学会倾听、理解、接纳和尊重他人的观点和想法，从而达成共识，共同达成目标。这种过程对于培养学生的团队合作能力以及与他人有效沟通的能力有着至关重要的作用。更进一步说，实践教学在培养学生社会责任感方面还有一种更深层次的意义。这种意义在于，通过实践教学，学生可以更直接地接触到社会的实际问题、更深刻地理解社会的需求和挑战。他们可以看到自己的学习和工作是如何与社会的发展紧密相连、是如何对社会产生积极影响的。这种认识有助于激发学生的社会责任感，使他们更愿意为社会做出贡献，为改善社会状况付出努力。因此，实践教学是培养学生社会责任感的重要方式，是学校育人工作的重要部分。

（二）军事训练

军事训练以其独特的教育功能和社会价值，成了学生品德教育、身体训练、综合能力提升等多方面素质的培养的重要方式。

军事训练是国家对高校学生进行的一种全面、系统的军事理论教育和军事技能训练。这种训练旨在增强学生的国防观念，提高他们的军事理论素质和实际操作技能，让他们理解和掌握基本的军事知识，以满足国家在特殊情况下需要他们参与国防建设的要求。在提升个体素质方面，军事训练以其严谨、规范的军事训练模式锻炼学生的身心素质，培养他们的纪律性和集体主义精神。参加军事训练的学生必须按照军事化的管理方式进行规范化、程序化训练，这对于他们的体能、毅力、忍耐力、团队协作等多方面能力的提升都具有积极意义。在国家意识和国防观念的培养方面，军事训练能够强化学生的国防观念和国家安全观念。让他们在对国家面临的安全挑战有深刻理解的基础上，提高他们的国家观念、强化他们的国家意识。在世界观、人生观和价值观的塑造方面，军事训练通过实际的训练和理论教育，使学生在军事活动中经历生死、荣辱、得失，进而形成坚定的人生信念和价值取向，塑造他们的世界观、人生观和价值观。

（三）主题教育

主题教育是思想教育内容的形式载体，是宣传思想工作的重要工具，是思想政治工作的有效平台和抓手，是对思想政治教育方式方法的不断创新。[1]

高校实践育人主题教育是以大学生为作用对象的主题教育，其根本目标是服务于大学生成长成才，促进其理想信念的坚定和思想道德素质的提升，帮助大学生树立正确的世界观、人生观和价值观，使他们在生活中更加自信、积极和进步。

主题教育作为思想政治教育的关键环节和场域，必须恪守思想政治教育的基本原则，确保政治教育始终贯穿其中，坚决确保党的路线方针政策在大学生群体中的有效传达和执行。高校实践育人主题教育的政治引领功能通常以显性和隐性两种方式来实现。显性方式就是选取的教育主题和内容本身具

---

〔1〕　中共北京市委教育工作委员会编：《新时期高校宣传思想工作实用读本》，北京出版社2014年版，第64页。

有鲜明的政治教育特质，直接引导青年大学生与中国共产党保持一致的政治立场和方向。例如，进行以中国梦为主题的教育活动，重点是引导大学生深入理解中国梦的内涵，自觉为实现中国梦付出他们的青春。这是从政治教育的视角引领大学生设立高远的政治理想，教导他们将自我人生理想与国家的壮丽蓝图有机地结合在一起。隐性方式则是在选取的教育主题、教育内容与政治教育没有直接关系时，将政治教育内容以融入大学生主题教育的方式，实现对大学生坚定正确政治立场和政治方向的间接引导。举例来说，进行以诚信为主题的教育活动时，可以将政治教育内容融入其中，实现间接引导大学生坚定正确政治方向的目标。

主题教育的引导规范作用关键在于精炼教育主题，通过引领大学生建立正确的价值观念将这些观念内化为价值自觉，外化为行为自律来达成。教育主题包含诸如思想教育、政治教育、道德教育、心理健康教育、生态文明教育等诸多领域，每一个领域都包含丰富的内容和深远的内涵。在精炼教育活动主题时，只有充分强调大学生主题教育的核心目标，深入发掘教育活动中的价值理念并将其科学、准确、精练地表现在教育主题中，才能有效引领大学生建立和实践正确的价值观，从而实现以价值观来以引导和规范大学生的行为。作为高校实践育人主题教育的关键步骤，精炼教育主题有着严格的要求。尤其是在大学生主题教育常态化的新环境下如何精炼教育主题、从哪些方面精炼教育主题，只有科学地解答这些问题，并将教育主题的精炼纳入主题教育的制度化建设，以制度化的方式为精炼教育主题提供指南和依据，才能实现教育主题精炼的科学化和规范化。

在内容方面，高校实践育人主题教育内容要更加全面、丰富，不能仅仅局限于传统意义上的思想教育、政治教育、道德教育等方面，要向心理健康教育、生态文明教育等更多领域延伸和拓展。心理健康教育是目前大学生教育中的一个重要领域，它关注学生的心理状态，通过心理咨询、心理教育和心理疏导等方式帮助学生建立健康的心理机制，学会处理情绪、压力和人际关系等问题，提高生活质量和学习效果。生态文明教育则强调培养学生对环境的尊重和保护意识，提高学生的环保行为习惯，这对于缓解当前全球环境问题日益严重的情况尤为重要。生态文明教育可以通过课堂教学、实践活动、主题活动等多种方式进行。这些新的领域的教育内容不仅丰富了教育的内涵，也提高了教育的实效性。这些教育活动还能培养学生全面发展的能力，使他们在面对未来社会的挑战时更有信心和能力。因此，将这些内容纳入主题教育是高校实践育人教育不断创新和发展的需要，也是培养社会主义现代化建设需要的合格建设者和可靠接班人的必然要求。

（四）志愿服务

志愿服务活动是一种以无偿为原则，以自愿参与为基础的社会服务活动。这种活动为学生提供了一个在实践中学习、在实践中提高的机会。志愿服务使大学生将专业理论知识运用于社会实践，在提高大学生综合素质的同时也使他们更进一步地了解了社情民意，增强了他们服务社会、贡献社会的责任感。[1]这样的实践机会是书本教育所无法提供的，它使得学生有机会真实地接触社会、了解社会，熟悉社会运行的规则。在这个过程中，学生们不仅可以提高自身的实践能力，更能够提升自我认知、了解自我。志愿服务基于自愿参与和无偿奉献的原则，强调以行动和实践来服务社会。对于参与者尤其是大学生而言，志愿服务是一种独特的学习机会，使他们有机会深入社会，理解社会的复杂性，挑战自己的潜能，锻炼自己的领导和组织能力。它是一种重要的实践教育形式，使学生从参与到服务，从关注到行动，培养他们的社会责任感、团队合作精神和创新思维。

更重要的是，志愿服务活动提供了一个真实的环境，让学生将所学知识应用于实践，提高他们的实践能力。例如，学生可以利用所学的技术知识为贫困地区建设基础设施，或者利用所学的环境科学知识参与环保项目。这样，学生不仅可以在实践中提高自己的专业技能，也可以更深入地理解他们所学的知识，并认识到他们的知识和技能可以为社会做出积极的贡献。志愿服务活动通常涉及各种各样的任务，包括敬老爱幼、环保行动、扶贫帮困等。在这些活动中，学生需要与各种各样的人合作，他们可能会面临各种各样的困难和挑战。在解决这些困难和挑战的过程中，学生可以提高他们的问题解决能力和抗压能力，也可以培养他们的团队合作精神和领导能力。志愿服务活动也是大学生培养社会责任感的重要途径。在参与志愿服务活动的过程中，学生可以亲身感受到他们的行动对社会的影响，可以看到他们的努力可以改变别人的生活，从而认识到自己的社会责任。同时，他们也可以看到社会中存在的各种问题，比如贫困、环境污染、教育不公等，这可以促使他们关注

---

〔1〕　张卫主编：《大学生决策能力训练教程》，知识产权出版社 2021 年版，第 91 页。

这些问题，思考如何解决这些问题。

（五）社会调查

对于大学生来说，社会调查是一种独特的学习经验，能够帮助他们理解和体验社会的复杂性，提高他们的独立思考和问题解决能力，以及他们的交流和表达能力。社会调查以收集、处理和分析社会数据为主，目的是理解社会现象和问题。在社会调查的过程中，学生需要设计调查问卷，进行田野观察，进行访谈，然后对收集到的数据进行分析。这个过程可以锻炼学生的独立思考能力，培养他们的创新思维。因为他们需要独立设定研究问题、独立设计调查方法、独立分析数据、独立得出结论。这不仅能够锻炼他们的思维能力，也能够锻炼他们的实践能力。

社会调查也是一种重要的团队活动。在调查过程中，学生需要与他们的队友紧密合作，共同完成各种任务。他们需要学会如何协调和管理团队，如何有效地与队友沟通，如何解决团队内部的冲突。这不仅可以培养他们的团队合作精神，也可以锻炼他们的领导能力。社会调查不仅可以提高学生的实践能力，也可以提高他们的社会责任感。在调查过程中，学生可以亲身接触社会的各种问题，如贫困、环保等等。他们可以深入理解这些问题，感受这些问题对社会和人们生活的影响，从而培养他们的社会责任感。同时，他们也可以思考如何利用自己的知识和能力去解决这些问题，这对于个人发展和社会发展而言都是有益的。

（六）创新创业

在高等教育中，创新创业是推动学生能力提升的关键因素之一，其重要性已被广泛认知。这一教育策略旨在培养学生的独立思考能力，增强他们的问题解决能力，并鼓励他们对社会问题进行创新解决。通过在学术与现实生活中锻炼，学生还能培养批判性思维、决策制定和团队合作等各项技能。创新创业教育不仅仅是为了培养学生的商业知识和技能，更重要的是，它能帮助学生建立自信，提升他们的创新精神和创业能力。创新创业教育有助于学生实现职业规划，鼓励他们去创造和实现自己的梦想。

创新创业教育主要包括理论学习和实践活动两部分。理论学习为学生提供了关于创新、创业的基础知识，例如商业模式、市场策略、财务管理等。实践活动则为学生提供将理论应用于实际环境的机会，例如通过创业比赛、创业项目实施等方式，让学生在实践中学习和进步。对于创新创业教育，一种有效的方法是模拟创业环境，让学生在这个环境中进行实践。例如，学生可以参与校园创业比赛，或者参加校企合作的实践项目。这些实践活动可以为学生提供一个安全的环境，让他们在这个环境中进行尝试和学习，不必担心失败会带来真实的损失。高校还可以通过开展创新创业讲座、研讨会等活动，邀请成功的企业家分享他们的创业经验，以此来鼓励和激发学生的创业热情。同时，这也能让学生了解到创业的实际情况，为他们提供了宝贵的学习资源。

（七）勤工俭学

勤工俭学是一种深受大学生喜爱并具有积极意义的实践活动形式。勤工俭学活动是全面贯彻教育方针，全面实施素质教育，培养德、智、体、美、劳全面发展的社会主义一代新人的重要途径。[1]勤工俭学不仅能培养大学生的实践技能，帮助他们将理论知识与实践活动相结合，而且能够通过增加收入，改善他们的生活条件，使他们在生活中积累丰富的实践经验。

勤工俭学的实质是一种教育方式、是一种校园文化、是一种生活态度，更是一种自我提升的实践活动。通过勤工俭学，大学生可以提高自己的生活技能，培养艰苦奋斗的精神，增强自我管理能力，锻炼人际交往能力，并培养良好的团队合作精神。对于大学生来说，勤工俭学并不仅仅是一种经济收入的方式，更重要的是，它是一种个人成长的方式。通过勤工俭学，大学生可以了解社会、锻炼自我、提高自己的综合素质。例如，他们可以通过在学校食堂、图书馆等地方工作，提高他们的社会实践能力；也可以通过参加学校的社团活动，培养组织管理能力；还可以通过在学校进行科研活动，提高科研能力。

高校实践育人在具体实施勤工俭学活动时，应注重营造良好的环境，提供合理的工作岗位，确保大学生的权益，让大学生在享受"勤工俭学"的乐趣的同时，得到实质性的成长和进步。例如，大学可以设立特别的"勤工俭学"基金，为需要经济支持的学生提供工作机会；也可以设立特别的"勤工俭学"奖学金，鼓励大学生积极参加勤工俭学活动。

---

〔1〕翟倩倩：《勤工俭学对于学生培养的重要影响——从辅导员视角看》，载《计算机产品与流通》2017年第10期。

二、高校实践育人的基本原则

高校实践育人实施过程中，为最大限度调动各方参与、最高效率保障育人效果，需要坚持教师主导与学生主体相结合、第一课堂与第二课堂相结合、能力培养与品德锤炼相结合、校内主动与校外联动相结合、积极扶持与严格考核相结合的基本原则。具体如下（如图1-3）：

图1-3　高校实践育人的基本原则

01　教师主导与学生主体相结合

02　第一课堂与第二课堂相结合

03　能力培养与品质锤炼相结合

04　校内主动与校外联动相结合

05　积极扶持与严格考核相结合

（一）教师主导与学生主体相结合

在高校实践教育过程中，教师与学生是两个关键角色，它们构成实践教育的主体。教师的引导性作用以及学生的核心地位共同驱动着学生的成长和发展这一实践育人目标。

教师在实践育人中发挥领导角色，是高校教育队伍中的关键角色。实践育人是高校人才培养的一部分，作为教育工作的关键力量，教师在实践育人中发挥领导作用。教师的主导作用体现在三个层面：确定实践育人的方向、协调实践育人资源，以及提供实践活动指导。教师能够通过协助学生明确个人发展需求，引导他们的发展方向，纠正偏差。作为教育的主体，教师能够获取和调配教学资源，并协调社会资源来支持学生的实践活动。在实践活动中，教师能够运用他们的专业知识和理论基础来有效地指导学生，特别是在专业实习、社会调查等教学实践活动中，教师的指导是保证实践活动效果的关键因素。学生是实践育人过程中的中心。实践育人的最终目标是促进学生的全面发展。因此，应强调学生的主体地位，并充分调动和发挥他们的主观能动性。坚持学生主体原则包括三个方面：以学生的需求为实践育人的出发点、尊重学生的自主选择权，以推动学生全面发展为实践育人的最终目标。在评估实践活动的效果时，应以推动学生全面发展为评估标准，根据实践活动对学生发展的贡献来评价活动的效果。

实现教师主导与学生主体的协调是实践育人的关键。教师应作为引导者、组织者和服务者，激励学生作为参与者、学习者和评价者。教师引导学生参与实践、组织资源、提供指导和帮助、响应学生的需求。学生在参与实践活动、吸取教训、学习知识和技能、评估实践活动的效果等方面发挥重要作用。最终通过教师的主导和学生的主体地位，实现实践育人的功能。

（二）第一课堂与第二课堂相结合

高校实践育人体系包含了两大不同的场所，分别是第一课堂和第二课堂。在整个大学人才培养体系中，第一课堂和第二课堂都各自担负着特定的任务，有着不同的侧重点，共同肩负着培育具有全面发展素质的大学生的任务。对于实践育人工作来说，也应该坚持第一课堂和第二课堂的有机结合，以实现两者的协同育人。

第一课堂是按照学校确定的人才培养计划，在一定的空间环境内，按照教学大纲开展教学活动，即我们通常所说的传统课堂教学。作为大学人才培养的主要场所，第一课堂的教学内容和师生互动形式都较为规范。在实践育人工作中，第一课堂的重要性主要体现在两个方面：一是第一课堂开展的教学实践、科技创新等学生实践活动具有独特的优势，因为这些活动的知识基础来自课堂教学，活动的进行需要任课教师的指导。二是第一课堂拥有最丰富的资源，这些资源是开展实践活动所必需的，包括课时设计、经费投入、师资力量配备、教学基础设施等。第二课堂则是课堂教学之外的育人活动，是对第一课堂学习的有效延伸、补充和发展。在大学人才培养工作中，第二课堂的育人功能越来越被教育主体和客体所认知，也发挥着越来越重要的作用。第二课堂的教育活动形式更加生动丰富，能够更好地激发学生的主观能动性，这与实践育人的本质需求和关键资源紧密相关。此外，部分第二课堂活动本身就具有实践育人的功能。例如，志愿服务活动不仅能够引导大学生服务社会、奉献他人，同时也能锻炼他们自身，提高他们的能力，实现育人效果。

第一课堂和第二课堂的有机结合是做好高校实践育人工作的关键。第一课堂能规范实践活动的形式，开展教学实践活动，提升学生的实践技能。而第二课堂则能激发学生参与实践活动的兴趣，组织开展形式多样、内容丰富的实践活动，直接为学生提供实践平台。只有坚持第一课堂和第二课堂的结合才能提升学生的实践技能和热情，为实践活动提供充足的平台。

（三）能力培养与品德锤炼相结合

高校实践育人的两大核心目标是对学生的能力培养和品格塑造。一方面，"能"注重的是专业技术和个人素质的培养，使学生能够有效理解和改变社会。另一方面，"德"的关注点在于培养学生积极、乐观的思想道德和公民伦理。两者都是实践育人中既分离又统一的目标。

实践育人致力于提升学生的专业技能和个人素质。人的全方位发展离不开各项能力的全面提升。实践育人应关注以下三种能力的培养：第一种能力是了解社会的能力。通过进行社会调查和假期社会实践等活动，实践活动成了学生认识社会的窗口，学生能够理解社会与自身进步的紧密联系，为自我成长作出正确的决策。第二种能力是创新和实践的能力。实践是培养创新能力的重要途径，通过实践活动，学生可以运用专业知识，实现理论与实践的结合，激发学生的创新思维，培养学生的创新精神。第三种能力是基础劳动能力。面对现代大学生的成长环境，开展勤工助学、志愿服务、军事训练等活动，可以培养他们从事基础劳动的能力，提升他们的身体素质。

品格塑造是实践育人的关键一环。首先，培养学生的社会责任感。在引导学生理解社会和服务社会的过程中，让他们认识到自身在社会发展中的角色，培养他们的集体荣誉感、社会责任感和自我使命感。其次，培养学生坚韧的意志品质。大学生在社会实践中会遇到许多新问题和困难，面对挑战的过程能够培养他们面对困难不退缩的意志、坚韧的斗志和坚定的信心。最后，培养学生对劳动和劳动者的敬仰之情。通过亲身参与生产劳动，可以引导学生理解劳动的艰辛，珍视劳动成果，培养他们对劳动和劳动者的敬意。

实践育人既要注重能力培养，又要重视品格塑造。没有品格塑造的实践育人，只能培养出有能力而无品德的人。反之，没有能力培养的实践育人，只能培养出有品格无能力的人。只有把握住能力培养和品格塑造两者的关系，才能真正培养出符合社会主义建设者和接班人的要求的人才。

（四）校内主动与校外联动相结合

在高校实践育人体系中，学校内部资源和外部环境是两个主要的组成部分。实践育人的工作需将校内的活动和校外的资源结合起来。其中，校内活动指的是依托学校的资源，主动进行实践育人的活动；校外联动指的是借助校外的资源，如企业和地方政府，为学生的实践活动提供支持。

校内的实践活动是实践育人工作的基础。学校作为一个独立的实体，负责实践活动的组织和管理，教师是实践活动的主导者，学生是实践活动的主体。所有这些都属于校内的系统。这些元素的主动配合是保持系统正常运行，保证实践活动效果的关键。校内活动包括理念上的主动和行动上的主动，学校和教师应认识到实践育人的重要性，增强组织领导，投入必要的人力、物力、财力，以及制定优惠政策，支持学生进行实践活动。校外的联动是实践育人工作的支撑，提供学生实践成才所需的平台、政策等资源。学校应加强与外部的连接，这包括实现政策的联动，主动向政府部门反映学生实践活动所需的政策支持，创建全社会支持学生实践活动的政策环境；提供实践平台，反馈学生实践平台的需求，争取企业提供更多的实践平台和实践岗位，以支持学生进行实践活动；以及实现资源的联动，加大与企业和地方之间的协作，设立学生实践活动支持资金，深化学生实践活动的指导教师的培训，强化学生实践活动的支持资源，优化学生实践活动的保障条件。

实践育人工作坚持校内活动与校外联动的结合。校内活动是校外联动的基础，校外联动是校内活动的支撑。只有实现了校内活动，才能为校外联动提供明确的联动方向，调动校外联动的积极性。校外联动是校内活动的支撑，可以弥补校内的一些缺陷，为实践育人提供更多的政策、平台和资源支持。校内活动与校外联动相结合，能最大限度地开发实践育人的资源，实现实践育人的资源协同。

（五）积极扶持与严格考核相结合

在高校实践育人体系中，扶持和考核两者并行，形成一种互补的关系。扶持策略重在"拉动"，采用舆论推广、政策保障、基地建设和资金注入等途径，为实践育人活动提供必需的资源。反观考核策略，则偏重"推动"，依靠学生体验评价、教师指导评价和学校全面评价等方式，强化对实践育人成效的审查，以确保其成效。

积极的扶持构成了高校实践育人的基础。三个关键的支持领域包括：强化舆论引导，这是《关于进一步加强高校实践育人工作的若干意见》强调的要点，舆论的宣传对于统一思想、凝聚力量、宣传动员和激励推动高校实践育人活动至关重要；增强基地建设，包括在校内外设立一系列教育基地，实习基地、创新基地等，规范基地的运营模式，提升基地的育人功能，为大学生的实践活动提供场所和岗位；注重资金投入，学校应设立实践育人专项经费，优先将教学经费用于实践育人工作，形成实践育人经费常态化增长机制，并通过吸引校友捐赠和企业合作等途径，拓宽实践育人的资金来源。

严格的考核保证了实践育人的成效。科学且合理的评价机制起着导向作用，可以应用于选拔、激励和预测，从而提升实践育人工作效果。评价应该结合学生体验、教师指导和学校全面性评价。一是将实践育人课程建设，实训基地、实践基地和实验室等教学基础设施建设，实践育人的实效纳入学校办学水平考核评价指标体系，以此体现实践育人的目标导向。二是构建以学生全面提升的综合素质和实践能力，个性特长和创新潜力充分发挥为综合评价标准的学生综合素质评价视角。创新精神和实践创新能力作为一级指标，参与实习、创新创业、志愿服务、勤工助学等实践活动情况作为二级指标，并给予相应的权重评价。三是将实践育人考核纳入教师业绩考核体系，将教师指导学生开展实践教学、实习实训和社会实践活动情况作为教师工作业绩考核的关键部分。

对于高校实践育人，积极扶持与严格考核是密不可分的，前者为前提，后者为保障。扶持力度需要从政策、资金、基地、舆论等方面加强，以提供强有力的保障。同时，必须建立科学合理的考核评价机制，以更好地引导实践育人工作方向，保障实践育人工作效果。缺乏扶持的考核如同无根之木，缺乏考核的扶持如同无源之水。两者需要并重，才能提升高校实践育人工作的水平。

第三节　高校实践育人的类型与特点

一、高校实践育人的类型

高校实践育人的类型多样，主要包括学术型实践、社会型实践、创新型实践、服务型实践、职业型实践等五种类型（如图1-4）。

项目一
学术型实践

项目二
社会型实践

项目三
创新型实践

项目四
服务型实践

项目五
职业型实践

图 1-4　高校实践育人的类型

（一）学术型实践

学术型实践是培养学生具有扎实专业素养、敏锐问题意识、卓越解决问题能力和创新精神的重要途径。高校应充分认识学术实践的重要性，制定合理的实践教学计划，提供丰富的实践机会，通过科学的管理和评价机制，引导学生积极参与学术实践，从而实现实践育人的目标。

在学术型实践中，学生深入参与实验室研究，通过观察、实验、探索和实践来进一步理解和消化理论课程中的知识。这样的实践形式不仅可以帮助学生加深对专业知识的理解，更能够提高他们的实践技能和创新能力。在实践中，学生们有机会接触到最新的研究动态，了解学术界的发展趋势，积累实践经验，提升个人专业能力。实验教学是学术实践的一种重要方式，它能直接展示理论知识在实际中的应用。通过设计、实施和分析实验，学生可以体验科研过程，提高实践操作和实验设计能力，加深对理论知识的理解。同时，实验教学也能培养学生的创新思维，让他们在实验中不断试错、优化、改进，从而提升解决问题的能力。学术实践还包括实习、实践项目等方式。学生在企事业单位中进行的实习活动，不仅可以了解行业现状，积累工作经验，更可以将所学的理论知识运用到实际工作中，提升个人综合素质。实践项目则是让学生在导师的指导下，围绕某一问题进行深入的研究，这不仅能让学生亲身体验科研的全过程，也能提升他们的研究能力和团队合作能力。

值得注意的是，学术型实践不仅是提升技术技能的过程，更是培养学术素养的过程。在实践中，学生可以学习到如何寻找问题、分析问题，如何系统地获取和整理信息，如何清晰地表达和展示研究成果，如何批判性地思考问题，如何以学术的态度和精神对待工作等。这些学术素养在今后的学习、工作乃至生活中都有着极其重要的作用。

（二）社会型实践

在社会型实践中，学生可以增强自我认知、提高社会适应性、增强社会责任感和公民意识、提高解决问题的能力和团队合作精神、提升专业技能和职业素养，对自己的未来有更明确的规划。

社会型实践提供了一个跨越校园与社会之间鸿沟的桥梁，使学生能够全面地认识社会、参与社会、服务社会，从而将书本上的知识应用到现实生活中。社会型实践涵盖范围广泛，包括但不限于社区服务、志愿者活动、实习或工作体验，以及参与社会和公共政策研究等。这些活动都为学生提供了一次接触社会、理解社会的机会，帮助学生提高社会适应能力，提升专业技能，培养良好的职业素养。通过参与社区服务，学生们可以了解社区的运作方式，熟悉公民的权利和义务，更好地理解和关心他们所在的社区，为社区提供有价值的服务。参与志愿者活动则能够培养学生的公益意识和团队合作精神，提高解决问题的能力，增强社会责任感。同时，志愿者活动也是一种对社会问题的直接参与和解决，有助于增强学生的社会实践能力和社会参与意识。

实习或工作体验是另一种形式的社会实践。通过在企事业单位的实习，学生可以了解行业背景、熟悉工作流程、掌握职场技能、提升自身竞争力。同时，实习也让学生有机会在实际工作中应用所学知识，提高理论与实践相结合的能力。更重要的是，实习让学生提前体验职场生活，对自己的职业发展有更清晰的规划。参与社会和公共政策研究则是社会实践的更高层次表现。在此过程中，学生通过研究和讨论当前的社会问题和政策，提出自己的观点和解决方案。这不仅可以提高他们的研究和分析能力，也有助于提高他们的批判性思维和公民素养。

（三）创新型实践

创新型实践不仅可以帮助学生理解、掌握和运用所学知识，更能引导他们发展独立思考能力、养成创新习惯、锻炼创新能力，从而成长为具备创新精神和实践能力的高素质人才。创新型实践以学生为主体，注重培养学生的创新精神和创新能力，推动他们的全面发展。常见的形式包括科研项目、创新竞赛、创新创业等，这些都是学生提升创新能力、实践能力的重要途径。

在科研项目中，学生需要自主设定研究目标、制定研究计划、进行数据收集和分析、解决实际问题。这个过程需要学生运用所学知识，发挥创新思维，展现实践能力，同时也可以提高他们的独立思考和自我学习能力。创新竞赛则是一种富有挑战性的学习方式，如"挑战杯"、科技竞赛、工程设计竞赛等。这些竞赛旨在激发学生的创新精神和实践能力，引导他们深入研究学科知识，提升团队协作、问题解决和时间管理等综合能力。参与竞赛的学生可以在真实或模拟环境中解决实际问题，提升创新精神和动手能力。

在创新创业活动中，学生有机会将创新理念付诸实践，体验企业运营过程，提升商业素养和创业能力。他们需要学习如何将创新点子转化为实际的产品或服务、如何制定商业计划、如何进行市场调查、如何进行风险管理等。这种创新型实践可以帮助他们在实际操作中，获取在课堂上难以获得的经验和技能。

（四）服务型实践

服务型实践是指在高校实践育人过程中，将各种志愿服务活动作为主要目标，注重培养大学生的服务意识和奉献精神，增加大学生学习机会，从而提高大学生的精神境界，使大学生的业余生活更加丰富多彩，同时促使大学生得到全面发展。[1]服务型实践，包括社区服务、公益活动、志愿服务等，是高校实践育人的一个重要领域，通过直接参与服务社会的活动，学生能够提升社会责任感、团队合作精神和解决实际问题的能力。

社区服务是服务型实践的一种重要形式，学生可以参与社区治理、社区建设、居民服务等活动。在为社区提供服务的过程中，学生能够亲身了解和感受社区的运行机制，认识和解决社区面临的实际问题，从而提升社会责任感和社会参与意识。公益活动也是服务型实践的重要组成部分，包括环保活动、扶贫活动、公益讲座等。参与公益活动，不仅可以让学生理解和关注社会问题，提升社会责任感，还可以提高他们的组织能力、沟通能力和领导能力。此外，公益活动还可以促进学生的全面发展，培养他们的良好品格。志愿服务是服务型实践的又一重要形式，学生可以参与各类志愿服务活动，如支教活动、环保活动、医疗志愿者等。在志愿服务中，学生可以运用所学专

---

〔1〕 李红、王谦主编：《新时代高校实践育人理论与实践》，江苏大学出版社 2021 年版，第 103～104 页。

业知识，为社区、为社会提供专业服务。同时，他们也可以通过实践提高自己的专业技能，提升自我价值。

（五）职业型实践

职业型实践涵盖实习、实训、项目研究等多种形式，是学生接触职业世界，提升职业技能、理解职业道德的重要途径。该类实践以就业市场和行业需求为导向，致力于将理论知识转化为实际操作能力，培养学生的职业素养。

实习是职业型实践中不可或缺的一环，通过在企事业单位、非营利组织等实际工作场景中参与工作，学生可以更好地了解专业领域的实际运作，体验真实的工作压力，理解并实践职业道德和职业规范。在实习过程中，学生还能发现和弥补理论学习中的不足，提升专业技能和职业素养。实训同样是职业型实践的重要形式，特别是对于需要高度技术技能的专业领域，如医学、工程学等，实训是使学生掌握和提升专业技能的重要环节。在实训过程中，学生可以在老师的指导下，操作实际设备，模拟真实工作场景，解决实际问题，这样不仅可以提升学生的专业技能，还能增强其解决实际问题的能力。项目研究无论是课程设计、竞赛项目，还是创新项目，都能使学生在解决实际问题的过程中，学习和运用新的知识和技能，锻炼自己的独立思考和团队合作能力。在项目研究中，学生还可以提升项目管理、时间管理和资源管理等能力，这些都是未来职场中极其重要的技能。

职业型实践以就业市场和行业需求为导向，结合专业学习，使学生在实践中接触和理解职业世界、提升职业技能、培养职业素养。这类实践活动旨在帮助学生理解和实践职业道德和职业规范，提高其专业技能和职业素养，使其能够顺利地从学校进入职场，成为社会需要的高素质人才。同时，职业型实践也是高校实践育人工作的重要组成部分，应得到高度重视和大力推进。

二、高校实践育人的主要特点

实践育人是教育主体和教育客体统一于教育实践活动的再思考，是教育的时代特征与教育价值追求的辩证统一。[1]高校实践育人的主要特点主要体现在以下几个方面（如图1-5）：

---

〔1〕 范文伍、王义坤：《实践育人的时代特征和功能价值》，载《科技资讯》2014年第34期，第206~207页。

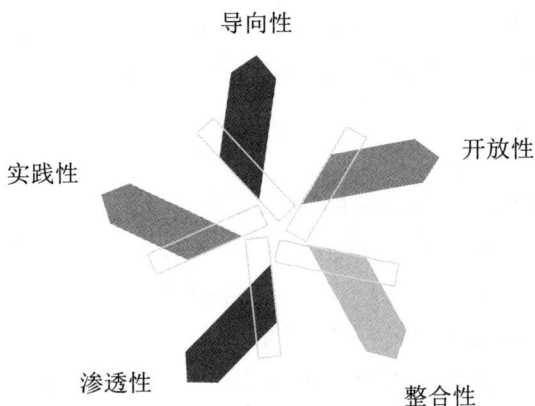

图 1-5 高校实践育人的主要特点

（一）导向性

导向性作为高校实践育人的一大特点，具有重要的理论和实践意义，且在教育实践中发挥着关键的作用。导向性反映高校实践育人的目标设定，这在教育过程中为学生提供了明确的方向，体现在对学生职业发展的规划，对社会需求的预见以及通过实践活动培养学生的实际技能。

教育的导向性应紧密围绕社会主义核心价值观进行。在具体的实践活动中，高校需要引导学生积极接受和坚守社会主义核心价值观，以此为指引，在实践中形成正确的世界观、人生观和价值观。这对于学生的全面发展具有深远的影响。而在具体的实践中，高校不仅可以通过直接的教育方式向学生灌输这些价值观，还可以通过创建一种支持和尊重社会主义核心价值观的环境，使得学生在日常的学习、生活中都能感受到这种价值观的重要性。

对于职业导向的部分，高校应当积极为学生提供全面的职业信息和充足的职业体验。在现代社会，职业环境和市场需求在不断变化，学生对于自身未来职业发展的规划显得尤为重要。高校需要与社会、企业等各方资源进行紧密联系，为学生提供接触社会、实践自我、探索职业发展方向的机会。例如，可以安排学生参观企业、实习，让他们了解社会的实际运行情况，同时也能够让他们在实践中发现自己的兴趣所在，进一步明确自己的职业规划。在技能导向上，高校实践育人的重点在于培养学生的实际操作能力和问题解决能力。这需要在教学过程中强调知识的实际应用，让学生在实践中将所学知识运用到具体的问题解决之中。只有这样，学生才能真正掌握知识，才能在未来的社会生活和职业生涯中有所作为。特别是一些 21 世纪需要掌握的关键技能，如批判性思考、问题解决、团队协作和创新等，更需要通过丰富多样的实践活动来培养。

（二）实践性

高校实践育人实践性特点强调的是以实践为载体，让学生在具体的活动中学习、感受、思考和创新，以此提升个人综合素质。

实践性体现在学生学习过程中的参与性和体验性。高校教育需要从传统的灌输式教学模式转变为引导学生主动学习，主动参与的教学模式。学生不再是被动的接受者，而是学习过程的主人。在实践活动中，学生可以亲自动手、亲自操作，从中得到对知识更深层次的理解。通过这种方式，学生可以从实践中体验到知识的生成和运用，了解到学习的真正意义。实践性还体现在学生的问题解决能力的培养。在现代社会，问题解决能力是非常重要的一种能力，也是教育的一个重要目标。而实践活动则为学生提供了解决问题的机会和场所。在实践中，学生需要面对具体的问题，运用自己的知识和技能来解决问题，从而提升自己的问题解决能力。这一过程不仅能使学生运用和巩固知识，而且还能培养他们独立思考，创新解决问题的能力。

在培养学生创新能力方面，实践性也发挥着重要作用。创新能力是 21 世纪最需要的一种能力，也是教育的重要目标。而实践活动为学生提供了展示和提升创新能力的机会。在实践中，学生有机会接触新的事物，遇到新的问题，他们需要运用自己的知识和经验，创新思考、创新解决问题，从而提升自己的创新能力。实践性在提升学生的社会责任感方面也有着重要作用。在实践活动中，学生有机会接触社会、了解社会，感受到自己的责任和使命。通过参与社会实践，学生可以更好地理解社会的需要，理解自己的角色，从而提升自己的社会责任感。

（三）渗透性

指的是实践教育不仅在课堂中进行，而且要渗透到学生的日常生活和社会活动中，形成一个全方位、全过程的教育模式。渗透性意味着实践教育理念、实践教育方式和实践教育内容在教学活动的各个层面、各个环节和各个领域都能得以体现，具体可从教学内容、教学方式和教学环节三个方面来深入探讨。在教学内容上，将理论教学与实践教学紧密结合，使得学生在掌握专业理论知识的同时，能够通过实践活动来验证理论、丰富理论，从而更好地理解和掌握专业知识。在教学方式上，教师引导学生积极参与，鼓励学生自我发现、自我探索，使得学生不仅在课堂上学习，也能在课外实践中学习，使得学习更加贴近实际，更具有真实感。在教学环节上，实践教育渗透到教学的全过程，包括前期的预习、课堂的授课、后期的复习和考试，使得实践教育成为教学的常态，而不是孤立的环节。

渗透性的实现依赖于全校上下的共同努力。学校需要提供丰富的实践资源和平台，如实验室、实习基地、创新项目等，以满足学生的实践需求；教师需要改变教学观念，将实践教育理念融入教学过程，用实践活动来激发学生的学习兴趣，培养学生的实践能力；学生需要主动参与，把握实践机会，将所学知识应用到实践中去，从实践中反思和提高。

（四）开放性

它强调了学习的环境和方式应该尽可能地扩展，不仅局限于教室，也不仅仅依赖于传统的教学方法。它包含了教育时间、教育空间、教育内容、师生关系的全方位开放。

1. 教育时间

教育时间的开放性是指教学活动不再局限于特定的时间和地点，而是可以跨越时间和空间的限制。具体来说，开放性教育时间意味着学习过程不仅在有限的课堂时间内进行，还可以在任何时间进行，包括课堂之外的时间，课后、课余、假期等。对于学生来说，可以选择任何适合自己的时间进行学习，给学生提供了更大的灵活性和便利性，有利于提高学习效率和学习质量。

并且借助于现代技术，如在线课程、远程教育等方式，学生可以自我安排学习时间，充分挖掘和利用时间资源，增加学习的弹性和自由度。通过在线课程，学生可以在任何时间访问课程内容，反复学习和复习，以提高学习效果。通过远程教育，学生可以在家中，或者任何有网络连接的地点进行学习，这打破了传统的学习时间和地点的限制，使得学习可以随时随地进行。

2. 教育空间

在教育空间上，开放性意味着学习不再受到地理环境的限制，学生可以在校内、校外以及社会的各个角落。在校内，学生可以通过实验室实验，模拟演练等方式进行实践活动，深入理解和掌握理论知识。这些实践活动使学生有机会将课堂上学习的理论知识应用到实际中，增强他们的实践能力。

在校外，学生可以通过实地考察、社会实习等方式进行实践活动。这些活动使学生有机会接触到真实的社会环境，了解社会的实际情况，提高他们的社会适应能力。例如，通过实地考察，学生可以直接观察和了解自然和社会现象，增强他们的观察力和理解力。通过社会实习，学生可以在真实的工作环境中锻炼自己的职业技能，提高自己的职业素养。

通过校内外的实践活动，学生不仅能够接触到更加丰富多元的实践环境，而且能够将理论知识与实践经验相结合，增强他们对知识的理解和运用。

3. 教育内容

教育内容方面，开放性体现在学习内容不再只是理论知识，而是包括了实践知识、社会知识、生活技能等。在这种开放性教育内容下，理论教学和实践教学是相辅相成的。理论教学为学生提供基础知识和理论框架，而实践教学则使学生有机会将理论应用于实践，进一步理解和掌握知识。此外，社会知识和生活技能教育帮助学生了解社会实际情况，提高适应社会生活的能力。

4. 师生关系

在师生关系上，开放性体现在教师不再是单一的知识传授者，学生不再是被动的知识接受者，教师与学生共同参与，互为教学者。

在这种新的师生关系中，教师的角色是激发学生的学习兴趣，提供学习指导，帮助学生解决学习中遇到的问题。学生的角色是主动参与学习、探索知识，发挥创新精神，通过实践活动提升技能和能力。这种师生互动的学习方式有利于培养学生的自主学习能力、创新思维能力和实践能力。

（五）整合性

整合性强调了实践教育的全方位、多层次和深度化，这种整合性的教育方式可以更好地发挥教育的育人功能，培养出适应社会需求的高素质人才。高校实践育人的整合性体现在以下几个方面：

1. 知识整合

整合性体现在教育过程中对各类知识的融合与整合，实践育人重视知识的交叉性，通过不同学科的实践活动，让学生在实践中体验不同学科之间的联系，提高学生的综合素质。同时，整合性也包括理论知识与实践知识的融合，强调理论知识的实践转化和应用，从而使学生在实践中理解和掌握理论知识，培养学生的实践能力。

2. 教学整合

整合性还体现在教学方式的变革。实践育人强调课堂教学与实践教学的整合，实现课内外教学的无缝对接。通过实践教学，学生可以在实践中观察、体验、探索和思考，使学生的学习更具针对性和实效性。

3. 资源整合

实践育人强调整合学校内外资源，包括教学资源、实践基地、社会资源等，以满足学生多元化的实践需求。通过资源整合，可以更好地支持学生的实践学习，为学生提供丰富的实践机会。

第二章

高校实践育人机制的构建

第一节 高校实践育人的管理体制的完善

在当前的教育背景下，高校实践育人的任务显得尤为重要。实践育人旨在帮助大学生在实践中锻炼技能，增强实际操作能力，培养创新思维，为社会输送具备实践经验和实践技能的高素质人才。高校实践育人的开展需要一个健全的管理体制作为保障。高校应充分重视实践育人的管理体制建设，对其进行不断完善和优化。

一、高校实践育人管理体制的重要性

高校实践育人管理体制在提高教育质量、提升教学效果和培养学生实践能力等方面具有重要作用（如图 2-1）。

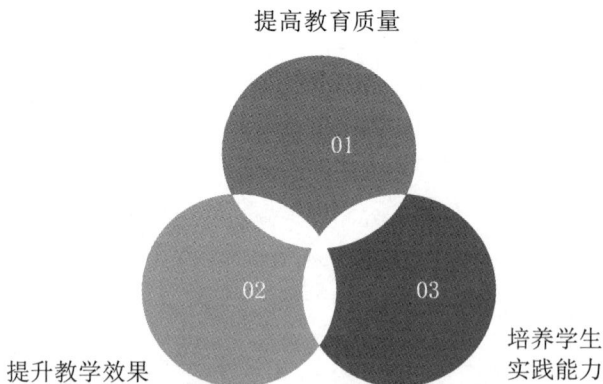

提高教育质量

01

02   03

提升教学效果   培养学生
实践能力

图 2-1　高校实践育人管理体制的重要性

（一）提高教育质量

质量是高等教育发展的核心，是高等教育的生命线，提高教育质量是高校永恒的主题。教育质量能够全面反映高校教育工作的实际效果。优质的教育成果不仅能促使学生适应多变的社会环境，而且能帮助他们发掘和挖掘个人潜力，从而更好地实现自我价值。而要实现高质量的教育，就必须建立和完善有效的实践育人管理体制。

一方面，有效的实践育人管理体制有助于保障实践育人工作的有序进行。这种管理体制可以有效地规范实践活动，保证各项教学实践活动按照既定的计划和步骤进行，以避免出现混乱和失序。这种有序的教学环境能够为学生提供一个良好的实践学习空间，使他们可以在稳定、有序的环境中进行学习实践，从而提高学习效率，提升教育质量。另一方面，良好的实践育人管理体制能够帮助教师更加准确地了解和把握学生的学习情况。通过定期的学习报告、学生反馈和实践成果展示等方式，教师可以及时了解学生在实践活动中的学习进展和遇到的问题，及时进行调整和改进，以适应学生的学习需要。同时，教师还可以根据学生的个体差异，制定出个性化的教学方案，满足不同学生的学习需求。这种科学的管理方式，不仅可以提升教师的教学效果，也可以激发学生的学习兴趣，提升学生的学习积极性，进而提高教育质量。

科学的实践育人管理体制还可以有效激发学生的学习兴趣和潜能。通过各种实践活动，学生可以直接接触实际问题，亲身参与问题的解决过程，体验到实践学习的乐趣。在这个过程中，学生不仅能够学习和掌握实践技能，而且可以发现和解决问题，提升自我能力。而这一切，都离不开科学的实践育人管理体制的引导和规范。正是这种管理体制让学生在参与实践活动的过程中，能够体验到学习的乐趣，激发他们的学习兴趣，挖掘他们的学习潜能，从而提升教育质量。

（二）提升教学效果

教学效果是衡量教育质量的重要标准，直接关系学生的学习成效和未来发展。有效的实践育人管理体制不仅可以提升教学效果，还能够促进学生的全面发展，实现教育目标。一个完善的实践育人管理体制可以提供清晰的教学目标和方向，这是提高教学效果的重要保障。管理体制会对教学活动的目标、内容、方法和评价等方面进行明确规定，保证实践育人的工作具有明确的目标和方向，不会偏离教学的本质。这种明确性使教师能够清晰了解教学目标，针对性地进行教学设计和实施，从而提高教学效果。

实践育人管理体制通过严谨的教学过程管理，提升教学效果。在实践育人的过程中，管理体制对教学活动的组织、实施、监督和反馈等环节进行科学管理，确保教学活动的顺利进行，提高教学效果。管理体制规定了教学活动的标准流程和操作规程，使教学过程有序、系统、连贯，避免了教学过程中的混乱和偏差，从而提高了教学效果。实践育人管理体制强化了教学评价，提升了教学效果。实践育人的评价是提高教学效果的重要手段。管理体制将教学评价纳入管理范围，设置了明确、科学的评价标准和方法，以便对学生的学习效果进行准确评价，反馈学生的学习进度和问题，及时调整教学策略，从而提高教学效果。实践育人管理体制通过优化资源配置提升教学效果。在实践育人的过程中，管理体制对教学资源进行有效管理和合理配置，确保教学资源的高效利用，提高教学效果。管理体制将教学资源视为提高教学效果的重要手段，通过科学的资源管理，实现资源的最大化利用，提供优质的教学服务，提升教学效果。实践育人管理体制通过激发学生的学习积极性和创新能力提升教学效果。管理体制鼓励和引导学生积极参与实践活动，通过实践活动激发学生的学习兴趣和创新精神，提高学生的学习效果，从而提高教学效果。管理体制认为学生是教学活动的主体，应该积极参与和体验实践活动，通过实践活动提高学习能力和创新能力，实现自我价值。

（三）培养学生实践能力

高校实践育人管理体制在培养学生实践能力方面有着深远影响。实践能力是学生成功应对现代社会多元化挑战的必备能力，也是学生终身学习和发展的重要保障。完善的实践育人管理体制可以确保学生在系统、科学、有序的环境中参与实践活动。管理体制制定了明确的实践活动计划，规定了实践活动的目标、内容、方式和时间等，从而确保学生能够按照规定的要求和方式进行实践活动，提高实践效果，进一步培养学生的实践能力。

实践育人管理体制强调实践活动的科学性和有效性。管理体制通过明确规定实践活动的科学性和有效性提供一个能够让学生深入参与、全面发展的实践环境。这种科学有效的实践活动环境能够帮助学生深入理解学习内容，提高思考和问题解决能力，培养学生的创新精神和批判性思维，从而提高学生的实践能力。实践育人管理体制通过严格的实践活动监控和反馈机制提高学生的实践能力。管理体制对实践活动进行了严格的监控和反馈，对学生的实践活动进行及时的指导和调整，从而确保学生能够在实践活动中充分发挥自身优势，避免低效的实践活动，提高实践效果，进一步培养学生的实践能力。实践育人管理体制还提供了丰富的实践资源。在实践育人管理体制下，教育者能调配适宜的实践资源，包括设备、教材、人员等，为学生提供实践活动所需的各种条件。有了这些资源的支持，学生能更深入地参与实践活动，这对于提升实践能力也是至关重要的。

二、高校实践育人管理体制的基本构成

高校实践育人管理体制的基本构成主要包括四个方面：决策层、执行层、支持层和监控层（如图2-2）。

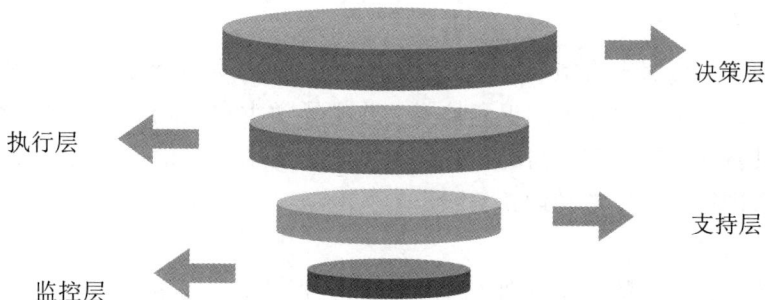

图2-2 高校实践育人管理体制的基本构成

（一）决策层

决策层在高校实践育人管理体制中发挥着举足轻重的作用。学校领导、相关职能部门以及学院领导等主要决策人，他们的决策会直接影响到实践育人工作的开展和发展方向。

对于学校领导而言，他们需要具备远见卓识，能够站在宏观的高度，对实践育人工作进行全局性规划和战略布局。他们需要充分认识到实践育人在人才培养中的重要作用，将实践育人工作纳入学校的中长期发展规划，确保实践育人工作有足够的资源支持和保障。相关职能部门如教务部门、学生工作部门等，需要根据学校的总体发展规划，以及国家的教育政策，具体落实实践育人的策略和措施。他们需要精准把握实践育人的目标和要求，确定实践育人的主要内容和方式，制定实施方案和时间计划，对实践育人工作进行

具体的组织和管理。学院领导作为实践育人工作的重要执行者，需要将学校的实践育人战略具体化，将其转化为学院、专业、课程等各个层面的实践教育活动。他们需要对实践教育活动进行有效的监督和指导，确保实践教育活动的质量和效果。

在此过程中，各级领导和部门需要进行有效的沟通和协调，确保实践育人工作的顺利进行。他们需要根据实践教育活动的实际情况，及时调整实践育人的策略和措施，以适应教育教学的变化和社会需求的发展。

（二）执行层

执行层是高校实践育人管理体制中的核心组成部分，主要包括教师、辅导员、学生以及实践教育项目组等。他们是实践教育的直接执行者，承担着组织实施具体的实践教育活动、提供指导和帮助、培养学生实践能力的重要责任。

1. 教师

教师在执行层中扮演着至关重要的角色，他们是实践教育的主要指导者和组织者，负责传授相关知识和技能，并指导学生在实践活动中的实际操作。教师应具备专业素养和丰富的实践经验，能够为学生提供具体的指导和支持，引导学生进行独立思考和创新实践。

2. 辅导员

辅导员是学生的重要导师和辅导者，负责帮助学生进行实践活动的规划和安排，提供心理、学业和职业等方面的支持和指导。辅导员应与学生建立良好的关系，了解学生的需求和困惑，并提供个性化的辅导服务，帮助学生充分发展实践能力。

3. 学生

学生作为实践教育的主体，也是执行层中的重要成员。他们需要积极参与各类实践活动，提高自身的实践能力。学生应主动探索、实践和创新，在实践中培养解决问题的能力、团队合作的精神以及创新思维能力。同时，学生还需要接受教师和辅导员的指导和帮助，充分发挥自己的主动性和创造力。

4. 实践教育项目组

实践教育项目组也是执行层中不可或缺的一部分。他们是负责组织和实施特定实践项目的团队，包括教师、学生和其他专业人员。项目组需要具备项目管理的能力，从项目规划、资源调配、实施和评估等方面进行全面的协调和管理，确保实践项目的顺利进行。

在实践教育的过程中，执行层的各个成员需要密切合作，形成高效的工作机制。教师和辅导员应与学生建立良好的互动和沟通渠道，充分了解学生的需求和问题，并提供个性化的指导和支持。同时，实践教育项目组需要与教师、辅导员和学生等紧密协作，共同制定实施计划，确保资源的充分利用，并及时调整和改进实践教育活动。

（三）支持层

支持层主要包括实验室、图书馆、实训基地等教学资源部门以及负责教育信息化的技术部门。它们为实践教育提供所需的教学资源和技术支持，为实践教育的顺利进行和提高实践教育质量发挥着重要作用。

高校的实验室提供了学生进行实践实验和探索的场所，为学生提供实践教育所需的实验设备、材料和实验条件。实验室还为学生提供了实践学习的机会，使他们能够通过实际操作和实验探究，加深对理论知识的理解和应用。

高校图书馆作为高校的知识资源中心，为学生和教师提供了广泛的学习和研究资料。学生可以通过图书馆获取相关的参考书籍、期刊、论文和电子资源，从而丰富自己的学习内容，拓宽实践教育的深度和广度。实训基地为学生提供了真实的实践环境和场地，让学生能够进行实践技能的训练和实际操作。通过实训基地的设立，学生能够将所学知识应用于实际场景，培养实际操作能力和解决实际问题的能力。随着教育信息化的发展，技术部门负责推动教育技术的应用，为实践教育提供相关的技术支持和设备保障。他们为教师和学生提供教育技术工具、网络平台和在线学习资源，支持实践教育的在线学习、虚拟实验和远程实践等新形式的实践教育。

支持层的存在和发展为高校实践教育提供了必要的资源和保障。实验室、图书馆、实训基地等教学资源部门为学生提供了丰富的实践环境和资源，促进学生的实践能力培养。技术部门的支持则推动了实践教育的创新和教育信息化的发展，使实践教育更加多样化、灵活化。支持层需要与其他层次的管理者和执行者进行紧密合作，共同协调实践教育的各项工作。他们应密切关注实践教育的需求，不断改进和优化支持层的服务，为实践教育提供更加全面和优质的支持，促进学生实践能力的全面发展。

（四）监控层

监控层是高校实践育人管理体制中的重要组成部分，主要由质量管理部门、教学监督部门等构成。他们的职责是对实践教育的质量进行评估和监控，对实践教育活动进行反馈和调整，以确保实践教育的质量和效果。

质量管理部门主要负责制定实践教育的质量标准和评价体系，并对实践教育活动进行全面的评估和监测。质量管理部门通过定期的评估和审核，对实践教育的各个环节进行质量检查和评估，发现问题和不足之处，并提出相应的改进措施，以保证实践教育的质量和效果。教学监督部门是监控层中的另一个重要组成部分。他们负责对实践教育活动的执行情况进行监督和检查，确保教学计划的有效实施，提高教学质量以及学生的学习效果。教学监督部门通过定期的课堂观察、教师评估和学生反馈等方式，对实践教育活动的教学质量和学生满意度进行评估，发现问题并提供改进意见。

三、高校实践育人管理体制完善的具体路径

管理体制是实现高校实践育人目标的关键支撑，高校实践育人管理体制完善的具体路径可以从以下几个方面着手（如图2-3）：

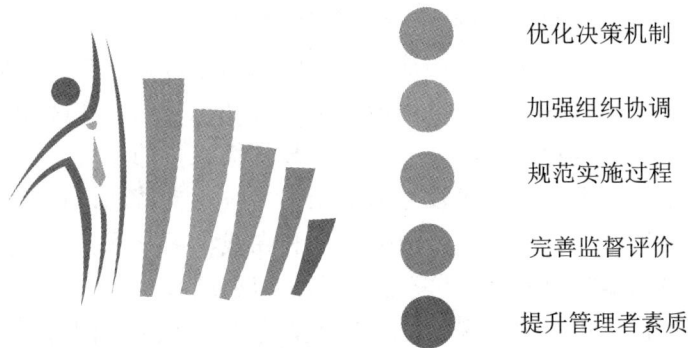

优化决策机制

加强组织协调

规范实施过程

完善监督评价

提升管理者素质

图 2-3 高校实践育人管理体制完善的具体路径

（一）优化决策机制

优化决策机制是完善高校实践育人管理体制的首要路径。这一路径的实现需要构建具有科学性和前瞻性的决策机制，摒弃盲目性和随意性。

建立健全民主、公开、科学的决策机制，对于推动实践育人工作的有序进行具有重要的指导意义。在这样的决策机制中，教师、学生、行政管理人员等各方面人员的意见都会得到充分的尊重和重视，从而能够产生更为科学合理的决策。具有民主性的决策机制能够充分利用学校内部的资源和智慧，

听取和整合各方面人员的意见和建议，使决策过程更加公平、公正。在这样的机制下，无论是教师、学生还是行政管理人员，都有权在决策过程中发表自己的观点和建议，从而促进实践育人政策的形成过程更加开放、公平。

具有公开性的决策机制能够增强决策的透明度，使得各方面人员都能了解到决策的内容和原因，从而增强他们对决策的认同感和执行力。决策的公开也可以让各方面人员在实践过程中有一个明确的方向和目标，从而更好地开展实践育人工作。具有科学性的决策机制则是在决策过程中运用科学的方法和思维，注重数据和实证的研究，避免主观臆断和盲目行事。科学性的决策机制要求我们在制定实践育人政策时，要有足够的数据支持和科学依据，从而确保决策的科学性和有效性。

建立具有前瞻性的决策机制，意味着在决策时需要考虑到未来的变化和发展，预见可能出现的问题和挑战，从而使实践育人政策更具远见和针对性。前瞻性的决策机制可以使我们在制定和执行实践育人政策时能够预见到未来情况，从而更好地应对可能出现的挑战。

（二）加强组织协调

高校实践育人是一项涉及广泛的系统性工作，包含教师、学生、行政管理人员等内部人员以及社会企事业单位等外部实践基地的协作。在这个环节，强化组织协调的作用变得尤为重要。

组织协调实质上需要构建一个有效的沟通机制，这是确保所有参与者都能对实践育人的目标、方式、计划等达成一致意见的关键。这种沟通机制需设定明确的沟通渠道、方式和流程，以确保信息的准确性、及时性以及全面性。明确各方的角色和责任是加强组织协调的重要措施。在实践育人活动中，教师、学生、行政管理人员以及社会企事业单位等外部实践基地都应清楚地了解自己的职责。教师在其中扮演指导者的角色，为学生提供学术支持；学生是实践活动的主体，需要积极参与并从中获取实践经验；行政管理人员的职责则在于组织协调、提供资源和服务；社会企事业单位等外部实践基地需要提供实践场所和机会，与学校共同参与学生的培养过程。

为了进一步增强组织协调，还需要形成公正、公开、透明的规则体系。这个规则体系应覆盖实践活动的申请、安排、评价等每一个环节，明确每个环节的操作流程、责任主体、权利义务，从而确保所有参与者都能遵循规定的流程和方式进行工作。反馈机制的构建是组织协调的又一要素，包含对实践活动的中期和后期反馈，既包括对活动的满意度评价，也包括对可能出现的问题和困难的反馈。通过这种方式，可以及时地了解并调整实践活动，从而提升活动的效果。

在加强组织协调的过程中，团队合作精神也是必不可少的。鼓励教师、学生、行政管理人员以及社会企事业单位等各方面人员积极参与，相互协作，共同完成实践活动。在此过程中，公开、公平、公正的原则是必须遵守的，高校要尊重和维护各方面人员的权利和利益，努力形成和谐、良好的工作氛围。

（三）规范实施过程

规范实施过程，不仅是实践育人的重要环节，也是保证实践教育质量的关键。详细、具体的实施规定和操作指南能为实践活动提供清晰的路线图，进而促进实践教育的有序进行。

选择适宜的实践活动是实施过程的基础。高校应制定一套明确、科学的选择机制，旨在从众多实践活动中筛选出最具教育价值的项目。这需要充分考虑活动的实际性、教育性、创新性以及对学生个体发展的贡献。只有这样才能确保实践活动能够真正起到培养学生实践技能和解决问题能力的作用。

实践活动的组织也需要高校予以重视。这一环节需要明确实践活动的目标、任务、时间、地点、参与者等要素。同时，也要考虑实践活动如何与课程学习相结合，以便实现理论与实践的有机结合。在这个过程中，行政管理人员、教师和学生的角色各不相同，但是他们都是推动实践活动成功进行的重要力量。执行实践活动是核心环节。在执行过程中，学生需要按照既定的操作指南进行实践活动，同时教师和行政管理人员应对实践活动的执行过程进行监督和指导，确保活动的顺利进行。此外，在执行过程中可能出现问题和困难，需要有明确的应对策略和预案，以便及时解决问题，保证实践活动的效果。

（四）完善监督评价

准确、公正的评价能为提升教育质量、推进教育改革提供强有力的支撑。而监督则是对实践育人各个环节进行有效管理和调整的保证，可以提高实践育人的效率和效果。

监督评价环节的首要任务是构建一个科学、公正的评价体系。这个评价体系需要涵盖实践活动的全过程，包括实践活动的选择、组织、执行等环节，以及学生的表现、成果等方面。评价体系应该有明确的评价标准和方法，使得评价结果既能公正地反映实践活动的效果，又能全面地展现学生的实践能力和素质。评价体系的建立需要结合实践活动的特性和目标，以及学生的需求和期望。对于不同类型、不同目标的实践活动，应该有不同的评价标准和方法。例如，对于以培养学生实践技能为主的实践活动，可以主要评价学生的技能掌握程度和实践成果；对于以提高学生综合素质为目的的实践活动，则需要综合评价学生的知识、技能、态度等各方面的表现。评价的过程应该是透明、公开的，所有参与者都能了解评价的标准、方法和结果。这不仅能保证评价的公正性，也能让学生、教师等知道自己的表现，了解自己的优点和不足，为进一步提高实践能力和素质提供参考。

监督是实践育人的重要环节，有效的监督可以确保实践活动的顺利进行，预防和解决实践活动中可能出现的问题。监督应该包括对实践活动的全过程进行监督，包括实践活动的选择、组织、执行等环节。同时，还应该包括对学生、教师等参与者的行为进行监督，保证他们按照规定和要求进行实践活动。监督的方法可以是定期的检查、反馈、总结等，也可以是不定期的抽查、访谈等。无论采取何种方法，都应以提高实践活动的效果为目的，而不仅仅是形式上的监督。

（五）提升管理者素质

高校实践育人的实施与管理者的专业素质、责任心及其管理能力直接相关，优秀的管理者能够更有效地推动实践育人工作的开展。管理者素质的提升涵盖了专业知识、管理能力、创新思维、沟通技巧、领导才能等多个方面。对于专业知识，管理者需要具备实践教学方法、学生发展理论等基本知识，对教育政策和制度有深入理解，掌握教育信息技术等现代教育工具，以适应教育信息化的发展。

提升管理能力需要关注解决问题的能力，协调各方资源的能力，组织和激励团队的能力等。解决问题的能力要求管理者能够及时发现并妥善处理实践教育中的问题；协调资源的能力则需要管理者能够有效调配人力、物力、财力等资源，以保障实践育人的顺利进行；组织和激励团队的能力是指导和支持团队成员开展工作的能力。创新思维是当今社会对管理者的一项重要要求。教育工作面临着诸多挑战，需要管理者具备独立思考的能力，能够敢于尝试，勇于创新，寻找教育工作的新方法，解决教育工作的新问题。沟通技巧对管理者来说也是必备的素质之一。管理者需要和教师、学生、家长、社会等多方进行沟通，解释和传达教育政策，协调各方意见，解决各种冲突。领导才能是管理者的重要素质，包括设定和传达目标、激发团队积极性、维护团队和谐等。优秀的领导者能够引领团队向着共同的目标前进，能够调动团队成员的积极性，促进团队的发展。

第二节　高校实践育人的支持系统建设

在高校实践育人的工作中，支持系统的建设是不可或缺的一部分。它既是保障实践教学顺利进行的基础，也是优化实践教学质量和效果的重要手段。因此，高校需要注重支持系统的建设，使之更好地服务于实践育人的工作。

一、支持系统在高校实践育人中的作用

在高校实践育人的过程中，无论是实践课程的设立、实践教学的设计还是实践活动的开展，支持系统都充当着核心角色。它构成了实践教学的基础设施，影响着实践教学的效果和质量。可以说，无论是教师的教学，还是学生的学习，都离不开支持系统的协助。

对于教师来说，支持系统在教学中发挥着关键作用。实验室、实训基地、设备工具等硬件设施不仅是教学的载体，也是教学的工具。这些设施的存在让教师可以进行各种实践教学，例如实验、实训、实习等。特别是一些高级的设备和工具，能够让教师展示和讲解一些复杂的理论和技术，帮助学生理解和掌握。对于一些需要特殊环境或者特殊设备的教学，这些硬件设施的支持尤为重要。教学资源、教学平台、教学软件等软件资源，也是支持系统中的重要组成部分。这些资源能够提供丰富的教学内容和方法，帮助教师进行高效、优质的教学。例如，教学资源可以提供各种教材、案例、试题等，供教师在教学中使用；教学平台可以提供各种交流、分享、互动等功能，帮助教师和学生进行有效的交流和合作；教学软件可以提供各种模拟、演示、分析等功能，帮助教师进行直观、生动的教学。这些资源的存在，使教师在教学中更具灵活性和创新性。

对于学生来说，支持系统是他们学习的重要保障。实验室、实训基地等设施提供了他们进行实践活动的场所。在这里，学生可以亲手操作设备，进行实验，观察现象，得出结论，感受理论知识在实际中的应用。这不仅可以

帮助他们更好地理解和掌握知识，也可以帮助他们提高实践技能，培养实践能力。设备工具、教学资源等资源提供了学生参与实践活动的工具。这些工具的使用，可以让学生更直接、更深入地了解和掌握知识。例如，一些高级的设备可以让学生观察和研究一些复杂的现象和问题；一些专业的软件可以让学生进行各种模拟和分析，得出科学的结论。这些工具的使用，可以提高学生的学习效率，拓展学生的学习深度。教师的指导和管理为学生提供了进行实践活动的指南。教师的专业知识和经验，可以指导学生进行有效的学习。教师的热情和关注，可以激发学生的学习兴趣和学习动力。教师的规范和要求，可以帮助学生形成良好的学习习惯和学习态度。教师的评价和反馈，可以帮助学生了解自己的学习情况、调整自己的学习方法。在教师的指导和管理下，学生可以更好地进行实践活动、更好地学习知识、更好地发展自己。

而对于学校来说，支持系统是实现教学目标，提升教学质量的重要条件。学校的教学活动，尤其是实践教学，需要依赖于丰富的物质资源。实验室、实训基地、设备工具等硬件设施，构成实践教学的物质基础。这些设施的完善程度，往往决定着实践教学的可行性和实效性。教学资源、教学平台、教学软件等软件资源，构成实践教学的技术基础。这些资源的丰富程度，往往决定着实践教学的效率和效果。物质资源的投入，可以提高实践教学的可能性和水平，使得更多的实践教学得以实施，更高质量的实践教学得以实现。

二、高校实践育人支持系统的组成

高校实践育人支持系统由多个部分组成，主要包括硬件设施、软件资源、人力资源、政策环境等（如图2-4）。

（一）硬件设施

实验室、实训基地、设备工具等硬件设施，是高校实践育人支持系统的重要组成部分，对于提升实践教学质量、提高实践教学效果、培养学生的实践能力和创新能力具有重要作用。

硬件设施　　　人力资源

软件资源　　　　　　　政策环境

图 2-4　高校实践育人支持系统的组成

1. 实验室

实验室是实践教学的重要场所，承载了高校实践教学的重要功能。实验室作为学习与探索的场所，为学生提供一种实证方式的学习途径，使学生能够更好地理解理论知识，发现和解决实际问题。具备齐全设备的实验室，如同一个小型的科学研究中心，学生可以通过亲身操作和观察，更深刻地理解学科理论，并在实践中锻炼技能，培养科学精神和实验习惯。

在现代的教育理念下，实验室已不再是单纯的完成教学任务的场所。它更多的是为了激发学生的学习兴趣，提升他们的创新能力，培养他们的团队协作能力和问题解决能力。实验室成了学生在校学习生活中的一种重要经历，有力地推动了学生全面素质的提升。实验室环境的设计也是十分关键的。高效的环境设计可以提升实验的效率，减少事故发生的可能性，并且能够为学生提供舒适的学习环境。例如，实验台的布局应充分考虑实验操作的便捷性，以及学生之间的交流和互动；实验室的通风、照明等条件也应达到适宜的标准，以保证学生的健康和安全。

2. 实训基地

实训基地是高校实践教学的重要平台，起着承接理论教学、实现知识应用的重要作用，它是教师和学生进行实践活动的主要场所，是学生了解和接触社会实际，开展科学研究的重要平台。在实训基地，学生可以将在课堂上学到的理论知识应用到实际中，进行科学实验、技能训练、实践创新。通过这些活动，学生可以深化对专业知识的理解，提高实际操作和解决问题的能力，培养创新思维和团队协作的精神。

实训基地可以是学校内部的，也可以是与社会企事业单位合作设立的。加强校内实习实训基地建设，形成校企合作共建校外基地和特色性校内基地互补的实习实训基地良性机制。[1]无论哪种形式，实训基地都需要具备一定的硬件设施和软件资源，以满足教学和学习的需求。其中，硬件设施包括实训设备、实验材料等，软件资源包括实训教程、实训方案等。这些设施和资源需要随着科技的发展和教学需求的变化进行更新和优化，以保证其教学效果。

3. 设备工具

设备工具是实践教学的必要条件，它们为教师的教学和学生的学习提供了实物支持。通过设备工具，教师可以演示操作过程，学生可以进行实践操作，从而实现理论知识的实践转化。设备工具应当与实践教学内容相匹配，既要满足基本的教学需求，也要能够支持高层次、高质量的教学活动。此外，设备工具的管理和使用也是一个需要关注的问题。如何合理配置设备工具，如何保证设备工具的正常运行，如何确保设备工具的安全使用，都是设备工具管理工作的重要内容。

（二）软件资源

软件资源包括教学软件、在线教育平台、教学资源库等各类教学工具，对高校实践育人的推进具有至关重要的作用。深化教学改革，优化教学方式，需要充分依托和利用软件资源，促进实践教学的深度和广度的提升。

教学软件以其独特的互动性和实用性，为实践教学提供强有力的技术支持。以编程语言学习为例，通过使用集成开发环境（IDE）等教学软件，学生可以直接在电脑上进行编程练习，获取实时的反馈和指导，而不需要实物设备。在化学实验教学中，可以借助化学分子结构模拟软件，让学生更直观地理解化学反应过程，而不需要进行复杂的化学实验。这种方式能够帮助学生更好地掌握知识和技能，增强实践教学的效果。在线教育平台以其广阔的教育空间和丰富的教育资源，提供了实践教学的新途径。在线教育平台可以实现教师和学生的在线交流，线上发布和查看实践任务，进行实践成果的展示和评价。在当前网络技术日新月异的情况下，利用在线教育平台进行远程实

---

[1]　赵继锋：《关于加强高校实践育人工作的思考与认识》，载《管理观察》2012年第27期，第54页。

践教学已经成为可能，这不仅有助于提升教学效率，也使得实践教学的时间和地点更加灵活，适应了现代社会快节奏的生活方式。教学资源库则为教师和学生提供了丰富的教学资源。这些资源包括教学视频、教学文档、教学案例等，为教师的教学和学生的学习提供了丰富的参考资料。教学资源库的建设和管理需要根据教学内容和教学需求进行，以保证资源的质量和实用性。

（三）人力资源

在高校实践育人支持系统中，人力资源的作用同样不可忽视。教师、学生、行政管理人员以及与高校密切相关的企业、机构等均属于这一范畴。它们分别从教学、学习、管理和实践等角度为实践教学提供必要的人力支持。

教师是实践教学的主导者，是连接理论与实践、教学与学习、学校与社会的重要桥梁。在实践教学中，教师不仅需要掌握丰富的专业知识和实践技能，更需要有良好的教育教学理念和方法，以引领和激励学生进行深入的实践学习。而且，教师也需要进行持续的自我提升和发展，以适应实践教学的新要求、新挑战。这就要求高校对教师进行系统的培训和指导，提高教师的实践教学能力，发挥教师在实践教学中的核心作用。学生是实践教学的主体，是实践教学的直接受益者。在实践教学中，学生需要积极参与、自主学习、创新思考，以获取知识、技能和素质的全面发展。这就需要学生具备良好的学习态度和方法，掌握一定的实践技能，能够解决实践中的问题。同时，学生也需要有一定的社会实践经验，了解实践环境、熟悉实践操作，以提高实践学习的效果。因此，高校需要对学生进行全方位的指导和培养，激发学生的学习兴趣和动力，提升学生的实践学习能力，使学生在实践教学中取得预期的成效。行政管理人员是实践教学的组织者和协调者，是实践教学的保障者。在实践教学中，行政管理人员需要精心策划、组织和管理实践活动，提供必要的教学资源和服务，解决实践中的各种问题。这就需要行政管理人员具备高效的管理能力，熟悉教学环境和规程，能够应对各种复杂情况。因此，高校需要对行政管理人员进行专业的培训和评估，提高管理的科学性和效率，确保实践教学的顺利进行。与高校密切相关的企业、机构等是实践教学的合作伙伴，是实践教学的重要支持者。通过校企合作、产学研一体化等方式，高校可以借鉴和引入企业、机构的实践资源和经验，为学生提供更真实、更丰富的实践机会。这就需要高校与企业、机构建立长期稳定的合作关系，进行深度的交流和合作，共同推动实践教学的发展。

（四）政策环境

在高校的实践教学中，政策环境的作用不可忽视。一方面，科学合理的教育教学政策能够引导和规范实践教学的进行，提高实践教学的效率和质量。另一方面，良好的外部教育政策环境能够为实践教学提供更多的资源和机会，拓宽实践教学的视野和领域。高校需要关注并研究相关的教育政策，了解政策对实践教学的影响，把握政策的动向和趋势，以便作出及时调整和应对。同时，高校还需要积极争取政策的支持，利用政策提供的资源和机会，提升实践教学的实效。

政策环境一般包括高校内部的教育教学政策和外部的教育政策。高校内部的教育教学政策包括实践教学的规划、实践课程的设置、实践活动的组织、实践成绩的评价等。这些政策决定了实践教学的定位、方向和方式，体现了高校对实践教学的重视和支持。如果高校能够制定出科学合理的教育教学政策，并严格执行，那么就能为实践教学提供一个良好的内部环境，为实践教学的顺利进行提供保障。外部的教育政策包括国家的教育政策、地方的教育政策、行业的教育政策等。这些政策决定了高校实践教学的外部环境，影响了高校实践教学的资源、条件和机会。如果这些政策能够为高校提供足够的支持和帮助，那么就能为高校创造一个良好的外部环境，为高校吸引和利用实践教学资源、提高实践教学效果提供可能。

三、高校实践育人支持系统建设的主要内容

高校实践育人支持系统的建设需要从多个方面同时发力，形成一个完整的、有机的系统，真正实现以实践为主导的育人模式。高校实践育人支持系统建设的内容主要包括以下几个方面（如图2-5）：

（一）实践平台建设

实践平台构成了实践教育的物质基础，为学生提供了将理论知识应用到实践中的机会，以提高他们的实践能力。其中包括校内的科研实验室、创新实践中心以及校外的社会实践基地、产学研联合实践基地等。

科研实验室能提供一种环境，让学生在专业导师的指导下，探索未知的科学领域，实践他们的研究想法。在实验室中，学生可以使用各种高端的科研设备，进行实验设计、数据分析等，对所学的理论知识进行深度实践和应用。这种实践不仅可以提高学生的实验技能，也能激发他们的科研兴趣，为

图 2-5　高校实践育人支持系统建设的主要内容

他们未来的科研工作打下坚实的基础。创新实践中心可以为学生开展各种创新活动提供平台，例如创业项目、技术开发、社会服务等。创新实践中心通常会提供一系列的创新训练和指导，帮助学生提升创新思维和实践能力。此外，创新实践中心还会通过举办各种创新比赛、创新项目等鼓励学生将创新思维转化为实际的创新行动。校外的社会实践基地和产学研联合实践基地也是高校实践育人的重要支持。社会实践基地通常是与企业、政府、非政府组织等社会机构建立的合作关系，让学生可以直接参与社会活动，实践他们的社会能力。这种实践有利于培养学生的社会责任感，提高他们的社会适应能力。高校通过建立稳定的社会实践基地的方式，可以争取到更多的社会资源，得到社会各界的认可和支持。[1]产学研联合实践基地则是高校与产业界、科研机构的深度合作，为学生提供了从事产业研究、技术开发等活动的机会。在这样的基地中，学生可以深入了解产业的发展趋势，掌握最前沿的技术知识，提高他们的职业适应能力。实践平台的建设需要精心设计和持续投入。高校应考虑如何有效利用现有资源，开发出适合自己学生的实践平台。例如，可以根据学科特点和学生需求，设立不同类型的实践平台。在平台建设中，应保证其设备的现代化、专业化，提供优质的实践环境。同时，还应注重实

---

〔1〕　王晖、梁武：《以实践基地建设为平台的实践育人模式探索——以西南大学文化与社会发展学院为例》，载《西南农业大学学报（社会科学版）》2014年第3期，第141~144页。

践平台的开放性，让更多的学生可以参与实践活动。实践平台的建设更需打破校内外的界限，积极建立和社会、产业界的合作关系，开发更多的社会实践机会。只有这样才能真正实现实践教育的目标，让学生在实践中学习，从而提高他们的实践能力。

（二）课程体系优化

课程体系的优化是一项复杂而系统的工作，需要高校根据自身的条件和学生的需求，科学合理地进行。通过优化课程体系，高校可以为学生提供丰富多样的实践学习机会，有效提高他们的实践能力。

课程体系的优化需要从多个维度进行。理论课程和实践课程的比例是课程体系优化的重要指标。理论课程为学生提供了基础的专业知识，而实践课程则让学生将这些知识应用到实践之中。在优化课程体系时，高校应调整课程比例，提高实践课程的比重，让学生有更多的机会进行实践学习。专业实践课程是课程体系优化的重要部分。针对特定专业的专业实践课程，可以让学生在专业导师的指导下，进行具有专业特色的实践活动。通过这种实践活动，学生可以掌握专业的核心技能，提高专业素养。项目驱动课程则是一种新型的实践课程，它让学生在完成具体项目的过程中学习相关的理论知识和实践技能。这种课程以项目为载体，让学生在解决实际问题的过程中自我学习、自我实践。项目驱动课程不仅可以提高学生的实践能力，还能培养他们的创新思维和团队协作能力。

课程体系的优化还需要考虑课程的跨学科性。在现代社会，知识的发展日新月异，越来越多的问题需要通过跨学科的知识来解决。因此，高校在优化课程体系时，应注重提供跨学科的实践课程，让学生能在实践中接触到多元化的知识，提高他们的综合素质。课程体系的优化还需注重教学方法的改革。传统的教学方法往往过于依赖教师的讲授，而忽视了学生的主动学习和实践学习。在优化课程体系时，高校应引入更多学生中心的教学方法，例如翻转课堂、小组讨论、项目学习等，让学生在教学过程中成为学习的主体，积极参与实践学习。

（三）实践指导队伍建设

高校需要培养一支专业、熟练的实践指导队伍，包括教师、导师、企业家、行业专家等，他们可以提供专业指导和现场指导，帮助学生提高实践技能。

实践指导队伍的建设要求教师和导师具备丰富的专业知识和实践经验。

他们需要清楚地知道学生在实践中可能遇到的问题，以及如何解决这些问题。同时，导师们也需要对学生的个性和能力有所了解，以便提供个性化的指导和帮助。这需要高校在聘请导师时注重其专业背景和实践经验。企业家和行业专家具有丰富的行业经验和实践经验，能够提供与实际工作密切相关的指导。他们的参与可以使学生对行业有更深入的了解，提高他们的实践能力。因此，高校需要建立与企业和行业的良好关系，吸引更多的企业家和行业专家参与实践指导队伍的建设。

实践指导队伍的建设还需要注意队伍的结构和规模。一个合适的队伍结构应包括不同背景、不同专业的导师，以满足学生的多样化需求。同时，队伍的规模也需要适当，以保证每位学生都能得到足够的指导和帮助。这需要高校在建设实践指导队伍时，进行精心的规划和管理。

（四）政策保障和资金投入

政策保障和资金投入是实践育人工作的两大支柱，有了这两大支柱，实践育人的工作才能顺利进行、才能提高实践教育的质量和效果，真正实现高校实践育人的目标。

1. 政策保障的构建

政策保障在实践育人工作中起到引领和规范的作用，体现在制定相关政策，制定实施细则，为实践育人活动提供明确的行为准则，为实践教育和实践活动的开展提供法制保障上。政策保障也体现在将实践育人纳入学校的教育教学体系，确保实践教育在教学活动中占有一席之地，鼓励并支持教师和学生参与实践活动上。政策保障还需要在奖励和激励机制上有所体现。制定出明确的奖励和激励政策，对在实践活动中做出突出贡献的教师和学生进行表彰和奖励，以此提高他们参与实践活动的积极性。此外，政策保障还涉及对实践教育人才的培养和引进，建立和完善教师实践教育能力提升的政策，促进实践教育人才队伍的建设和发展。

2. 资金投入的确保

资金是实践教育的重要保障，无论是实践平台的建设、实践课程的开设，还是实践活动的组织和开展，都需要充足的资金支持。高校需要设立专门的实践教育基金，为实践活动提供稳定的资金来源，保障实践活动的正常进行。

为了进一步增强实践育人的资金保障，高校还需要探索多元化的资金筹措方式，如申请相关项目资金、接受企业和社会的捐赠、开展校企合作等，以此丰富实践教育的资金来源。同时，对资金的使用需要进行有效管理，确保资金被用在实践教育的关键环节，提高资金使用的效率。在资金投入方面，还需要关注实践教育的硬件设施建设。如实验室、实训中心、实践基地等的建设和维护，需要大量的资金投入。此外，对于学生参与实践活动的支持，如资助学生参加学术会议、进行科研项目、开展社会实践等，也需要充足的资金保障。

（五）实践育人文化建设

实践育人文化以培养大学生良好品德、实践技能和实践文化为引领，不断地提高他们勇于探索的创新精神、善于解决问题的实践能力和主动适应社会发展的综合能力，成为高水平应用型人才。[1]实践育人文化的建设是一个系统工程，需要高校从多方面进行，形成一种以实践为本、以实践为荣的教育氛围，真正实现实践育人的目标。实践育人文化建设主要包括以下几个方面：

1. 尊重实践文化的培养

尊重实践文化的培养是深化高校实践育人的基石，其核心理念在于尊重和重视每一次实践机会。在知识的获取与理解过程中，理论学习和实践活动的结合具有无可比拟的重要性。理论学习提供了基础知识和思考工具，而实践活动则提供了一个应用所学知识、提高解决问题能力的平台。

对于学生来说，每一次实践都是理解和掌握理论知识，增强解决问题能力的磨砺。每一次的实践都是他们能力提升、认知深化、价值观成熟的过程。这些不仅限于课堂上的实践活动，还包括课后的科研实践，社团活动中的实践，甚至是生活中的实践。对于教师来说，应当清楚认识到实践在教学过程中的重要性，引导学生走出课堂、投入实践。教师需要用实际行动向学生展示实践的重要性，以实践为本、设计教学活动、组织实践活动，通过实践帮助学生理解和掌握理论知识。高校在课程设置、教学资源分配、教学评价等方面，都要体现出尊重实践的原则，为学生提供丰富的实践机会，为教师进行实践教学提供支持和保障。

2. 推崇实践文化的传承

推崇实践文化是尊重实践的延伸，是对实践的进一步弘扬。在实践中，

---

〔1〕李飞：《协同创新理念下独立学院实践育人文化建设研究》，载《广西教育》2016 年第 43 期，第 111~112 页。

学生不仅可以深入理解和掌握知识，而且还可以学习到解决问题的方法，培养出解决问题的能力。通过推崇实践，鼓励学生主动参与实践，积极面对实践中的问题，勇于解决实践中的困难。在这个过程中，高校应设立相关的奖励制度，表彰在实践中表现突出的学生，以此激发学生们对实践的热情和积极性，鼓励他们积极参与各种实践活动。不仅限于物质奖励，更重要的是要给予精神上的鼓励，让学生感到他们的努力得到了认可，他们的成就得到了赞赏。

高校还应该以各种方式传承和弘扬实践文化，如在学校的各种公开场合，弘扬实践的重要性，倡导实践精神，把推崇实践的理念融入校园文化，让每一个学生都能深深地感受到实践的价值，激发他们对实践的热爱，从而愿意投入实践活动，实现自我价值的提升。

3. 实践分享文化的构建

实践分享文化是实践育人文化的一种重要形式，通过分享实践经验，可以帮助学生总结实践过程，提高实践效果。分享的方式可以多样化，可以是口头报告，可以是文字记录，也可以是图像展示，还可以是互动讨论。只要能有效地将实践经验和感受传递出去，都可以被称为有效的分享。高校可以通过设立各种平台和机会，如实践报告会、实践成果展示会、实践经验交流会等，让学生有机会分享自己的实践经验，听取其他人的实践经验，通过互相交流和学习，共同提高实践水平。

4. 实践创新文化的发展

创新是实践活动的灵魂，没有创新，实践就可能变成重复和模仿。实践创新文化是鼓励学生在实践中寻找新的解决问题的方法，开发新的工具和技术，尝试新的工作方式，提出新的思考视角，从而提高实践效果，推动个人和团队的发展。在实践中，学生应该具备敢于质疑、敢于探索、敢于尝试的勇气，具备发现问题、分析问题、解决问题的能力。他们不应该满足于已有的知识和技术，而应该积极探索未知的领域，勇于挑战自我、追求卓越。在这个过程中，学校应该提供支持和引导，创造一个鼓励创新、宽容失败、追求卓越的环境。

实践创新文化的发展需要高校从多个层面进行推动。在教学层面，要引导学生主动探索，鼓励他们勇于尝试，接受失败；在科研层面，要为学生提供充足的资源，鼓励他们深入研究，创新解决问题；在评价层面，要突破传统的评价体系，赋予实践创新更大的权重，鼓励学生积极参与实践创新。

第三节　高校实践育人的师资队伍建设

在高校实践育人过程中，师资队伍起到非常重要的作用，教师是激发学生学习兴趣和积极性的重要推动力，提升教师队伍的素质和能力，是实施高校实践育人战略的重要保障。高校实践育人的师资队伍建设需要从教师的专业能力、产学研结合能力、团队多元化、教师继续教育和专业发展、教师激励机制等多个方面进行全面的考虑和设计，以确保教师队伍能够有效地支持实践育人的实施。

一、教师专业能力提升

教师的专业能力就是教师的教育教学能力，是教师在教育教学活动中所形成的顺利完成某项任务的能力和本领。[1] 在高校实践育人过程中，教师在学生的学习过程中起着重要的引导作用，他们的专业能力和素养将深深影响学生的知识理解和技能掌握。教师需要在教学过程中，在专业知识、教学能力、研究能力等方面不断进行自我提升，更新知识，提升教学质量和学生的实践效果（如图 2-6）。

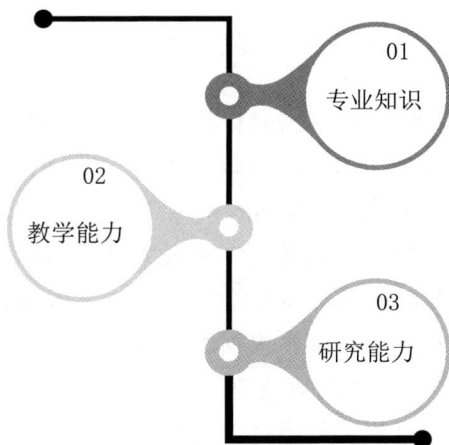

图 2-6　教师专业能力提升

〔1〕　郭平主编：《教师专业发展概论》，西南交通大学出版社 2017 年版，第 195 页。

（一）专业知识

在高校的实践育人环境中，教师的专业知识是教学过程的基础。它不仅包括对专业课程的深入理解，也包括对所教学科的研究趋势和发展动态的了解。

专业理论知识是教师专业知识的基础，也是他们在课堂上教授的主要内容。他们需要对所教授的专业领域有深入的理解，了解该领域的主要观点和理论框架，理解各种概念和原理的含义和应用。只有深入理解了专业知识，教师才能有效地传授这些知识，帮助学生理解和掌握。专业实践知识是教师专业知识的重要组成部分。在许多领域，如工程技术、医学、教育等，实践知识和经验是非常重要的。教师需要有丰富的实践经验，理解实践中可能遇到的问题和解决问题的方法。他们需要知道如何将理论知识应用于实际情境，帮助学生理解知识的实际应用。

研究方法是教师专业知识的另一个重要部分。在高等教育环境中，教师不仅需要教授知识，还需要进行学术研究，发现新的知识。教师需要了解如何设计和进行研究，如何收集和分析数据，如何解释结果，如何撰写和发表研究论文。他们需要了解研究的伦理原则，如诚实、公正、尊重知识产权等。

（二）教学能力

教学能力是指教师利用教学方法和技巧，有效传递专业知识，培养学生的能力，具体包括课程设计、教学方法、教学管理、教学评估等多方面的能力。

教学设计方面，教师需要根据课程目标和学生的需求，设计出有效的教学计划和策略。他们需要选择合适的教学内容，安排合理的教学进度，设计出有助于学生理解和掌握知识的教学活动。

教学方法是教师教学能力的另一个重要方面。教师需要掌握多种教学方法，如讲授、讨论、案例分析、项目学习、在线学习等，以适应不同的教学目标和学生的学习需求。他们需要根据教学内容和学生的学习特点，灵活运用各种教学方法，引导学生积极参与学习、提高学习效果。在教学管理方面，教师需要有效管理教学过程，如维持课堂秩序、管理学生的学习行为、处理学生的学习问题等。他们需要有一定的人际交往能力和解决问题的能力，能够和学生建立良好的教学关系，创造出有利于学习的教学环境。在教学评估方面，教师需要评估学生的学习效果，了解学生的学习进度和问题，为改进教学提供依据。他们需要掌握多种评估方法，如考试、作业、观察、自我评价等，以全面、准确地了解学生的学习情况。

（三）研究能力

教师的研究能力包括基础研究能力和应用研究能力。基础研究能力是教师研究能力的基础。基础研究能力主要包括文献阅读能力、研究设计能力、研究方法运用能力、研究成果分析能力等。这些能力是教师开展学术研究，形成研究成果的基础。教师需要通过不断阅读和学习，了解学科领域的最新研究成果和研究动态，提高对研究问题的理解和把握。他们需要设计出科学合理的研究方案，选择并运用适当的研究方法，收集和处理研究数据，分析和解释研究结果，形成有价值的研究成果。应用研究能力是教师研究能力的重要组成部分。应用研究能力主要是指教师将研究成果应用于教学实践，提高教学效果的能力。这包括理解研究成果的实际意义，将研究成果转化为教学内容，设计出有利于学生理解和掌握研究成果的教学活动，评价研究成果在教学中的应用效果等。应用研究能力不仅要求教师具有研究能力，还要求他们具有一定的教学能力。教师需要将研究成果有效地融入教学，帮助学生理解和掌握新的知识，提高学生的学习兴趣和学习效果。

二、产学研结合能力强化

高校教师在实践育人过程中不仅需要具备深厚的专业知识和教学技巧，还需要将产业界的最新动态和研究成果引入教学，以此强化产学研结合的能力。产学研结合能力强化具体包括企业实践能力、研究项目合作能力、创新成果转化能力等。

企业实践能力方面，产业界的新动态、新技术和新模式是世界发展的最前线，教师在与产业界的联系中，可以第一时间了解这些新的发展，并将这些内容带入课堂，使学生的学习内容始终保持与时俱进，满足社会发展的需求。教师通过积极参与产业界的各种活动，比如参加各种专业的研讨会、论坛、交流活动，甚至进入企业进行实地考察和实习，可以了解到产业界的最新动态，提升自身的企业实践能力。研究项目合作能力方面，在教学过程中，教师需要开展大量的研究工作，而这些研究工作往往需要与产业界或者研究机构进行合作，通过合作，可以使研究工作更具针对性和实效性。因此，教师需要有良好的团队合作精神，能够在项目中承担起领导和协调角色，推动项目的顺利进行。同时，教师还需要有较强的研究能力，包括研究设计、研究实施、数据分析等方面的能力，这样才能在研究项目中发挥重要作用。创新成果转化能力方面，教师在教学和研究过程中可能会创造许多有价值的创新成果，而如何将这些创新成果转化为实际的产品或服务则是一个重要的问题。教师需要有一定的创新意识和商业思维，能够从创新成果中发现商业价值，然后通过与产业界的合作将这些价值变为现实。在这个过程中，教师需要有一定的创新和创业知识，了解市场运作的规则和方式才能更好地进行创新成果的转化。

三、教师团队的多元化

实践育人的关键在于能否构建一个包含理论教师、实践教师、企业导师等多种角色、拥有各种专业背景和经验的教师团队。一个优秀的教师团队需要有理论与实践相结合的能力，还应该有一定的企业经验，能够指导学生在实践中解决实际问题。

理论教师是理论知识的传播者，他们熟悉专业知识，了解相关学科的最新研究动态，能够将抽象的理论知识转化为学生可以理解的语言。他们的存在为学生提供了系统性、深入的理论知识学习，也为实践教学提供了理论指导。实践教师是实践知识的传播者，他们在某个领域有丰富的实践经验，了解实践中可能遇到的问题和解决问题的方法。他们可以帮助学生将理论知识应用到实践之中，提高学生的实践能力。此外，他们还可以根据自己的经验，为学生提供职业规划和职业素养培养的指导。企业导师是企业和学校之间的桥梁，他们了解企业的实际需求，可以为学生提供最新的行业信息和就业机会。他们可以帮助学校的教学更好地对接社会需求，提高教育的社会适应性。

教师团队的多元化不仅可以提供多元化的教学内容，满足学生的多样化学习需求，也可以提高教学的实效性，提升学生的实践能力和就业竞争力。为了实现教师团队的多元化，高校需要在教师招聘、教师培训等方面做出改革和创新，吸引和留住各种类型的优秀教师。例如，高校可以在招聘时重视教师的实践经验和教学方法，鼓励有企业背景的专家学者进入教师队伍。在教师培训上，可以增加实践教学、企业实习等内容，提高教师的实践教学能力。在教师激励上，可以通过设置实践教学奖，鼓励教师从事实践教学。只有这样才能构建一个具有理论深度和实践广度、能够满足实践育人需求的多元化教师团队。

四、教师继续教育与专业发展

教师专业发展有利于教师队伍的建设，提高师资队伍的整体质量，是保证我国素质教育的全面实施和新课程改革顺利开展的关键；教师继续教育是有效促进教师专业发展的重要路径。[1]高校实践育人的教师需要进行继续教育和专业发展活动，以便能够不断更新和提升自己的知识和技能。这种需要来自知识的快速发展、教育技术的进步，以及社会和行业需求的变化。对于教师来说，专业发展不仅是提高教学效果、满足学生学习需求的手段，也是实现自我成长、保持职业活力的途径。

继续教育和专业发展活动的形式有很多，比如参加教师研修活动、进行学术访问或进修、开展教育教学研究等。教师研修活动是提高教师专业素质的重要方式，它可以帮助教师了解最新的教育理念和教学方法，提高教师的教学能力和教育研究能力。此类活动通常由教育主管部门、学校、教师协会等组织，内容涵盖课程设计、教学方法、学生评价、课堂管理等多个方面。学术访问或进修是提高教师专业知识、扩大教师视野的重要方式。教师可以通过访问其他学校、参观优秀的课堂、与其他教师交流教学心得，以获取新的教学灵感和教学策略。也可以通过学术进修，学习新的专业知识，参加学术会议，与专业领域内的同行交流，以更新和提升专业知识。开展教育教学研究是提高教师专业能力、推动教育改革的重要途径。教师可以通过对自己的教学进行反思和研究，找出教学中存在的问题，探索更有效的教学方法。也可以通过参与教育政策研究、教育评价研究、教育管理研究等，以提高教育决策能力，推动学校的教育改革。

教师继续教育和专业发展不应该是偶然的、临时的，而应该是持续的、系统的。这需要学校和教师自身的共同努力。学校需要为教师提供专业发展的机会和资源，鼓励和支持教师的专业发展活动。教师需要主动参与专业发展活动，持续学习、不断提升。只有这样才能构建一个知识更新、技能精进、活力旺盛的教师队伍，为实践育人提供强大的支持。

---

〔1〕　张家选：《略论教师继续教育与专业发展》，载《继续教育》2010 年第 1 期，第 50~51 页。

五、教师激励机制

激励机制是影响教师工作积极性和效果的重要因素。在高校实践育人的师资队伍建设中，应该构建有效的教师激励机制，包括经济激励、职业发展激励、表彰与荣誉激励和工作环境激励（如图2-7）。

图 2-7　教师激励机制

（一）经济激励

高校应该设定公平、合理的教师薪酬制度，激励教师为教育教学工作投入更多的热情和精力。在确定教师薪酬时，不仅要考虑教师的学历、职称、工龄等基础因素，还需要充分考虑教师的工作绩效、教学质量、研究成果、社会服务等衡量教师工作绩效的重要指标，高校应该根据教师的工作绩效给予相应的经济奖励。这样，教师才会有足够的动力提升自己的教学质量和研究水平，更好地服务社会。高校还可以设立教学奖励基金、研究奖励基金等特殊奖励机制，给予对教学和研究工作有突出贡献的教师额外的奖励。这样不仅可以提高教师的经济收入，也可以提高教师的工作满足感和自豪感。

除了薪酬和奖励，高校还应该为教师提供良好的福利待遇。医疗保险、退休金、住房补贴等福利待遇，这些都是关乎教师生活质量的重要因素。高校应该充分关心教师的生活需求，通过提供优厚的福利待遇，帮助教师解决生活中的实际问题，提高教师的生活满足感。

（二）职业发展激励

高校应该为教师提供多元化的职业发展路径，让教师根据自己的兴趣和能力选择适合自己的发展方向。一方面，高校应该为教师提供专业发展路径。这包括提供各种继续教育和专业发展机会，帮助教师提升专业能力，满足教师的专业成长需求。教师可以通过参加研修活动、进行学术访问等方式学习新的知识和技能、开阔视野、提高自己的专业素养。另一方面，高校还应该为教师提供管理发展路径。一些具有管理潜力和志向的教师，可以通过担任教学团队的领导职务、参与学院的管理决策等方式，实现自己管理能力的提升和管理经验的积累。这样既可以满足教师的职业发展需求，也可以为高校的管理工作输送合格的管理人才。

高校还应该设立公平、公正的教师职称评定和晋升制度。教师职称的评定和晋升是教师职业发展的重要标志。高校应该根据教师的工作表现和专业能力，给予教师合理的职称评定和晋升。这样教师才会有足够的动力投入教育教学工作，追求自己的专业成就。

（三）表彰与荣誉激励

表彰与荣誉激励是一种非物质的激励方式，它对于提升教师的职业荣誉感、增强教师的职业满足感具有重要作用。高校应该设立各种教师表彰制度（如优秀教师奖、优秀教学成果奖、优秀科研成果奖等），以表彰在教学、研究、服务等方面做出杰出贡献的教师。这些表彰制度，不仅是对优秀教师工作的肯定和奖励，也是对所有教师的激励，鼓励他们积极投身教育教学工作，追求卓越。

高校还可以通过媒体等平台对获奖教师进行宣传和推广、提升他们的社会影响力。这样不仅可以增强教师的荣誉感，也可以提高高校的社会声誉，吸引更多的优秀人才。高校应该将表彰与荣誉激励与教师的专业发展、职业晋升紧密结合起来，使之成为教师职业发展的重要支撑。例如，高校可以将获奖情况作为教师职称评定和晋升的重要依据，以此激励教师积极参与教学和科研工作，提高自己的专业素养和工作成果。

（四）工作环境激励

工作环境是影响教师工作状态和工作效果的重要因素，高校应该为教师提供良好的工作环境。在物质环境方面，主要包括舒适的办公环境、完善的教学设施、丰富的学术资源等。良好的物质环境不仅可以提高教师的工作效率，也可以提高教师的工作满意度，激发他们的工作积极性。在人文环境方面，高校应该重视教师的工作压力和心理健康，定期开展关注教师心理健康活动，为教师提供心理咨询服务。只有在良好的人文环境中，教师才能保持良好的心理状态，充分发挥自己的工作潜力。在管理环境方面，高校应该建立开放、公正、透明的管理环境，尊重教师的职业尊严，保护教师的合法权益。高校应该采取民主、科学的决策方式，充分听取和尊重教师的意见和建议，给予教师充分的发展空间和表达机会。只有在这样的管理环境中，教师才能感到被尊重和被认可，愿意为高校的发展付出更多的努力。

第四节　高校实践育人的质量保障体系

实践育人质量保障体系是确保高校实践教育质量，推动实践教育改革的重要保证。这个体系需要多方面的配合与支持，包括资源整合、实践课程体系的构建、指导书的编制、实践教学成果展示以及跟踪调查与反馈机制的建立（如图 2-8）。

图 2-8　高校实践育人的质量保障体系

一、资源整合

在实践育人环节中要将社会资源加以整合并充分利用，最大限度地利用社会资源来优化教育资源，提升人才培养的质量，实现对应用型、创新型人才的培养。[1]对于任何一个高校来说，实践教学都需要大量的资源投入，包

---

〔1〕　都静、马利萍、樊晓阳：《新时代高校实践育人的机制与路径研究》，载《决策探索》2021年第4期，第75~76页。

括硬件设施、实验材料、教师队伍以及外部合作资源等。为了保证实践教学的高效和高质量，必须对这些资源进行科学、合理的整合。资源整合的核心在于使所有的资源能发挥最大的价值。在硬件设施方面，需要保证学生能有足够的时间和空间进行实践活动。比如，学校可以设置一些开放实验室，让学生在非上课时间也能进行实验。为满足各种不同的实践需求，实验室应该配备各种类型的设备和工具。在实验材料方面，需要考虑实验的实用性和经济性。实验材料的选择应与课程目标和学生需求相匹配。为减少浪费，可以考虑使用一些经济实用的替代材料。同时，也需要对实验材料进行合理管理，防止过期和浪费。在教师队伍方面，需要注意教师的专业能力和教学技巧。一方面，教师需要有足够的专业知识和实践经验，才能有效指导学生进行实践活动。另一方面，教师还需要有良好的教学技巧，能设计出生动有趣的实践课程，激发学生的学习兴趣和积极性。在外部合作资源方面，需要建立广泛的合作网络。通过与企业和研究机构的合作，为学生提供更多的实习和实践机会。这些合作也可以为学校带来最新的行业信息和技术动态，使教学内容与社会需求紧密相连。

在进行资源整合的过程中，还需要建立一套有效的资源管理系统。这个系统不仅需要包括资源的采购、存储、使用和维护等环节，还需要有一套评估机制，定期评估资源的使用效果，以便于不断优化资源配置。

二、实践课程体系的构建

实践课程体系的构建对于高校实践育人的质量保障体系而言至关重要。实践课程体系的构建涉及多个方面，主要包括课内实践、课外实践、生产实习、创新创业等。

课内实践主要是通过实验、实习、实训等形式，让学生在课堂中通过亲身实践来理解和掌握知识。课内实践强调的是理论知识与实际操作的紧密结合。比如，生物学课程中的解剖实验、电子工程课程中的电路设计实验，这些都是课内实践的形式。这种形式的实践教学使学生在进行具体操作的同时，深入理解和掌握理论知识，从而达到知行合一的目标。课外实践则更加注重在真实环境中进行学习，包括社会实践、社团活动、竞赛活动等。课外实践强调将学习与实际生活、社会生产、社会服务紧密结合。通过课外实践，学生可以将所学的知识和技能运用到实际问题的解决中，从而进一步提升和完善自己的知识和技能，也能增强社会责任感和使命感。生产实习则是通过让学生参与真实的生产活动，实现教学与生产的紧密结合，培养学生的职业素质和职业技能。例如，机械制造专业的学生可以在工厂中进行实习，亲身参与机械设计和制造的过程，这样既可以提升学生的专业技能，也能让学生对所学的知识有更深的理解。创新创业教育则是通过启发和引导学生的创新思维和创业精神，让学生在实践中学习和体验创新、创业的过程。比如，高校可以组织创新创业比赛，鼓励学生提出创新的产品或服务的想法，指导学生制定商业计划，甚至帮助学生实现产品或服务的商业化。这样可以培养学生的创新思维和创业精神，同时也能让学生了解创新和创业的实际过程。

三、指导书的编制

实践教学指导书能够为实践教学提供详细的、可操作的、具有指导性的方案。这个方案应该是明确的，它需要告诉学生他们需要完成什么，需要达到什么样的标准以及如何达到这些标准。

实践教学指导书的编制过程应该充分考虑到实践教学的特点和目标。实践教学旨在让学生通过亲自动手、亲自体验来学习和掌握知识和技能。因此，实践教学指导书需要提供详细的、步骤化的实践操作指南，包括实践活动的目标、所需的材料和工具、实践操作的步骤、可能遇到的问题和解决方案等。这些内容应该以清晰、简洁、易懂的语言表达，以便学生能够快速理解和掌握。实践教学指导书也需要考虑到学生的差异。不同的学生可能有不同的学习速度、学习风格、学习兴趣和学习难度。因此，实践教学指导书需要提供一定的灵活性，允许学生根据自己的情况调整学习的节奏和方式。实践教学指导书可以设立不同层次的学习任务，满足不同水平的学生的学习需求。实践教学指导书还应该提供明确的评价标准和反馈机制。这些评价标准应该反映实践教学的目标，衡量学生在实践操作中的表现。反馈机制应该鼓励学生对学习进行自我评价，提供改进的建议，促进学生的自我学习和自我发展。

四、实践教学成果展示

实践教学成果展示不仅仅是结果的展示，而是一个过程。这个过程可以让学生在深入理解和掌握理论知识的基础上，全方位、多角度地展示他们的实践能力和创新精神，促进他们综合素质和能力的提升。

实践教学成果展示的形式应多样化，可以包括但不限于研究报告、实践项目展示、作品展示、实践基地参观、现场答辩等形式。这些展示形式不仅能让学生有机会在真实的环境中应用所学知识、检验所学技能，而且还能激发他们的探究欲望，激励他们积极投入实践活动。同时，通过这些展示形式，可以让教师、校外专家和社会公众更直观、更全面地了解学生的实践活动和实践成果，为学生的成长和发展提供有价值的反馈和建议。评价机制是实践教学成果展示的重要组成部分。评价机制应注重过程和结果的统一，注重定性和定量评价的结合，注重自我评价、互评和专家评价的多元化。这种评价机制可以让学生从不同的角度理解和反思自己的实践活动和实践成果，帮助他们在实践中发现问题、解决问题，提高他们的问题解决能力和批判性思维能力。

实践教学成果的展示是提升实践教学质量的有效手段。通过实践教学成果的展示，可以使实践教学的过程和结果公开、透明，使教师、学生和社会公众对实践教学的质量有一个公正、客观的评价，为提升实践教学质量提供有力的支撑。同时，通过实践教学成果的展示，可以向社会公众展示实践教学的价值和成果，提升实践教学的社会认知度和影响力。

五、跟踪调查和反馈机制

跟踪调查和反馈机制是高校实践育人质量保障体系中的重要环节，它可以帮助高校了解实践教学的实施情况，掌握学生的学习情况和实践效果，及时发现问题并进行改进。在跟踪调查和反馈机制的支持下，高校可以及时调整实践教学方案，提供更有效的支持和指导，从而不断提升实践教学的质量和效果。

跟踪调查是指对学生在实践教学过程中的学习情况和实践成果进行全面、系统的调查。高校可以通过问卷调查、访谈、观察等方式收集学生在实践活动中的学习体验、困难和收获，了解他们对实践教学的认知和评价。跟踪调查还可以关注学生的参与度、学习动力和自我评价等方面的情况，以便高校及时发现问题并进行针对性的改进。反馈机制是指在跟踪调查的基础上，高校向学生提供及时的反馈和指导。高校可以通过个别辅导、集体讨论、评估报告等方式向学生传达实践活动的评价和建议。这种反馈机制可以帮助学生更好地了解自己在实践教学中的表现，指导他们调整学习策略，提升实践效果。高校也可以通过与学生进行反馈交流，了解他们的需求和意见，为实践教学的改进提供参考。

跟踪调查和反馈机制的建立需要高校采取有效的措施来确保其有效性和可持续性。高校应建立跟踪调查和反馈机制的规范和流程，明确调查的目的、方法和时间节点，确保调查的科学性和准确性。高校需要加强对教师和学生的培训，提升他们的意识和能力，使其能够积极参与跟踪调查和反馈机制的实施。高校还可以借助信息技术手段，建立在线平台或系统，方便学生和教师进行跟踪调查和反馈。

第三章

高校课程体系中的实践教育

第一节　实践教育在课程体系中的作用

实践教育在高校课程体系中扮演了关键角色，它连接理论知识与实际操作，通过深化对学术理论的理解并将其应用到实际环境中，实现理论知识和实际技能的有机结合。实践教育对个人能力的提升具有关键作用，包括提高批判性思维、解决问题的能力以及团队协作技能等。实践教育在塑造职业素养方面同样发挥着重要作用，它能帮助学生理解和掌握职业道德、提高职业素质，为学生的未来职业生涯打下坚实的基础。

一、促进理论知识与实践操作相结合

实践教育在促进理论知识与实际操作相结合方面发挥了重要作用。通过实践教育，学生可以更好地理解理论知识，并将其应用到实际操作中，从而提高自身的理论认知和实践能力。在传统的教学模式下，理论知识和实际操作往往是分开的。学生在课堂上学习理论知识，然后在实验室或实践环境中进行实践操作。这种模式虽然可以让学生掌握一定的理论知识和实践技能，但是它没有充分地将理论知识和实践操作相结合，导致学生在理论知识和实践操作之间的转换上存在困难。而实践教育的出现很好地解决了这个问题。实践教育以实践为主、理论为辅，将理论知识和实践操作紧密结合起来。学生在学习理论知识的同时，通过参与实践活动，将所学的理论知识应用到实际操作中，从而更好地理解和掌握理论知识。这种模式不仅能提高学生的理论认知，也能提高他们的实践能力。

实践教育还通过促进理论知识与实际操作的相结合，帮助学生发展创新

思维。在实践中，学生可以发现理论知识的不足和问题，从而激发他们对新知识的探索和创新。这种创新思维的培养，对学生的个人发展和未来职业生涯都有着重要的影响。实践教育不仅能帮助学生提高理论认知和实践能力，还能帮助他们建立起自信心和实践勇气。在实践教育中，学生可以通过实践活动，亲身体验成功和失败、积累实践经验、增强自我认知，从而提高自己的自信心和实践勇气。

二、实践教育对个人能力的提升

实践教育对个人能力的提升涉及多个方面，包括思维能力的发展、沟通协作能力的提高、问题解决能力的增强以及自主学习能力的锻炼。具体如下（如图 3-1）：

图 3-1　实践教育对个人能力的提升

（一）思维能力的发展

思维能力指对事物进行分析、综合、抽象和概括的能力。在实践教育中，创新思维是被特别重视的一个部分，它是推动社会进步、解决复杂问题的重要驱动力。创新思维的培养需要在实际操作中进行，在面对实际问题和挑战时，需要学生突破原有的知识和经验，找到新的解决方案。这种过程为学生的创新思维提供了良好的锻炼机会。例如，某个项目可能需要学生设计一种新的产品或服务，这就需要学生利用自己的知识，发挥想象力，创新思考，最终设计出满足需求的产品或服务。在这个过程中，学生的创新思维能力得到了实质性的提升。

实践教育还能够促进学生的批判性思维的发展。批判性思维是一种理性的、反思的思考方式，它要求学生不仅仅接受已有的知识，而且要能够独立思考，对信息进行评估，形成自己的观点。在实践活动中，学生需要面对各种复杂的实际问题，这就需要他们运用批判性思维，对问题进行深入理解和分析，形成自己的判断。这种过程不仅能够帮助学生提高批判性思维能力，也有利于培养他们的独立思考能力和判断能力。实践教育还有助于提升学生的逻辑思维能力。逻辑思维是人们处理问题、分析问题的基本方式，是解决问题的关键。在实际操作中，学生需要按照一定的顺序和逻辑工作，这会对他们的逻辑思维能力形成挑战，也提供了提升逻辑思维能力的机会。例如，学生在做实验时，需要按照实验步骤和规则进行，这就需要他们运用逻辑思维，按照一定的顺序和逻辑操作。

（二）沟通协作能力的提高

无论是在学术研究中，还是在未来的职场环境中，良好的沟通协作能力都是个人能力的重要组成部分，而实践教育可以为学生提供充足的锻炼这一能力的机会。沟通能力的提高不仅包括语言表达能力的提高，还包括理解和接受他人信息的能力的提高。通过实践教育，学生有更多的机会和他人进行交流和互动，这可以帮助他们提升自己的沟通能力。在实践活动中，学生需要向他人解释自己的想法和观点，理解和接受他人的意见和建议，这些都对他们的沟通能力提出了要求。同时，这种环境也可以让学生意识到沟通能力的重要性，激发他们提高沟通能力的积极性。

实践教育对协作能力的提高也有着显著的促进作用。在大多数的实践活动中，学生往往需要和他人一起合作完成任务。这种情况要求学生能够与他人协同工作、分享资源、协调矛盾、共同解决问题。这对于他们的协作能力提出了很高的要求。通过实践活动，学生可以锻炼自己的协作能力，学会在团队中发挥自己的作用，也能够认识到团队合作的重要性。沟通协作能力的提高也有助于其他能力的发展。例如，通过沟通交流，学生可以更好地理解他人、更好地被他人理解，从而提高他们的人际交往能力。通过团队合作，学生可以学会在团队中发挥自己的作用，也可以提高他们的领导力。沟通协作还能够帮助学生建立起良好的人脉关系，这对于他们未来的学习和工作都有着重要的影响。

（三）问题解决能力的增强

问题解决能力，简单地说就是指处理问题的能力，更完整的解释是能够准确地把握事物发生问题的原因，利用有效资源，提出解决问题的意见或方案并付诸实施，进行调整和改进，使问题得到解决的能力。[1] 问题解决能力是每个学生在学术和生活中都必须具备的一种能力，特别是在复杂和多变的现代社会。实践教育提供的实践活动常常是对真实生活或工作环境的模拟，这些活动中充满了各种预设或非预设的问题。面对这些问题，学生需要运用自己已有的知识和技能去寻找答案，这个过程就是问题解决的过程，也是问题解决能力的锻炼过程。具体涉及以下几个方面：

其一，解决问题需要对问题进行深入理解。通过实践活动，学生可以亲自接触问题，这使得他们更容易理解问题的实质。对问题的理解是解决问题的第一步，也是最重要的一步。其二，对问题的深入理解，有助于学生找出问题的根源，这对于问题的有效解决是非常重要的。解决问题还需要熟练掌握解决问题的方法。其三，在实践活动中，学生可以学习和掌握各种解决问题的方法和技巧。这些方法和技巧可以帮助他们有效地解决问题。例如，学生可以学习如何通过科学的实验方法来解决科学问题、如何通过调查研究方法来解决社会问题、如何通过设计思维来解决设计问题等等。其四，解决问题还需要具有创新思维。在实践活动中，学生有机会挑战现有的思维模式，尝试创新的解决方案。这对于培养他们的创新思维能力，提升他们的问题解决能力都是非常有益的。其五，解决问题还需要具备团队协作能力。在实践活动中，学生往往需要与其他学生一起解决问题。在这个过程中，他们可以学习如何与其他人合作、如何在团队中发挥自己的作用。这对于提升他们的团队协作能力和问题解决能力都是非常有益的。

实践教育的实质是让学生在实践中学习，让他们在解决真实问题中提升自己的能力。问题解决能力作为一种基本能力，是学生在学习、生活和工作中都需要具备的。通过实践教育，学生可以在解决问题的过程中提升自己的问题解决能力，这对于他们的个人发展和未来生涯都是非常有益的。因此，实践教育在高校课程体系中的作用不容忽视。

---

[1] 霍彧主编：《现代职业人：能力素质篇》，苏州大学出版社 2017 年版，第 63 页。

（四）自主学习能力的锻炼

无论是对专业知识的学习，还是对大学精神与大学文化的思考抑或是对大学学习资源的利用，都要求每个大学生具有自主学习能力。更何况，当今社会知识更新速度越来越快，终身学习成了每个社会成员生存发展的基本要求，因此学会"自主学习"、掌握自主学习的能力，不仅是完成大学学习任务的要求，也是为将来的终身学习打下坚实的基础。[1]自主学习能力简而言之就是学生在学习过程中主动掌握的能力，这种能力包括设定学习目标、规划学习路径、自我评估以及在需要的时候调整学习策略。这种能力的培养需要在真实的实践环境中完成，而实践教育恰恰就提供了这样的环境。

实践教育中的实践活动常常是复杂的、开放的，它们提供了许多需要学生自己解决的问题。在解决这些问题的过程中，学生需要自我发现、自我探索、自我学习。他们需要自己寻找信息、自己理解信息、自己应用信息。这种自我驱动的学习过程正是自主学习能力的锻炼过程。设定学习目标是自主学习的第一步。在实践教育中，学生需要根据自己的学习需要和兴趣，设定自己的学习目标。这个目标可以是理论的、可以是技能的、可以是态度的。设定学习目标有助于学生明确学习的方向、提高学习的效率。规划学习路径是自主学习的第二步。在实践教育中，学生需要根据自己的学习目标规划自己的学习路径。这个路径可以包括学习的步骤、学习的方法、学习的时间等等。规划学习路径有助于学生掌握学习的过程，提高学习的效果。自我评估是自主学习的第三步。在实践教育中，学生需要对自己的学习进行自我评估。这个评估可以包括学习的进度、学习的效果、学习的问题等等。自我评估有助于学生了解自己的学习情况、提高学习的质量。调整学习策略是自主学习的第四步。在实践教育中，学生需要根据自己的自我评估调整自己的学习策略。这个策略可以包括学习的方法、学习的技巧、学习的态度等等。调整学习策略有助于学生解决学习的问题、提高学习的能力。

自主学习能力是学生在学习过程中不断提升自己、不断优化自己，最终实现自我超越的一种能力。这种能力在现代社会是非常重要的，因为在这个信息爆炸的时代，学习的内容和方式都在不断变化，只有具备良好的自主学习能力，学生才能适应这种变化，才能在学习和生活中取得成功。实践教育

---

〔1〕　杨邦勇主编：《大学生活与生涯规划》，同济大学出版社 2010 年版，第 32 页。

通过其真实的实践环境为学生提供了锻炼自主学习能力的绝佳机会，这对于学生的个人发展以及学生的未来生涯都是非常有益的。

三、实践教育对职业素养的塑造

职业素养是指人类在社会活动中需要遵守的行为规范，是职业内在的规范和要求，是在职业过程中表现出来的综合素质。[1]实践教育对职业素养的塑造起着决定性的作用。这主要体现在以下几个方面（如图3-2）：

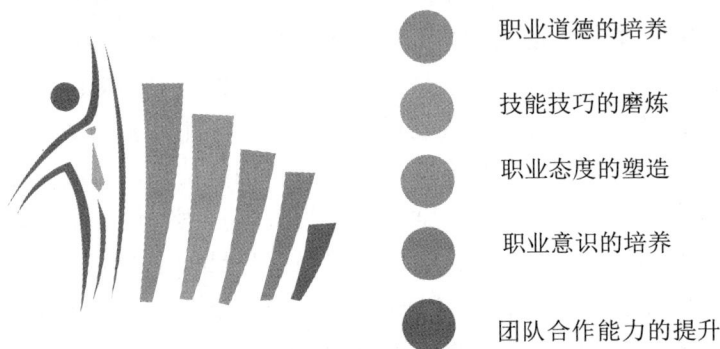

职业道德的培养

技能技巧的磨炼

职业态度的塑造

职业意识的培养

团队合作能力的提升

图3-2　实践教育对职业素养的塑造

(一) 职业道德的培养

所谓职业道德，就是同人们的职业活动紧密联系的符合职业特点所要求的道德准则、道德情操与道德品质的总和。[2]实践教育之于职业道德的培养，在本质上是一种价值观的培育。职业道德不仅涉及个人的行为规范，更包括对社会责任、对职业的尊重和承诺，对同事和顾客的尊重等深层次的价值理解。而这些价值观的形成需要在实际的工作环境中通过实践教育的方式去体验、去感受。以医学教育为例，实践教育不仅让学生们掌握了专业知识，更重要的是让他们在实践中体验到了职业道德的重要性。通过对病人的实地接诊和诊疗，学生们真切地感受到了作为医生，除了专业技能之外，更需要的是一颗对生命尊重的心，一种对病人全身心关怀的职业精神。在这个过程中，

---

〔1〕　王林、陈淑刚主编：《职业生涯规划与就业指导》，北京理工大学出版社2013年版，第12页。

〔2〕　林佩静、刘荣主编：《大学生职业生涯规划与就业创业指导》，西安电子科技大学出版社2017年版，第72页。

学生们对医德医风的理解、对职业的责任感和使命感都有了深刻的认识。这种通过实践教育得到的职业道德感悟无疑比理论教学更加直观、深刻。在工程教育领域，实践教育也发挥着重要的职业道德教育功能。通过参与实际项目，工程学生会意识到自己的工作直接关系社会公共安全，从而养成严谨、负责的职业态度。在项目合作中，他们也会学会尊重团队中的每一个成员、珍视每一个建设性的建议，这也是职业道德的一种体现。

值得一提的是，实践教育有助于培养学生的职业自尊感和自我价值感。在实践教育中，学生可以看到自己的努力如何转化为实实在在的成果，感受到自己的工作如何对社会产生积极影响。这不仅可以让他们更加尊重自己的职业，也可以让他们意识到自己的价值，并激发出更大的工作热情和职业责任感。这种自我认同和自我价值感是职业道德培养中不可或缺的一部分。然而，职业道德的培养并非一蹴而就，需要持续的实践和不断的反思。在实践教育中，教师应充当引导者的角色，引导学生关注实践中的道德问题，反思自己的行为，时刻保持对职业道德的敏感性和警觉性。同时，高等教育机构也应提供丰富多元的实践教育平台，让每一位学生都有机会接触实际工作环境，亲身体验职业道德的重要性。

（二）技能技巧的磨炼

实践教育是将课堂理论与实际操作相结合的教育方式。在实践教育中，学生需要将在课堂上学习的理论知识运用到实际生活中，解决实际问题。通过这样的方式，学生可以在实践中磨炼和提升技能，使理论知识得以转化为实际的技能和技巧。例如，在理工科领域，实践教育往往表现为实验、项目设计、生产实习等形式。在实验中，学生需要亲手操作实验设备，进行实验设计，处理实验数据，这不仅可以让他们更好地理解和掌握理论知识，还能锻炼他们的实验操作能力和数据处理能力。在项目设计中，学生需要运用所学知识解决实际问题，这既能磨炼他们的问题解决能力，也能提高他们的创新能力。在生产实习中，学生可以深入了解生产流程、提高他们的专业技能。在人文社科领域，实践教育通常表现为参与社会实践、田野调查、论文写作等形式。在社会实践中，学生可以了解社会现象，提高他们的观察和分析能力；在田野调查中，学生需要对现象进行深入研究，提高他们的研究能力和写作能力；在论文写作中，学生需要对特定主题进行深入研究和思考，提高他们的思考能力和写作能力。

实践教育在提升职业技能方面的另一个优势在于，它可以让学生在实践中接触各种新的知识和技能。面对实际问题时，学生可能会发现自己的知识和技能还不足以解决问题，这时他们需要学习新的知识和技能以解决问题。这种学习过程可以使他们的知识结构更加丰富、技能更加全面。

对于高校来说，实践教育是培养学生职业素养的重要手段。通过实践教育，学生不仅可以将理论知识转化为实际技能，还可以提高自身的问题解决能力、创新能力和专业技能，从而为将来的职业生涯做好准备。实践教育还可以提高学生的就业竞争力。在当前的就业市场上，雇主越来越看重求职者的实际操作能力和问题解决能力。通过实践教育，学生可以提高这些能力，从而在求职过程中占据优势。

（三）职业态度的塑造

职业态度是指个人职业选择的态度，包括选择方法、工作取向、独立决策能力与选择过程的观念。[1]实践教育不仅提供了一个理解和应用理论知识的平台，而且也有助于塑造学生积极的职业态度。

1. 塑造敬业精神

敬业精神是职业态度的一种重要表现，也是实践教育中所需要关注和培养的重要素质。一个具有敬业精神的人会以积极的态度面对工作，全力以赴，无论遇到什么困难和挑战，都会坚持下去。实践教育是塑造敬业精神的重要途径。在实践活动中，学生有机会直接接触实际工作情况，可以更直观地感受到工作的重要性和意义。同时，通过解决实际问题，他们可以了解到实现目标需要付出的努力，可以体验到从开始到完成一个任务的过程，从而理解并接受敬业精神的内涵。通过实践教育，学生可以明白，敬业不仅仅是一种职业要求，更是一种生活态度、一种对待工作的热爱和尊重。在实践中，学生可以体验到付出努力并实现目标所带来的满足和自豪，这会进一步增强他们的敬业精神。

实践教育中的各种活动，如实习、项目研究、实践课程等，都能提供宝贵的机会，让学生理解和体验到敬业精神。在这些活动中，学生需要全身心投入，需要用心去理解、去思考、去创新，这些都有助于他们形成敬业精神。

---

[1] 周彤、姜艳、马兰芳主编：《职业心理素养》，南京师范大学出版社 2017 年版，第 55 页。

2. 提高责任感

作为一种道德情感，责任感是知、情、行的统一，是人的内在精神价值和外部行为规范的有机结合。[1]它是一种道德品质，也是职业素养的重要组成部分。在实践教育中，学生需要对自己的学习和行为负责。他们需要独立完成任务，需要对自己的决定和行为后果负责。在这个过程中，他们会意识到，每一个任务，无论大小，都需要他们全力以赴，都需要他们对自己的行为负责。在实践教育中，学生会面临各种各样的任务和挑战。他们需要学会如何规划、如何决策、如何执行，这些都需要他们承担责任。在这个过程中，他们会了解到，承担责任不仅仅是一种职业要求，更是一种个人品质的体现。实践教育能够帮助学生明白，责任是对自己的尊重、是对他人的尊重、是对工作的尊重。它需要他们对自己的行为和决定负责，需要他们对自己的学习和成长负责，需要他们对社会负责。

3. 强化自我要求

实践教育提供了一个独特的环境，使学生能够在面对具体任务时以一种自我要求的态度去完成。这样的环境并不是在课堂讲解或者纯理论的学习中所能体验到的，而是通过实际操作，直面挑战，才能使学生真正理解并体验到自我要求的重要性。在实践中，学生需要对自己的工作进行自我评估，包括工作的质量、效率、准确性等各方面。通过自我评估，他们可以了解自己的优点和不足，找出需要改进的地方，从而不断提高自己的工作水平。这种自我评估的过程就是一个不断提高自我要求的过程。实践教育也鼓励学生进行反思。在完成一个任务后，他们需要思考自己的工作是否达到了预期的目标，是否符合预设的标准。如果没有达到预期的目标，那么他们需要找出原因，思考如何改进。这样的反思过程可以帮助他们提高对自己的要求，更好地进行自我管理。

4. 培养工作热情

实践教育不仅关注技能和知识的传授，更关注如何激发学生的工作热情。实践教育是一种以学生为中心的教育方式，注重学生的兴趣和热情的发展。在实践教育中，学生有机会进行实际操作，亲自体验到完成任务的乐趣和满

---

〔1〕　罗瑜、李伟民主编：《职场专业技能——大学生的24项修炼》，北京理工大学出版社2020年版，第28页。

足感。他们可以找到自己真正感兴趣的领域，这会激发他们对工作的热情。通过实践教育，学生可以找到自己的激情，了解到自己的能力和潜力，这会激发他们的工作热情。实践教育还可以让学生看到自己的成果，感受到自己的价值，这也会增强他们的工作热情。实践教育还鼓励学生创新和挑战自我。在解决实际问题时学生需要动脑筋并激发创新思维，这样的过程可以让他们体验到学习的乐趣，激发他们的工作热情。

（四）职业意识的培养

职业意识是人脑对职业的反应，是人们对职业劳动的认识、评价、情感和态度等心理成分的综合反映，是支配和调控全部职业行为和职业活动的调节枢纽。在实践教育中，学生可以直接接触并参与到职业工作中，这有助于他们形成正确的职业观念，理解和接受职业角色，发展职业规划，以及增强职业道德和职业责任感。

实践教育能够帮助学生建立正确的职业观念。通过参与实际工作，学生可以更加深入地了解职业的内涵和要求，从而建立起正确的职业观念。这不仅包括对职业的认识，也包括对职业的看法和态度。例如，通过实践，学生可以了解到，工作不仅仅是为了生活，更是为了实现自我价值和社会价值。这样的理解可以帮助他们形成正确的职业观念，明白工作的意义和价值。实践教育有助于学生理解和接受职业角色。在实践中，学生可以直接体验到职业角色，理解职业角色的职责和要求，从而更好地接受并适应职业角色。例如，学生在参与团队项目时可以体验到不同的职业角色，如项目经理、设计师、程序员等，了解他们的工作内容和职责，从而更好地理解和接受这些职业角色。实践教育对学生发展职业规划也能够提供有益支持。在实践中，学生可以了解到各种职业的工作内容和要求，从而有助于他们确定自己的职业兴趣，发展个人的职业规划。例如，通过实习或者参与项目，学生可以了解到自己所学专业的实际应用和未来发展前景，从而更好地规划自己的职业发展。

（五）团队合作能力的提升

团队合作能力是指在团队工作中与他人有效沟通，共同完成任务、解决冲突、分享资源和知识等能力。在实践教育中，学生有机会参与各种团队活动，如团队项目、团队讨论等，这些都有助于他们提升团队合作能力。实践教育能够通过组织团队活动提升学生的团队沟通能力。在团队活动中，学生需要与团队成员进行有效的沟通，表达自己的想法、理解他人的观点，这些都有助于他们提升沟通能力。有效的沟通能力是团队合作的基础，只有通过有效的沟通，团队成员才能了解彼此的想法，共同达成目标。实践教育能够通过团队项目提升学生的团队协作能力。在团队项目中，学生需要与团队成员共同完成任务，这需要他们合理分配任务、协调资源、解决问题。这不仅有助于他们提升协作能力，也有助于他们学习如何在团队中发挥自己的优势，提高工作效率。实践教育还可以通过团队讨论来提升学生解决冲突的能力。在团队讨论中，可能会出现不同的观点和冲突，这需要学生学习如何理解和接受不同的观点，如何通过有效的沟通解决冲突。这有助于他们提升解决冲突的能力，也有助于他们学习如何在团队中保持和谐的关系。实践教育通过团队活动，在提升学生分享资源和知识的能力方面也发挥了重要作用。在团队活动中，学生需要共享资源和知识，这有助于他们提升分享能力，也有助于他们学习如何有效利用资源和知识。分享资源和知识是团队合作的重要一环，它能帮助团队成员共享成功、提高团队的整体能力。

第二节　实践教育课程的类型及设置

在高校实践育人教育体系中，实践教育的重要性越来越被重视。实践教育作为一种通过实践活动帮助学生提高理论知识应用能力和解决实际问题能力的教育方式，旨在促进学生全面发展。其中，实践教育课程的类型和设置是实践教育的重要组成部分，是提升实践教育质量和效果的关键。

一、实践教育课程的主要类型

实践教育课程应与高校教育的综合性、前瞻性及职业化原则相结合，主要可以分为以下四类（如图 3-3）：

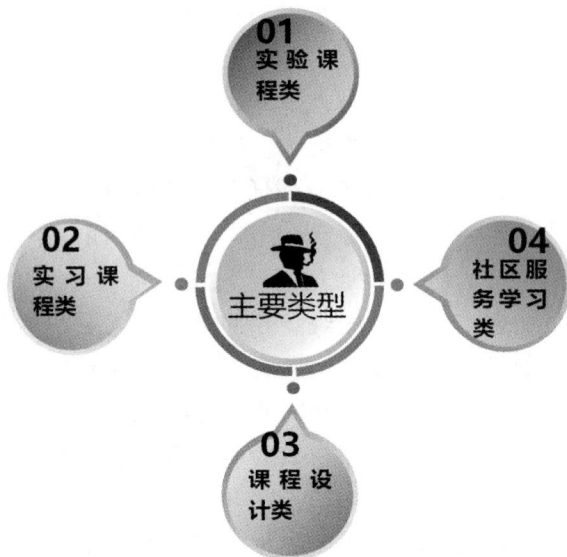

图 3-3　实践教育课程的主要类型

（一）实验课程类

实验课程类是实践教育课程的重要组成部分，尤其是在理工科领域具有不可忽视的地位。这类课程以实验为主线，构建了一个理论与实践相结合的学习场所。在这个特殊的环境中，学生不仅能将所学理论知识应用于实践，还能在实践中提升科研能力，形成对科学问题的全面理解，从而实现从"知"到"行"的转变。

实验课程的一大特色就是以实践教学为主导。这类课程并非以传授知识为主，而是着重于让学生通过实验操作掌握实验技术、体验科研过程。在这个过程中，学生能深入理解科研问题，获得解决问题的能力。也就是说，实验课程帮助学生转化观察问题、分析问题和解决问题的能力。这对于提高学生的实践能力，特别是科研能力具有重要意义。实验课程还能为学生提供一个全面的实践教育环境。这个环境包括实验器材、实验材料以及由教师和同学组成的学习团队。在这个环境中，学生不仅可以进行个人操作，独立解决问题，而且还可以进行团队合作，共同探索和解决问题。这种环境有助于培养学生的团队协作能力和问题解决能力。实验课程的另一大特点是将理论知识与实践紧密结合。实验课程不仅要求学生理解理论知识，而且要求他们将理论知识应用到实验操作中。这种理论与实践的紧密结合，使得学生在操作中深入理解理论知识，增强理论知识的实践性，从而提高学生的理论水平和实践能力。

（二）实习课程类

实习课程类的主要目标是帮助学生将在学校里学到的理论知识转化为实际的工作技能，同时也提供了一个机会让学生在真实的工作环境中锻炼和提升自己。通过实习课程，学生能够更好地理解自己的专业领域，为以后的职业生涯做好准备。他们可以将课堂上学到的知识应用到实际工作中，更加深入地理解这些知识，并体验到它们如何在实际工作环境中发挥作用。这种转化过程能够帮助学生更好地理解专业知识，提高他们的专业技能，为他们的职业生涯打下坚实的基础。

实习课程还能够帮助学生增强职业素质。在实习过程中，学生会接触各种工作中的问题和挑战，他们需要学习如何解决这些问题，如何处理这些挑战。这种经验可以提高他们的问题解决能力、提升他们的职业素质。同时，实习课程也可以帮助学生了解职业环境，增强他们的职业认同感，为他们的职业生涯做好准备。实习课程还可以提高学生的就业竞争力。在实习过程中，学生会得到大量的实践经验，这些经验可以增强他们的职业技能，提高他们的就业竞争力。对于未来的职业生涯，这种实践经验无疑是非常宝贵的。

（三）课程设计类

课程设计类的实践教育课程是实践教育的重要组成部分，它以任务驱动为主导，强调学生在实际操作、实际应用和实际制作中提升自己的综合素质和技术能力。课程设计类的课程有着多样的形式，如产品设计、工程设计、系统设计等，学生在接受这类课程的教育时，可以通过解决一个个实际问题，提升自己的实践能力、培养创新意识。

课程设计类的课程不仅仅是对已有知识的应用，更是创新意识的培养。在这类课程中，学生需要在理论知识的指导下，设计出自己的解决方案，这需要学生具有高度的创新思维和解决问题的能力。同时，课程设计也需要学生独立思考，寻找并解决问题，这种自我探索的过程极大地提升了学生的独立思考能力和自我驱动力。课程设计类的课程还强调团队协作精神的培养。在设计过程中，学生通常需要与他人协作，通过集思广益来完成设计任务，这种团队合作的经历不仅可以增强学生的团队协作能力，还能提升他们的沟通技巧。同时，团队合作也能让学生在实践中认识到团队协作的重要性，从而培养他们的团队合作精神。课程设计类的课程还提供了一个很好的平台，让学生将自己的创新成果与社会接轨，实现自我价值。在这个过程中，学生不仅可以将自己的设计成果展示给他人，而且还可以通过社会实践，将自己的设计成果转化为实际的产品或服务，这无疑会极大地提升学生的成就感和自我价值感。课程设计类的实践教育课程对学生的学习和成长有着重要的影响。它不仅可以提升学生的实践能力，培养学生的创新意识，还可以增强学生的团队合作精神，提升他们的综合素质。在当前社会对创新人才需求日益增大的背景下，课程设计类的实践教育课程对于学生的成长和发展具有重要意义。

（四）社区服务学习类

社区服务学习类的实践教育课程是一种特殊的实践教育形式，它以服务他人和服务社区为主要内容，旨在通过对社区的服务活动，培养学生的社会责任感，提高学生的社会参与能力和社会适应能力。

社区服务学习课程的设计通常包括社区调查、需求分析、服务活动设计和实施等环节。学生在参与这类课程时需要深入到社区中，接触真实的社区生活，深入了解社区的实际情况和需求。在了解和接触社区的过程中，学生可以真实地感受到社区的多元化和复杂性，对社区生活有更深入的理解。在这个过程中，学生需要将所学的理论知识应用到实际的社区服务活动之中，将抽象的知识转化为具体的行动。这种将知识转化为行动的过程，可以提高学生的问题解决能力、培养他们的实践能力。同时，通过服务他人，学生可以增强自己的社会责任感，培养积极的公民道德素养。

在参与社区服务学习的过程中，学生还可以学习到一些重要的社会技能，如沟通技巧、协调技巧和组织管理能力等。这些社会技能在学生日后的社会生活和职业生涯中都将发挥重要的作用。社区服务学习类课程还有助于培养学生的团队协作能力。在服务活动中，学生通常需要与他人合作，共同完成一项任务。这种团队协作的经历，可以提高学生的团队协作能力，增强他们的团队意识。

综上所述，以上四类实践教育课程类型虽然各有侧重，但却有一个共同的核心目标，即通过实践，使学生的理论知识和实际技能紧密结合，增强他们解决问题的能力，培养他们的创新精神和团队协作精神，为他们未来的职业生涯打下坚实的基础。

二、实践教育课程的设置

实践教育课程的设置是一个系统的过程，其核心目标是满足专业要求和学生的需求，让课程更加符合学生的学习需要和就业需求，提高教育的针对性和效果。实践教育课程的设置不应仅仅依赖课程教师的个人经验或者传统的教学模式，而应该根据专业的特点、学生的需求，以及社会的要求，科学、系统地进行设计和设置。在高校实践育人过程中，实践教育课程的设置主要涉及以下几个方面（如图3-4）：

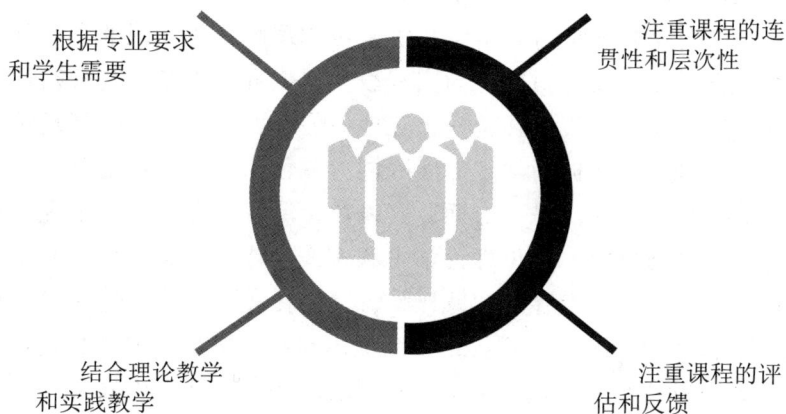

根据专业要求和学生需要

注重课程的连贯性和层次性

结合理论教学和实践教学

注重课程的评估和反馈

图3-4　实践教育课程的设置

（一）根据专业要求和学生需要

对于专业要求，每一个专业都有其特定的知识结构和能力要求。实践教育课程的设置应该紧密围绕这些要求进行，使课程内容和教学方式都能满足专业发展的需求。具体来说，需要分析专业的核心能力要求，然后确定课程的主要目标。例如，如果专业需要学生具有强烈的实验能力，那么实验课程就应该是课程设置的重要部分。当然，仅仅满足专业要求是不够的。教育的目的不仅是培养学生的专业能力，还包括培养学生的个人能力和社会能力。因此，在设置实践教育课程时，还应该充分考虑学生的需求。这就需要教师深入了解学生的学习需求、理解他们的兴趣和动机，以及他们的学习困难和挑战。在了解学生的需求后，就可以设计出更符合学生需求的课程，使学生更愿意参与课程学习，也更容易从课程中获得所需的学习效果。

除了专业要求和学生需求，实践教育课程的设置还应考虑社会的需求。毕竟，教育的最终目的是为社会服务、为社会提供具有竞争力的人才。因此，应该关注社会对人才的需求变化，关注行业发展的趋势，关注就业市场的需求。这些都可以为实践教育课程的设置提供重要的参考。

（二）结合理论教学和实践教学

理论与实践的统一是科学认识的基础，是提高教育效果，促进学生全面发展的重要手段。在教育过程中，理论教学负责传授基础知识，激发学生的思考和创新，而实践教学则以实际操作和实地体验为主，促进学生将理论知识转化为实践技能，提高学生的实践能力。

一方面，理论教学是培养学生系统学习和理解专业知识的重要环节，它涉及的理论知识是实践的指导，为实践教学提供理论支持。实践教学则是将学生置于真实或模拟的工作环境中，让他们能在实际操作中验证理论，发现问题并解决问题，从而提高学生的实践能力和创新能力。理论教学和实践教学相辅相成、缺一不可。另一方面，实践教育课程的设置应注重理论教学与实践教学的协调与融合，要将理论学习和实践操作有机结合起来，使之形成互动，既要在理论学习中穿插实践操作，又要在实践操作中适时引入理论指导，使学生在"做中学"的过程中不断提高自我。例如，在教学过程中，教师可以设计一些将理论知识应用于实际问题的任务，让学生在解决问题的过程中体验理论知识的实际应用。在实践教学中，还可以设置一些反映实际工作情况的实践项目，使学生在实际操作中加深对理论知识的理解，增强对实际工作的感知，同时培养他们的实践能力和创新能力。例如，可以安排学生参与实验室的实验项目，或者参与公司的实习项目，通过实际操作和实地体验加深对理论知识的理解、提高实践技能。

（三）注重课程的连贯性和层次性

实践教育课程的设置在考虑如何传授专业技能的同时，还应注重课程的连贯性和层次性，这两个方面是课程设计中的重要原则，也是提高课程质量、提升学生学习效果的关键因素。

关于课程的连贯性，指的是课程之间要有一定的内在联系，内容上能够形成良好的衔接，使得学生在学习新的课程时能够在已有的知识体系基础上进行扩展和深化。每一门课程都不是孤立存在的，而是在一个完整的课程体系中占据一席之地。例如，对于理工科的学生，初级的数学和物理课程为他们的专业课程提供了理论基础；对于人文社科的学生，哲学和社会学等基础课程为他们的专业课程提供了思考框架。而在实践教育课程中，课程的连贯性可能体现为从基本技能的训练到高级技能的运用，或者从理论知识的学习到实践操作的转化。

关于课程的层次性，指的是课程设置应该有明确的层次和难度递进，不同层次的课程应有不同的要求和目标，使得学生在掌握基础知识和技能的同时逐步提升自己的理解深度和问题解决能力。例如，入门级的课程应该让学生了解该领域的基本概念和主要理论，提供一个全面的认知框架；进阶级的课程则应该要求学生深化对这些概念和理论的理解，让他们在具体问题中进行应用和实践；高阶级的课程则需要学生运用自己的知识和技能解决实际问题，甚至进行创新性的研究。

在实践教育课程的设置中，连贯性和层次性是保证教学效果的重要条件。课程的连贯性可以确保学生的知识系统完整且有逻辑性，有助于他们理解新的知识；课程的层次性则可以让学生根据自己的学习进度和理解深度选择适合自己的课程，避免因难度过高或过低而影响学习效果。在设置实践教育课程时，应充分考虑课程的连贯性和层次性，从而提高课程的教学质量、提升学生的学习效果。

（四）注重课程的评估和反馈

在实践教育课程的设置中，只有通过持续的评估和反馈，教师和学生才能对学习效果进行有效的评估，从而发现存在的问题，调整学习策略，提高学习效率。课程评估主要涉及两个层面：对学生的评估和对课程的评估。对学生的评估主要是对学生的学习成果、学习过程和学习态度等进行评估。实践教育课程由于其特殊性，评估方式也与理论课程有所不同。除了传统的考试、报告等方式，更需要关注学生的操作技能、实际操作中的问题解决能力、团队合作能力等。因此，对学生的评估不仅可以通过考试、报告等方式，还可以通过观察、访谈、实际操作表现等多种方式进行。

对课程的评估主要是对课程设计、教学方法、教学效果等进行评估。通过收集学生的反馈，观察和分析学生的学习成果，教师可以对课程进行改进，使课程更符合学生的需要，提高教学效果。这种评估既可以定期进行，也可以在课程进行中随时进行，以便及时发现问题、调整教学策略。

课程反馈是课程评估的重要组成部分。通过反馈，教师可以了解学生的学习进度、学习难点、学习态度等，从而针对性地进行教学。同时，学生也可以通过教师的反馈了解自己的学习情况、明确学习目标、调整学习策略。在实践教育课程中，反馈更是关键，因为实践教育课程的学习效果往往不像理论课程那样可以通过考试等形式直接展现出来，需要通过持续的观察和反馈才能评估。

第三节　实践教育课程的设计与开发

实践教育课程的设计与开发是一项涉及课程目标确立、内容设计以及教学方法探索的复杂过程。在这个过程中，教育者们必须深入理解并平衡理论知识与实际技能的融合，以确保课程的效果和学生的学习效果。本节将综合讨论这几个方面的问题和策略，以助力教育者更好地构建有效的实践教育课程，进一步提升学生的实践技能和独立思考能力。

一、实践教育课程目标的确立

高校实践育人在确立实践教育课程目标时，必须综合考虑学生的需要、学校的期待和社会的需求。目标确立的过程需要在深入理解学生现有能力、了解未来可能遇到的挑战以及对学生应具备的素质有一个明确认知的基础上进行。高校实践育人中实践教育课程目标的确立是一项复杂而重要的任务。主要涉及以下几个方面的考量（如图3-5）：

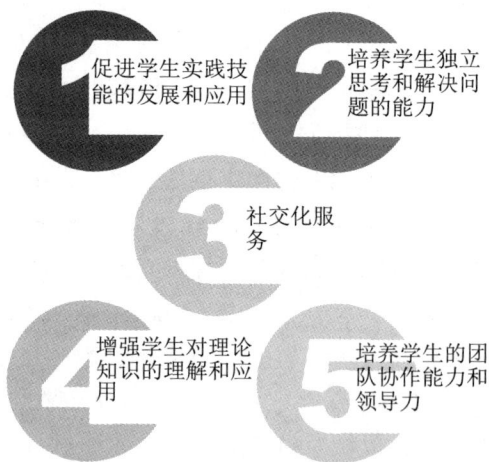

促进学生实践技能的发展和应用

培养学生独立思考和解决问题的能力

社交化服务

增强学生对理论知识的理解和应用

培养学生的团队协作能力和领导力

图3-5　实践教育课程目标的确立

（一）促进学生实践技能的发展和应用

实践教育课程应致力于推动学生实践技能的发展和应用。实践技能的发展可以帮助学生将抽象的理论知识转化为具体的行动，从而更深入地理解和掌握这些知识。此外，实践技能的应用也为学生提供了一种直接的学习方式，让他们可以通过实际操作来体验和解决实际问题。

在现实生活中，许多复杂的问题都需要通过实践操作来解决。在这个过程中，学生可以深入了解问题的实际背景，分析问题的各种可能解决方案，并通过亲自操作来验证这些解决方案。这样的学习方式不仅能帮助学生更好地理解和掌握知识，而且也能让他们了解到知识的实际应用，提高他们的实践能力。

（二）培养学生独立思考和解决问题的能力

培养学生独立思考和解决问题的能力也是实践教育课程的重要目标之一。独立思考意味着学生能够自己思考问题、分析问题，提出解决问题的方案。这不仅需要学生具备丰富的知识和深厚的理解，还需要他们具备敏锐的洞察力，能够从多角度和全局视角来看待问题。在这个过程中，学生应该学会批判性思维、学会质疑、学会创新、学会独立判断和决策。解决问题的能力意味着学生能够使用他们的知识和技能来解决实际问题。这包括识别问题、分析问题、提出解决方案、实施方案、评估结果等。在这个过程中，学生应该学会如何合理使用资源，如何有效地合作，如何有效地沟通，如何处理压力和困难。

为了培养学生的独立思考和解决问题的能力，应该在实践教育课程教学中注重提供丰富的实践机会，让学生在实践中学习和发展。同时，我们也应该鼓励学生主动参与学习，积极探索知识，勇于挑战困难。

（三）增强学生对理论知识的理解和应用

理论知识的学习不能仅仅停留在课本和教室，通过实践教育，学生能够有机会将理论知识运用到实际环境中，从而更深入地理解和掌握这些知识。理论知识的学习需要有足够的实践机会来支持。这是因为，尽管理论知识可以通过阅读和讨论来获取，但只有通过实际操作和体验才能真正理解和掌握这些知识。通过实践活动，学生可以把抽象的理论知识转化为具体的行动，看到知识的实际效果，从而增强他们对理论知识的理解和应用。

实践教育不仅能增强学生对理论知识的理解，还能提高他们的应用能力。

在实践活动中，学生需要运用他们的知识来解决实际问题，这就需要他们具备一定的应用能力。通过这种方式，他们可以把理论知识和实际问题联系起来，提高他们解决问题的能力，使他们能够在未来的学习和工作中更好地运用这些知识。

（四）培养学生的团队协作能力和领导力

团队协作能力是指能够与他人一起有效地工作，完成共同的任务。在实践教育中，我们可以通过组织各种团队活动，让学生在完成任务的过程中学会如何协调关系、如何有效沟通、如何共享资源、如何处理冲突等。这样他们可以学会如何与他人合作、如何在团队中发挥自己的作用，从而提高他们的团队协作能力。领导力是指能够影响和指导他人，实现团队的目标。在实践教育中，可以通过让学生担任团队的领导角色，让他们在实践中学会如何制定和实施计划、如何调动团队的积极性、如何处理团队中的问题等。这样，他们可以学会如何领导和管理团队，如何在团队中发挥领导作用，从而提高他们的领导力。

通过实践教育不仅可以提高学生的理论知识和实践技能，还可以提高他们的团队协作能力和领导力。这些能力将对他们未来的学习和工作产生重要影响，帮助他们在复杂的社会环境中取得成功。

（五）提升学生的创新思维和创业意识

创新思维不仅指的是产生新的想法或解决问题的新方法，也包括对现有知识和理念的深入理解和批判性思考。创业意识则是指识别和利用新的机会，开展新的商业活动或社会事业的意愿和能力。在实践教育课程中，创新思维和创业意识的培养是重要的目标。通过各种实践活动，学生可以把理论知识应用于实际问题，从而提高他们的问题解决能力和创新思维。在这个过程中，学生需要挑战既定的思维模式，开放思想，接受新的想法和观念，这对于创新思维的培养而言非常重要。

创业意识的培养还需要让学生有机会接触和理解商业活动，熟悉商业环境，掌握基本的商业知识和技能。在实践教育课程中，学校可以通过设立学生企业、开展商业项目、邀请成功的企业家分享经验等方式，让学生了解和体验创业活动，从而增强他们的创业意识。在实践教育中，创新思维和创业意识的培养是一个复杂的过程，需要教师、学生、学校和社会的共同努力。然而，学生只有具备了这些能力才能在未来的学习和工作中成功应对各种挑战、实现自我价值、为社会做出贡献。

二、实践教育课程的内容设计

高校实践教育课程内容应与课程目标紧密相连，使学生能够在实践中发展和提升其技能。具体来说主要包括以下几个方面（如图3-6）：

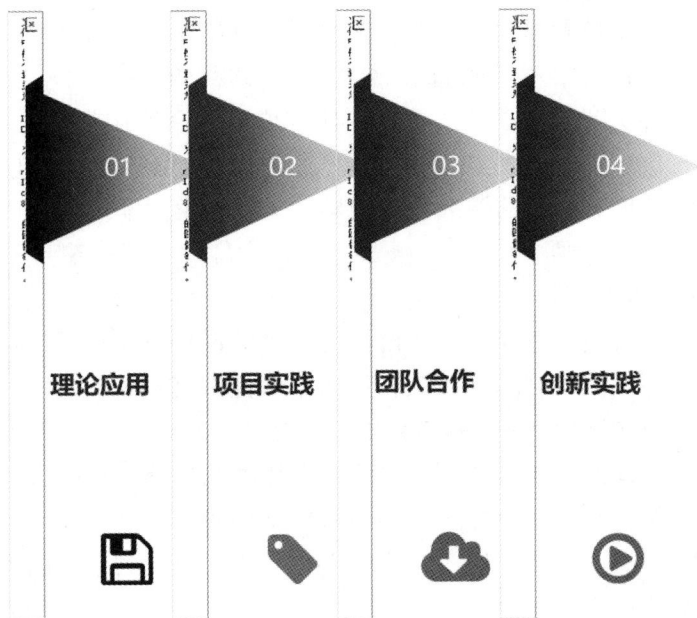

图3-6 实践教育课程的内容设计

（一）理论应用

理论应用是实践教育课程内容设计的基础部分。这个环节着重于将抽象的理论知识和实际问题相结合，让学生在实际操作中掌握和理解理论。具体的应用场景应涵盖各个领域，旨在提供给学生广阔的理论应用平台。

理论知识的掌握是重要的，但是如果不能应用到实际问题的解决中，那么这些知识就只是孤立的，没有实际价值。在教学过程中，教师需要设计出各种实践活动，让学生将理论知识应用到实践中，通过实际操作体验到理论知识的价值，提高对理论知识的理解和应用。

（二）项目实践

项目实践是实践教育课程内容设计的重要环节。通过参与项目实践，学生可以将所学的理论知识和技能应用到实际项目中，培养解决实际问题的能力。

在项目实践中，学生需要参与到项目的整个过程中，从项目的选题、立项到项目的执行、完成甚至项目的总结和反思，每个环节都能提供给学生丰富的实践经验。通过参与项目实践，学生不仅可以获得实践经验，而且可以提高解决实际问题的能力，锻炼团队合作和项目管理的能力。

在设计项目实践的过程中，需要注意项目的实际性和挑战性。项目应该是具有实际价值、可以解决实际问题的，这样才能激发学生的兴趣和积极性。同时，项目也应该有一定的挑战性，这样才能提高学生解决问题的能力和创新能力。

（三）团队合作

团队合作是实践教育课程内容设计的一个关键环节。在现代社会中，无论是学术研究还是工作环境，团队合作的重要性都是不言而喻的。因此，提升学生的团队协作能力，是实践教育不可忽视的一部分。

团队合作不仅涉及沟通技巧、协调能力和团队精神，更能培养学生的责任心和担当精神。在团队合作中，学生需要学会倾听，理解他人的观点，共同解决问题。同时，团队合作还能让学生在实践中感受到集体的力量，明白团结协作的重要性。

在实践教育课程的设计中，教师可以通过小组讨论、案例分析、项目合作等方式让学生在实践中体验到团队合作的过程，学习在团队中发挥自己的作用，培养团队精神和团队协作能力。通过团队合作，学生可以提升自己的沟通技巧，增强自己的协调能力，锻炼自己的领导能力。

（四）创新实践

创新实践是实践教育课程内容设计的另一个重要环节。在 21 世纪，创新已经成为社会发展的主导力量，因此培养学生的创新能力是实践教育的重要任务。创新实践主要是指让学生在实践中发现问题、分析问题，提出创新的解决方案，实现对问题的解决。这个过程既能锻炼学生的思维能力，也能提升学生的实践能力。

在实践教育课程的设计中，教师可以通过设计各种创新实践活动（如创新实验、创新项目、创新竞赛等）激发学生的创新意识，培养学生的创新思维。在这些活动中，学生需要对问题进行深入研究，提出自己的解决方案，通过实践来检验方案的可行性。这样不仅可以提高学生的创新能力，也可以锻炼学生的实践能力，使学生在创新实践中成长。

三、实践教育课程的教学方法探索

实践教育课程的教学方法应当强调学生主导的学习，让学生在实践中学习和进步，具体可以采取任务驱动教学法、情境教学法、合作学习教学法、讨论式教学法、分层教学法等教学方法等（如图3-7）。

项目一
任务驱动教学法

项目二
情境教学法

项目三
合作学习教学法

项目四
讨论式教学法

项目五
分层教学法

图3-7　实践教育课程的教学方法

（一）任务驱动教学法

任务驱动教学法是一种建立在建构主义学习理论基础上的教学法，它将以往以传授知识为主的传统教学理念转变为以解决问题、完成任务为主的多维互动式的教学理念。将再现式教学转变为探究式学习，使学生处于积极的学习状态，每一位学生都能根据自己对当前问题的理解，运用共有的知识和自己特有的经验提出方案、解决问题。[1]任务驱动教学法作为一种以完成特定任务为主导的教学方式，在实践教育课程中发挥了重要作用。这种方法可

---

〔1〕　杨琳等：《成果导向课程体系的构建、开发与实施》，冶金工业出版社2020年版，第127页。

以激发学生围绕共同的兴趣点，在完成既定任务的过程中积极应用教材、网络资源等学习工具进行自主探索和协作学习，不仅能帮助学生建构知识，还能有效培养他们的创新思维和问题解决能力。在实践教育课程中，任务驱动教学法具体的执行步骤可被分为以下几个阶段：

1. 建立任务环境，设计任务

实施任务驱动教学的第一步是教师根据课程内容和学生的实际需要设计符合学生能力水平和学习兴趣的实践任务。这一步骤要求教师充分考虑任务的现实性和开放性，以确保任务的设计能够引发学生的学习兴趣，激发他们的主动性和创新性。

2. 自主探索，分析任务

任务的分析和自主探索是任务驱动教学法的核心环节。在此阶段，教师要引导学生通过自主学习和探索，逐步理解和掌握任务的内涵和要求。同时，教师还应该为学生提供各种学习资源和线索，帮助他们更好地完成任务的探索和分析。

3. 协作学习，完成任务

在任务完成阶段，教师需要引导学生通过团队合作，共同解决问题，完成任务。通过协作学习，学生可以交流和分享各自的观点和想法，从而增强自己的问题解决能力和团队合作能力。

4. 评价反思，总结任务

任务完成后，教师需要组织学生进行评价和反思。这个过程旨在帮助学生理解自己在任务完成过程中的得失，进一步明确自己的学习目标和提升方向。通过对任务的评价和反思，学生可以更好地理解和掌握所学知识，从而提升自己的学习效果。

（二）情境教学法

情境教学法是随着现代教育科学、心理学和思维科学的发展而产生的。它是通过设定教学"情景"来启动学生学习的内在动力，发挥学生的主体作用，调动学生学习的积极性、主动性和创造性的一种教学方法。[1]在实践教育课程中，情境教学法能以现实情境为依托，帮助学生在解决实际问题的过

---

〔1〕 王章豹主编：《高等学校教师教学科研方法》（第2版），合肥工业大学出版社2009年版，第55页。

程中理解和掌握知识。情境教学法的理论基础主要包括构建主义学习理论和情境认知理论。构建主义学习理论认为，学习是一个主动的、自主的、寻求意义的过程，学生通过与实际环境的互动，将新知识构建到已有的知识结构中。而情境认知理论则强调，知识和技能是在特定情境下发展起来的，情境对知识的获取、应用和转化具有重要影响。在实践教育课程中，情境教学法的具体应用可以分为以下几个步骤：

1. 设定情境，明确任务

实施情境教学的第一步是设定情境、明确任务。这个步骤要求教师根据课程内容和学生的实际情况，设计出具有挑战性的情境和任务，以激发学生的学习兴趣和参与意愿。

2. 自主探索，完成任务

在情境中，学生需要通过自主探索和实践完成所设定的任务。教师在此过程中的角色是提供学习资源，引导学生进行探索，并在必要时给予指导和帮助。

3. 团队协作，解决问题

在完成任务的过程中，学生需要通过团队协作，共同解决问题。这一步骤不仅能帮助学生提升问题解决能力，还能培养他们的团队合作精神和沟通能力。

4. 反思评价，总结学习

任务完成后，教师需要组织学生进行反思评价，并总结学习经验。这一步骤旨在帮助学生明确自己的学习收获，提升对知识的理解和应用，同时也能帮助教师对教学效果进行评价和反思。

（三）合作学习教学法

合作学习教学策略的核心是尊重学生的独特性和个性发展，通过教师和学生以及学生之间的合作努力，借助小组学习的方式，实现教学目标和人才培养目标。这种教学方式是在教学理论与实践中逐步形成并发展完善的，它创建了一种环境，使学生通过个人努力或与同伴的合作学习，克服困难，完成任务，以促进学生的交流和协作意识双重发展。在高等职业教育教学中，运用合作学习教学方法可以刺激学生的主动学习和自主发展，激发学生的主体性，提升他们的竞争意识、团队意识和创新思维，通过小组成员间的协作，使个体差异在集体教学中发挥积极作用。具体实施方式如下：

1. 通过情境创设完成教学目标

教师可以通过创设情境为学生提供一个富有挑战性和吸引力的学习环境。在这个环境中，学生可以亲身体验和参与实际操作，深化对专业技能和知识的理解。情境创设可以激发学生的学习兴趣和积极性，使他们更主动地投入学习，从而更有效地培养他们的合作意识，科学地实现高职教学目标。

2. 通过鼓励学生独立学习，培养其自主思考能力

合作学习教学依赖于学生的独立学习能力，只有当学生具备独立学习的能力时，合作学习教学才能有效进行。在教学过程中，教师需要给学生提供独立思考和学习的空间，允许他们根据自身能力和个性特点，自主、主动、有目的地进行独立思考，尝试解决问题，突出个性化学习，确立学生的主体地位。

3. 通过小组交流，促进学生之间的合作

在独立学习阶段，学生会构建对问题的独特理解，然后通过小组交流，增进学生之间的合作，提升他们的团队合作意识和学习能力。小组成员可以对问题表达自己的观点，互相补充、启发，深化每个学生对当前问题的理解，每个组员不仅需要主动学习，还要帮助其他同学学习，相互教导，共同提高。在小组讨论的基础上进行全班交流，各组代表可以汇报本组合作讨论的初步成果，通过不同观点的交锋、补充、修正达成共识、共享、共进，让每个学生体验到合作的力量，并在合作中增强交往能力。

4. 通过角色转变，充分发挥教师的作用

在合作学习教学中，教师的角色由原来的知识传授者和指导者转变为学生学习的激励者、协助者和合作伙伴，这是合作学习教学成功的重要因素。在教学过程中，教师应对学生的积极行为和创新思维发挥激励作用，给予充分的鼓励和肯定。当学生的观点错误或思维受限时，教师要及时提供必要的纠正和提示，发挥协助者的角色；当学生因认知水平的限制而无法完成教学任务时，教师需要参与其中，与学生共同研究问题、解决问题，扮演合作伙伴的角色。

5. 通过反馈和评价，教师进行教学总结和改进

在合作学习教学中，教师需要对反馈和评价进行归纳和总结。这样可以帮助学生了解自己的学习成果，理解自己与目标之间的差距，从而激发学生的求知欲。同时，通过反馈和评价，教师可以对学生在合作学习中的表现进

行评价，提出对小组学习态度、学习方法、学习能力和学习效果的评价，并注意发挥评价的正面导向作用，对表现好的小组给予表扬，对学生的见解进行分析和反馈，帮助学生改善学习，总结合作的成功经验和不足，分析存在的问题和原因，提出改进建议，使学生更好地进行合作学习。

（四）讨论式教学法

讨论式教学法是在教师的指导下，学生围绕教学内容所涉及的某些现象和问题进行探讨、辩论乃至争论而获得知识、运用知识、激发思维和发展能力的一种教学方法。[1]这种教学方法是一种重视学生参与，以教师为协调者的实践教育课程教学策略。它通过刺激学生的学习热情，培养其批判性思维和团队合作技巧，以实现实践教育课程的教学目标和人才培养标准。讨论式教学法在实践教育课程中有着广阔的应用空间，它能够帮助学生提升解决实际问题的能力和创新思维，从而提高其实践技能和就业竞争力。在讨论式教学过程中，教师首先引出问题或主题，引导学生开展讨论。学生需要独立搜寻资料、分析问题，建立自己的观点，然后在讨论中与同学们进行互动交流，以达成共识和解决问题的目标。讨论式教学法在实践教育课程中有着广阔的应用空间，它能够帮助学生提升解决实际问题的能力和创新思维，从而提高其实践技能和就业竞争力。为了让讨论式教学法在实践教育课程中发挥更大作用，以下是一些具体实施策略：

1. 确定恰当的讨论主题与目标

在讨论式教学中，选择适当的讨论主题和明晰讨论目标十分关键。教师需要充分理解学生的兴趣、特质和需求，挑选与课程目标相符、具有实际意义的主题。这样的主题可以激发学生的参与意愿，使他们更乐意投入讨论。同时，教师也应设定明确的讨论目标，保证讨论内容符合课程教学目标和现实工作需求，以提高讨论效果。

2. 营造有利于讨论的学习环境

为了取得更佳的讨论效果，教师需为学生创设一个开放、民主、平等的讨论氛围。在这样的氛围下，学生能够充分表达自我，提升思考和交流能力。此外，教师应根据讨论主题布置适当的场景和情境，让学生参与讨论，进一

---

[1] 王章豹主编：《高等学校教师教学科研方法》（第2版），合肥工业大学出版社2009年版，第39页。

步提高讨论效果。

3. 组织小组与分配角色

在讨论式教学中，教师需要根据学生的特性和需求进行分组，使每个小组都具有一定的层次感和多样性，这有助于引发学生的思维碰撞和互补，提升讨论效果。同时，教师需根据讨论主题为学生分配不同的角色，如辩论者、观察者、记录员等。

4. 引导与调控讨论过程

在讨论过程中，教师需要扮演指导者和调控者的角色。首先，教师要引导学生遵循讨论的程序和规则，提出有深度和广度的问题，激发学生深度思考。其次，教师要注意讨论的节奏和氛围，适时进行调控，确保讨论效果。

5. 反馈与评价讨论成果

讨论结束后，教师需要对讨论过程和结果进行总结和评价。首先，教师应强调讨论的亮点，如学生在讨论中提出的有创新性的观点、解决问题的策略等，以增强学生的自信心和参与热情。其次，教师要指出讨论中需要改进的地方，引导学生进行深度反思。

（五）分层教学法

分层教学法是一种以学生的学习基础和条件为出发点，根据其能力和需求进行分层指导的教学方式。这种教学法倡导根据学生的差异设置不同层次的教学目标、内容、提问、教学方法和评价，目的是使所有学生在其能力范围内最大限度地掌握知识，培养他们独立思考和解决问题的能力。在实践教育课程中，可以通过以下方式实施分层教学法：

1. 学生的分层

在实践教育课程的教学过程中，学生的学习基础和条件差异显著。因此，教师在尊重每个学生个体差异的同时，需要进行科学的分层。这样做可以让每个学生充分发挥他们的能力，从而最大程度地提升他们的学习效率和效果。

2. 教学目标的分层

教学目标是教学活动的导向，它对学生的学习过程和结果有着直接影响。在实践教育课程中，不同的学生可能会有不同的学习目标。因此，教师需要根据学生的能力和需求设置不同的教学目标，并在学生的学习过程中根据他们的成长和进步情况适时调整这些目标。

3. 教学内容的分层

实践教育课程的内容应当根据学生的实际需求和能力进行调整。通过对教学内容的分层，教师可以更具针对性地进行教学，这将有助于提高学生的学习兴趣和动力，促使他们更积极地参与到学习之中。

4. 课堂提问的分层

在教学过程中，课堂提问是教师与学生互动的重要环节。教师通过分层提问，不仅可以更好地理解和掌握学生的学习情况，同时也能鼓励所有学生都能积极参与课堂讨论，进一步提高课堂教学的活跃度和学生的学习动力。

5. 教学方法的分层

对于基础较弱但学习积极性较高的学生，教师可以采用更简单、直观的教学方法，以激发他们的学习兴趣，增强他们的学习自信心。对于基础较好，对课程有深度兴趣的学生，教师可以引导他们学习更深入、高级的知识，提升他们的学习效率。

6. 教学评价的分层

在实践教育课程中，教师应根据学生的学习状况进行分层评价。这样可以更准确地了解学生的学习效果和进步情况，有助于教师根据学生的实际情况制定更合适的教学计划。同时，教学评价的分层也可以帮助学生更好地了解自己的优点和不足，从而在今后的学习中有针对性地提高自己的学习效率和效果。

第四节　实践教育课程的组织与管理

高校实践育人过程中，实践教育课程的组织与管理关系到教育教学活动的顺利进行和教育教学效果的实现。在具体实施过程中，需要重点关注以下几点。

一、实践教育课程的项目管理

实践教育课程的项目管理是确保课程有效运行和达成预期目标的重要环节。它涉及课程项目的规划、组织、执行和评估。以下是对实践教育课程项目管理的详细论述（如图3-8）：

图 3-8　实践教育课程的项目管理

（一）项目规划

一个周全且细致的项目规划为后续的实践活动和学习过程铺设了坚实的基础。规划阶段主要包括课程目标设定、活动范围明确、时间表制定以及资源需求量化。

课程目标和学习成果的设定是引领实践教育课程向预期方向发展的关键。这需要教师根据课程主题、学生特性以及学科要求，明确期望通过该课程项目学生应得到何种知识、技能或者是个人素质的提升。这也是评估课程项目是否成功的基准。课程活动范围的设定关乎学生的学习质量以及课程项目的可行性。活动范围需要围绕课程目标设定，涵盖必要的知识点、技能点和情感价值取向。而如何保证活动的多样性、兴趣性，同时又不偏离课程目标，就需要教师精巧的设计与布局。时间表的制定是保障项目进度和教学效率的重要手段。教师需要按照课程的整体目标和活动的实际需求，合理安排教学时间、合理设置教学节点，并确保每一阶段的活动都能按时完成。同时，灵活的时间管理也是必要的，一些无法预见的情况可能会对项目产生影响，这就需要教师在制定时间表时留有余地，以便应对可能的变化。资源需求的量化则涉及项目的可行性和经济效益。教师需要根据课程活动的具体内容明确所需要的人力、物力以及财力资源，并尽可能地精确估算。这不仅有助于防止资源的浪费，同时也有助于确保课程项目的顺利进行。

（二）项目组织

在项目组织环节，项目团队的构建和任务分配是关键。项目团队通常包括教师、学生以及行业合作伙伴。

教师在项目团队中扮演关键的领导和指导角色。他们需要根据课程的目标和活动计划，明确每个团队成员的任务和职责，同时需要对整个项目进行监控和调整，确保项目的进度和质量。学生是实践教育课程的主体，他们需要根据自己的任务和角色，参与实践活动，通过亲身实践实现学习目标。在此过程中，他们不仅能够获得知识和技能的提升，同时也能够提升自己的团队合作能力、解决问题的能力以及创新能力。行业合作伙伴是提供实践场景和支持的重要力量。他们能够为学生提供真实的工作环境，使学生能够在实际的工作环境中学习和实践，从而更好地将理论知识转化为实际操作能力。

（三）项目执行

项目执行阶段是实践教育课程中的一个核心部分，呈现出明确的执行任务特征。项目计划为这一阶段铺平了道路，因此教师必须根据这些计划，组织学生开展各种形式的实践活动，这可能包括实验研究或工程实践。在执行过程中，教师的角色至关重要，他们必须提供必要的指导和支持，这样学生才能按照预定目标和时间表开展活动。这不仅需要教师娴熟地运用专业知识，也需要教师灵活地处理实际问题。面对实际问题，教师需要随机应变，提出解决方案，避免影响项目进程。实践教育课程的项目执行阶段涉及多个方面，比如任务分配、资源配置、时间管理、团队协作等。教师在组织学生进行实践活动时，需要根据每个学生的特点和能力，合理分配任务，激发学生的积极性和主动性。同时，教师还需要有效管理项目的资源和时间，确保活动的顺利进行。这要求教师具备良好的组织能力和管理能力，以及与学生良好的沟通交流。

（四）项目评估

一个全面、科学的评估应该涵盖多个方面，包括学生的学习成果、团队的合作情况、学生的实践能力等。对学生学习成果的评估，可以通过学生的实践报告、实践成果展示、教师的观察记录等形式进行。团队的合作情况可以根据团队成员之间的分工协作、交流合作、解决问题的能力等方面进行评价。对学生的实践能力的评估，可以结合学生在实践活动中的表现，考察他们的操作技能、创新能力、解决问题的能力等。

通过项目评估可以了解到实践教育课程项目的实际效果，找出项目中存在的问题和不足，从而进行针对性的改进。对教学方法的改进，可以从教学内容、教学手段、教学过程等方面进行。

二、实践环境的创设与维护

有效的实践环境能够鼓励学生进行实践活动，提高其学习成效。实践环境的创设涉及为学生提供实践机会的场所，这包括设施完备的实验室、工作坊、场地或者在线虚拟平台等。在创建这些环境时，需考虑的因素包括安全性、可达性和能否满足教学目标。例如，对于化学实验，应选择满足安全规定的实验室，并配备相应的化学仪器和物质。在为编程课程创建实践环境时，可能需要创建能够支持编程语言的电脑实验室或者在线编程平台。根据不同的课程需求，实践环境的创建需要灵活应变。

实践环境的维护涉及保证实践环境始终适合教学需求，包括环境的清洁、设备的维护和更新以及规则的制定和执行。维护实践环境需要教师、学生和管理人员的共同参与和努力。例如，学生需要遵守规则，如安全规定和使用设备的规则；教师需要定期检查设备，并报告任何需要修复的问题；管理人员则需要定期维修和更新设备，确保实践环境始终处于良好状态。实践环境不仅仅是物理空间或设备，更重要的是它应当能够营造一个鼓励学生参与、探索和学习的氛围。实践环境应该鼓励学生提出问题，独立思考，并对实践结果进行反思和批判。此外，教师应该在实践环境中提供指导和支持，帮助学生解决实践中遇到的问题。

三、师生合作与课堂管理

在实践教育课程的组织与管理中，师生合作与课堂管理是两个紧密关联且具有重要意义的方面。一方面，师生合作是实践教育的骨干，需要教师与学生携手努力，共同推进教学过程。另一方面，良好的课堂管理能为教学活动提供有效的保障，创设出有利于实践教育的课堂环境（如图3-9）。

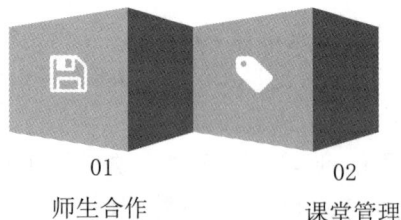

01
师生合作

02
课堂管理

图3-9 实践教育课程中的师生合作与课堂管理

（一）师生合作

实践教育课程的实施往往需要教师和学生之间紧密的合作。实践教育中的师生合作不同于传统的教师主导的教学模式，它强调学生的主体性，鼓励学生参与到教学活动的各个环节，包括课程的设计、实践活动的准备和执行以及学习成果的评价等。

教师在实践教育中的角色由传统的"知识传授者"转变为"学习引导者"。教师需要对学生的学习需求和兴趣有深入的了解，引导学生发现和解决问题，提供必要的支持和资源，鼓励学生独立思考，培养他们的创新能力和批判性思维。学生在实践教育中的角色也发生了变化，他们不再是被动接受知识的对象，而是主动参与到学习活动中，与教师一起探索知识，解决问题。学生需要积极参与到课程项目的实施，提出建设性的建议，对实践活动进行反思，分享学习成果。

（二）课堂管理

课堂管理在实践教育中也非常重要。一个良好的课堂环境可以鼓励学生积极参与，提高他们的学习效果。课堂管理包括管理学生的行为、时间管理、资源管理和环境管理等。

在管理学生行为方面，教师需要建立明确的规则，确保学生的行为符合课堂纪律和学习目标；在时间管理方面，教师需要合理安排课程的进度，确保学生有足够的时间进行实践活动；在资源管理方面，教师需要合理使用教学资源，如教材、工具和设备等，以支持学生的学习；在环境管理方面，教师需要创设一个有利于学习的环境，包括物理环境和心理环境。

通过有效的课堂管理，教师可以创设一个有序、积极、支持学习的课堂环境，这样有助于提高学生的学习积极性，提高教学质量。

四、实践活动的设计与实施

实践活动的设计与实施决定了学生的学习体验，影响着他们的学习成果，因此需要教师们以精细和细心的态度进行处理。

设计实践活动是整个过程的第一步。设计过程中，教师需要根据课程的学习目标，设计出有利于学生达到这些目标的活动。在活动设计中，教师需考虑的因素包括活动的性质、活动的内容、活动的难易度、活动的环境等。活动的设计必须具备可实施性，教师需要确保学生能够在现有的条件和环境下顺利完成。设计的活动需要具有引导性和启发性，可以帮助学生自我探索、自我发现，提升他们的学习兴趣和动力。接下来就是实践活动的实施。这个环节主要由教师负责指导和管理。教师需以活动的指导者和协调者的角色参与到实践活动中，帮助学生理解和执行活动任务，解决他们在实践中遇到的问题。教师要管理活动的进度和质量，以确保活动能按计划进行，学生的学习成果能达到预期目标。在实施过程中，如果出现预料之外的情况，教师需要具备灵活应变的能力，及时调整活动计划和方式，以应对不同的挑战。

教师在实践活动的设计与实施中的角色非常重要。他们不仅需要设计和管理活动，还需要与学生进行有效的沟通，了解学生的需求和困难，鼓励他们积极参与，主动解决问题。只有这样，实践活动才能真正发挥其应有的作用，达到预期的教学效果。学生的参与也是实践活动成功的关键因素。学生需要积极响应教师的指导，主动参与活动，勇于尝试和探索。通过实践活动，学生可以在实践中了解理论知识的应用，提升他们的实际操作能力和问题解决能力。活动的效果评估是不可或缺的一环。教师需要通过对学生的实践成果进行评估，来了解活动的效果。评估的方式可以多样，既可以是教师的直接评价，也可以是同学间的互评，甚至可以让学生自我评价。通过评估，教师可以了解活动的优点和不足，为下一次的活动提供改进建议。

第五节　实践教育课程与产学研的结合

实践教育课程与产学研的结合是教育改革的一个重要方向，其目的是更好地服务于社会经济的发展，更有效地培养学生的职业技能和创新能力。以下是实践教育课程与产学研结合的几个主要方面：

一、建立产学研合作平台

实践教育课程与产学研的结合是现代教育发展的必然趋势，而建立产学研合作平台则是这一趋势中的关键步骤。产学研合作平台是将产业界、学术界和研究界三方的力量有效地结合在一起，以促进知识的创新、传播和应用，提高教育的质量和效果。产学研合作平台的建立需要遵循一些基本原则。透明性是其中的一项基本原则，所有的合作方应该清楚合作的目标、任务、权力和责任。这样可以确保合作过程的公平和公正，防止出现权力的滥用和冲突。此外，所有的合作方都应该对合作平台的建设和维护负责，共享其成果和收益。

　　为了建立有效的产学研合作平台，需要对其组织结构和运作机制进行精心设计。平台的组织结构应该反映其合作性质，各合作方的权利和责任应该明确并得到平等的尊重。运作机制应该保证平台的高效运行，提供必要的资源和服务，解决合作过程中出现的问题。在产学研合作平台上，产业界、学术界和研究界可以进行各种形式的合作。这包括共同进行项目研究、共享研究设施和资源、交流研究成果和经验、培养人才等。这种合作不仅可以促进知识的创新和传播，也可以提高人才的培养质量，满足社会的需求。

　　建立产学研合作平台不仅能提高教育的质量和效果，还能促进社会的发展。通过合作平台，学术界可以更好地了解产业界的需求，进行有针对性的研究和教学。产业界则可以通过平台获取最新的研究成果和人才，提高其竞争力。研究界还可以利用平台的资源进行更高层次的研究，推动科技的进步。

　　在实际操作中，建立产学研合作平台需要考虑许多因素。其中包括合作方的选择、合作协议的制定、平台的建设和运营等。在这个过程中，需要充分考虑各方的利益和需求，确保合作的平衡和持久。同时，也需要定期对平台的运行进行评估和优化，以确保其持续的有效性和影响力。

二、以产业需求导向课程开发

　　以产业需求为导向的课程开发，是实践教育课程与产学研结合的重要途径。只有紧跟产业需求，教育才能培养出满足社会需求的人才，提升教育的社会效益和经济效益，推动社会经济的发展和进步。

　　以产业需求为导向的课程开发，依赖于产业界对教育内容、形式、方法、过程、结果等多个维度的深度参与。产业界作为技术创新的主力军，他们的需求反映了社会的发展趋势、市场的动态变化，对于培养具备现代技能、知识和素质的人才具有独特的视角和判断。课程开发的核心在于课程设计。以产业需求为导向的课程设计，需要紧密结合产业界的需求，深入理解和研究行业的专业知识、技能和职业素质，然后根据这些需求设计课程的内容、结构和形式。这种课程设计方式可以使学生更好地理解和掌握行业知识，提高其职业技能，培养其创新精神和实践能力。

　　以产业需求为导向的课程开发，还需要深化校企合作，推动企业教师

"双师型"教师队伍建设。企业教师是指具有行业经验和教学能力的人才。他们既熟悉行业的业务流程，又熟悉教育的教学方法。他们能将行业经验和教学技巧结合起来，为学生提供生动、实用的教学。以产业需求为导向的课程开发，也需要增强课程的实践性。实践是提高学生技能和知识的重要途径。可以通过设立实训基地、开展校企联合培养、设置企业实习等方式，让学生在实践中学习，在实践中提升。

三、强化学生的实习实训

实现实践教育课程与产学研的结合，强化学生的实习实训，既可以提高学生的专业技能，也有利于培养学生的职业素养和创新精神。实习实训是教育教学过程中的重要环节，其目标在于通过实践操作，使学生真正掌握所学知识、技能和方法，形成完整的专业能力和职业素养。具体来说，学生实习实训过程中要重点做好以下几个方面的工作（如图3-10）：

图3-10 强化学生的实习实训

（一）实习实训目标和内容的确定

在具体开展实习实训活动时，要结合学生的实际水平和兴趣，以及社会和行业的实际需求，确定实习实训的目标和内容。每个学生的能力和兴趣都有所不同，这在他们的学习和发展过程中起着关键的作用。通过了解学生的需求和期望，我们可以确定他们感兴趣的实习领域和职位，然后根据这些信息来规划他们的实习实训活动。这样，学生就能在实习实训中感受到成就感，从而提高他们的学习积极性和效率。

实习实训活动中还需要考虑社会和行业的实际需求。实习实训活动的目标是帮助学生将所学知识运用到实践中，以便他们能更好地适应社会和职业生涯。因此，需要关注社会和行业的动态，了解他们对人才的需求，然后根据这些需求来确定实习实训的目标和内容。只有这样，才能培养出能够满足社会和行业需求的人才，帮助他们在未来的职业生涯中取得成功。在实际的实习实训过程中，主要通过实际操作让学生深入理解和掌握专业知识，提高他们的技能水平。这不仅需要学生学习理论知识，也需要他们在实际操作中逐渐提高自己的技能。同时，我们还要注重培养他们的创新精神和实践能力。在这个过程中，学生将面临各种各样的挑战和困难，但这些都是他们提高自己的最好机会。通过解决实际问题，他们可以增强自己的创新精神和实践能力，为未来的工作和生活打下坚实的基础。

（二）实习实训中教师作用的发挥

实习实训过程中，教师的角色是至关重要的。教师不仅是知识的传播者，更是学生的引导者、教练和协调者。在这个角色中，教师通过激发学生的兴趣，引导他们发现问题、探索问题、解决问题，从而实现知识与实践的有机结合，为他们的专业发展铺平道路。在现代教育理念中，教师的职责已经从单一的知识传递者转变为学习的引导者和协调者。他们不再只是在讲台上滔滔不绝地传授知识，而是要懂得如何引导学生在实际操作中运用所学知识，解决实际问题，提高工作效率。这种引导主要通过观察、指导、互动、反馈等方式实现。教师需要对学生的学习进度、学习难点进行详细的观察和分析，然后给出针对性的指导和建议，以便学生更好地理解和掌握知识。教师还需要协调和组织学生的实践活动。这主要表现在为学生提供实践机会，帮助学生与实践场所的工作人员进行有效的沟通和合作，以及帮助学生规划和组织他们的实践活动。教师的这种角色需要具有良好的组织和协调能力，需要了解实践场所的工作环境和规则，需要理解学生的需求和期望，需要能够有效地解决学生在实践过程中可能遇到的问题。

除了作为学生学习的引导者，教师还应该是学生团队合作能力和领导力的塑造者。教师需要帮助学生理解和体验团队合作的重要性，提高他们的团队合作能力和领导力。这可以通过组织团队活动、提供合作项目、引导学生进行角色扮演等方式实现。通过这些活动，学生可以学习到如何有效地与人沟通，如何处理团队内的矛盾和冲突，如何组织和领导团队完成任务，这对他们的未来职业生涯有着深远的影响。

（三）实习实训中场所的保障

理想的实习实训场所应具备完备的设备和设施，以满足学生实践操作的需求。这包括但不限于所需的工具、设备、材料、空间等。完备的设备和设施不仅能提供学生进行实践操作的可能性，还能帮助他们更好地理解和掌握相关知识，增强他们的操作技能。

实习实训场所还应保持安全和健康的环境，保障学生的人身安全。这包括提供安全的工作设备和操作环境，实施有效的安全管理和控制措施，提供必要的安全教育和培训，以及建立有效的应急处理机制等。只有保证学生的人身安全，他们才能专心致志地进行实习实训，达到预期的学习目标。

四、开展产学研项目合作

产学研合作是一个跨学科、跨领域的宽泛命题，涉及政府、高校、企业和科研院所等方方面面，高校开展产学研合作对于增强学校的核心竞争力和促进科技进步意义重大。在实践教育课程中，开展产学研项目合作是一种高效的方式，可以把理论知识、实际技能和创新能力有机融合，让学生在接触真实工作环境的同时，获得实践能力和专业素养的提升。这种合作不仅能培养学生的创新思维和团队合作精神，还能增强学生对所学知识的深度理解，更好地进行知识与能力的转化。

产学研项目合作是一种重要的教育模式，以解决实际问题为导向，以产业链为基础，以校企合作为桥梁，以项目为载体，以学生为主体，整合校内外资源，对教育过程进行全方位的改革和创新。通过产学研项目合作，可以使学生在接触实际工作环境的同时，提升自身的实践能力和专业素养。在开展产学研项目合作的过程中，企业可以根据自身的需求，提出实际问题，让学生通过解决实际问题，提高自己的技能和素养。学校则可以通过与企业的深度合作，提升教育质量和水平，更好地服务于社会和企业。同时，企业也可以通过参与教育过程，培养自己需要的高级人才，实现人才的定向培养和需求对接。

开展产学研项目合作对于学生而言，可以在实际工作环境中获得真实的工作经验，提高自己的综合素质和职业素养，为自己的未来就业和发展打下坚实的基础。对于企业而言，可以通过参与教育过程，培养自己需要的高级人才，实现人才的定向培养和需求对接，提升企业的竞争力。在开展产学研项目合作的过程中，需要注意激发学生的学习兴趣和求知欲，使他们能够主动地投入项目中，全身心地参与到实践活动中。教师在指导过程中，需要尊重学生的个性和创新精神，鼓励他们自主探索，挖掘他们的潜能。

五、实施产学研成果转化

在实践教育课程中，实施产学研成果转化是一个极其重要的步骤，其含义不仅仅是将学术研究的结果应用到产业实践中，更包含了知识、技术和人才的三重转化。实施产学研成果转化可以提高教育的实效性，培养具有创新精神和实践能力的优秀人才，也可以推动产业技术的进步和社会经济的发展。

实施产学研成果转化的核心是校企合作，通过与企业的深度合作，学校可以将最新的科研成果及时转化为生产力，企业也可以通过与学校的合作获得最新的科研成果和技术，提高自身的竞争力。在这个过程中，学生可以参与到科研和生产的实际操作中，提高自身的技术水平和实践能力。实施产学研成果转化的过程需要各方的深度参与和合作。学校需要提供最新的科研成果和技术，企业需要提供实际的需求和场地，学生需要投入科研和生产的实际操作中。在这个过程中，学校、企业和学生需要密切合作，形成一个互利共赢的合作关系。

在实施产学研成果转化的过程中，学生、高校以及企业的积极参与和深度合作具有举足轻重的意义。他们各自的作用和互动将直接影响到成果转化的效果和质量。一方面，学生是未来的科研工作者和产业工作者，他们的参与不仅有助于提升自身的技术水平和实践能力，同时也能帮助他们对产业的实际需求和工作环境有更深入的理解，为未来的就业和发展做好准备。通过参与产学研成果转化，学生能够亲身体验到理论知识在实践中的应用，这对于他们理解和掌握专业知识具有重要意义。同时，这也是他们接触真实工作环境、了解行业发展动态、获取职业技能和经验的重要途径。在实际操作中，学生将面临各种挑战，包括技术难题、资源限制、团队协作等，这都将促使他们动用自己的知识和创新能力去解决问题，从而提升自身的技术水平和实践能力。同时，通过实际操作，他们可以深入了解产业的实际需求，比如客户需求、产品设计、市场推广等，这将为他们的未来就业和发展提供重要的参考信息。另一方面，高校和企业的深度参与和合作也是实施产学研成果转化的关键。高校是科研成果的重要来源，他们拥有最新的研究设施和优秀的科研人才，能够提供最新的科研成果和技术。企业则是产业实践的主体，他们了解市场需求，具备丰富的产品开发和生产经验，能够为科研成果的转化提供实际的需求和场地。这种合作关系应该建立在互利共赢的基础上，即高校能够把科研成果转化为具有实际应用价值的产品或服务，而企业则能够利用这些成果提升自身的竞争力和效率。为了实现这种合作，双方需要建立有效的沟通机制，明确合作目标和计划，协调资源分配，共同解决实施过程中的问题。例如，高校可以提供科研成果的详细介绍，帮助企业理解其原理和潜在价值；企业可以提供实际需求和场地，帮助高校了解市场需求和实际工作环境。在此基础上，双方可以共同制定实施计划，协调资源分配，共同推动科研成果的转化。

需要注意的是，实施产学研成果转化的过程需要注意以下几个方面：其一，实效性是产学研成果转化的首要考量因素。科研成果的转化并不仅仅意味着将理论知识转化为实践，更重要的是将这些科研成果转化为具有实用价值的产品和技术。在这个过程中，我们需要充分考虑市场需求、技术可行性、成本效益等因素，以确保科研成果的转化不仅科学合理，而且具有实用价值。只有这样，科研成果的转化才能真正推动社会和产业的发展，为人类的生活带来实际的改善。其二，要重视对学生实践能力和创新精神的培养。在实施产学研成果转化的过程中，学生是最主要的参与者和执行者。他们不仅需要将理论知识运用到实践中，而且需要通过解决实际问题来提升自己的实践能力和创新精神。为此，我们需要提供足够的实践机会和挑战，让学生在实践中学习和成长。同时，我们也需要提供必要的指导和支持，帮助学生解决实践中遇到的困难，激发他们的学习兴趣和创新精神。其三，需要注重与企业的合作。企业是产学研成果转化的重要参与者，他们的需求应该成为我们科研和教学的出发点和归宿。通过与企业的深度合作，我们可以更好地了解市场需求，更准确地定位科研成果的转化方向。同时，企业也可以参与到科研和教学的全过程，提供实际需求、工作场地、专业指导等资源，帮助学生更好地理解和掌握专业知识，提升他们的实践能力和就业竞争力。

第四章

高校实践育人的评价与优化

第一节　高校实践育人评价指标体系建立

评价指标体系是由不同级别的评价指标按照评价对象本身的逻辑结构形成的有机整体。[1]一个科学、全面的评价指标体系可以对学生的发展进行有效度量和反馈，有助于教育工作者更好地理解学生的需求，改进教学方法，并鼓励学生主动参与。高校实践育人需要建立相应的评价指标体系，对实践育人评价进行全面、科学、准确的指导。

一、高校实践育人评价指标体系建立的基本原则

在建立高校实践育人评价指标体系的过程中，主要遵循导向性原则、全面性原则、科学性原则和实践性原则等基本原则（如图4-1）。

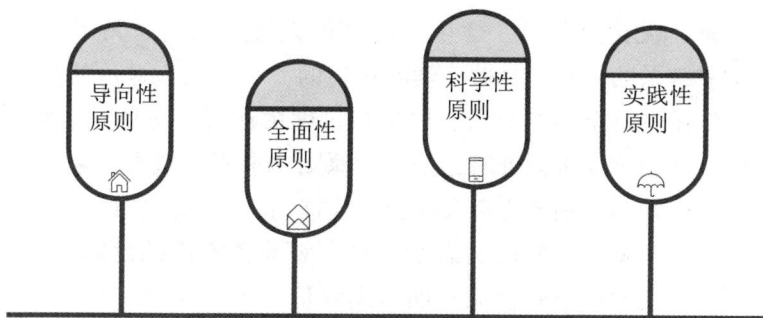

图4-1　高校实践育人评价指标体系建立的基本原则

---

〔1〕　任平、孙文云主编：《现代教育学概论》（第2版），暨南大学出版社2016年版，第322页。

（一）导向性原则

导向性原则是建立高校实践育人评价指标体系的核心原则之一，强调评价体系的导向性功能。导向性原则要求评价体系的目标、过程和结果与社会发展的需求相契合。这意味着评价体系不应是孤立的，而应是社会的需求、期望和价值观的反映。在具体的评价过程中，评价的内容、方式和标准都需要符合社会发展的趋势和需求，以适应社会的快速变化。例如，随着社会对创新能力越来越重视，评价体系应当强调和引导学生的创新思维和实践能力的培养。

导向性原则强调评价体系需要充分反映高校实践育人的理念和目标。具体来说，评价体系应当设定明确的教育目标，体现教育理念，通过设定适当的评价标准和指标，对学生的全面发展和综合素质提出明确的要求。评价标准和指标的设定应当符合教育的规律和学生的发展规律，具有科学性和前瞻性。导向性原则还强调评价体系的引导作用。评价体系不仅要评估学生的学习成果，更要通过评价过程，引导学生树立正确的学习目标，培养良好的学习习惯，激发学生的学习兴趣和动力，推动学生的全面发展。

（二）全面性原则

高校实践育人评价指标体系建立时，全面性原则扮演着不可或缺的角色，它提倡评价的全方位和细致。对于涉及实践育人的各类元素，这个原则不仅确保了评价过程的覆盖度，也保证了对这些元素的深入理解和公正评估。

在信息收集阶段，全面性原则在于覆盖所有可能影响实践育人的因素。这包括学生的表现、课程内容、实践活动的组织形式、师生互动等等。不论信息来源于谁，无论是教师、学生还是其他人员，无论是关于学习过程的，还是关于学习结果的，甚至是关于学习环境的，均须纳入评价的范围。同时，对收集到的信息进行全面的分析，以避免过度关注某一方面信息导致评价结果的片面性。在制定评价标准时，全面性原则要求不仅包含学生的实践能力，也要全面地考虑知识运用能力以及社会适应能力等方面。在设置评价标准时，应全面考虑学生在知识、技能、态度和价值观等各方面的发展情况。在评价结果的应用上，全面性原则强调全面应用评价结果以推动高校实践育人目标的实现。评价结果不仅能反映学生的优点和成绩，更可以发现他们的困难和问题，帮助教师优化教学策略，引导学生调整学习方法，为学校改进教育管理政策提供参考。这样才能真正推动高校实践育人目标的实现。

（三）科学性原则

科学性原则为高校实践育人评价指标体系建立提供了坚实的基础。它强调评价过程的真实性和客观性，保证了评价结果的准确性和可靠性。

在选择评价方法时，科学性原则体现在选择经过验证，符合科学标准的评价方法，如问卷调查、访谈、观察、实验等，而避免选择未经验证或不符合科学标准的方法。并且，科学性原则也要求在评价时尽可能采用定量的评价方法，这种方法可以更好地保证评价结果的客观性和一致性。在执行评价过程时，评价的公正性和公平性应得到保证，避免受到任何形式的偏见或歧视的影响。这就要求排除个人的情绪、偏好、价值观等主观因素，以客观的事实和数据为依据，用科学的态度和精神进行判断。在解释和应用评价结果时，科学性原则强调必须以科学的知识、理论和方法为指导，以真实、准确、客观的评价结果为依据，作出科学的判断和决策。评价结果不仅可以反映学生的实践能力，更可以为教师的教学改进、学校的教育改革提供依据。这样评价就能真正达到提升学生实践能力、推动高校实践育人目标实现的目的。

（四）实践性原则

实践性原则强调将教育评价活动深入实际的教学实践，确保评价过程能够真实反映实践活动的情况，以此来检验评价的正确性。这一原则突出了评价的实用性和操作性。高校实践育人的核心就是实践，这也意味着评价的目标应是对实践的深入理解和改进。为了做到这一点，评价者需要深入理解实践的特性，进行基于实践的评价，通过实践的反馈和结果来验证评价的有效性。

实践性原则强调评价的目标不仅仅是评价本身，更是改进实践。评价结果的发现和改进策略时提出，都应能推动实践活动的发展。这样，评价不再是评价者单独进行的活动，而是成了实践者和评价者共同参与的过程，有利于提高实践活动的质量和效果。实践性原则也主张将评价结果用于指导下一轮的实践活动。评价的反馈应被融入下一轮的实践，为实践提供新的启示和指导，推动实践的进一步发展。在这个过程中，评价者和实践者可以互相学习，共同推动实践育人工作的规范化和科学化发展。

二、构建高校实践育人评价指标体系的基本步骤

在高校实践育人评价指标体系的建立过程中，需要把握一定的政策性和技术性，运用科学合理的方法，建立规范的实践育人评价指标。具体如下：

（一）明确评价目标

明确的评价目标能引导评价工作的方向，为制定评价内容和方法提供基础。实践育人旨在通过实践活动提升学生的实践技能、认知能力和社会责任感，以培养出适应社会发展需求的高素质人才。理解实践育人的内涵和目标是明确评价目标的基础。实践育人的目标应与高校的整体教育目标保持一致，如培养学生的专业素质、职业技能、社会参与能力、领导才能、创新精神和实践能力等。在理解实践育人的内涵和目标的基础上，可以将评价目标具体化。具体化的评价目标应全面覆盖实践育人的各个方面，如学生的知识和技能掌握程度、独立思考和解决问题的能力、团队协作和领导才能、创新精神和实践能力、人文素养和社会责任感等。为了确保评价目标的全面性和针对性，需要兼顾各个目标的重要性和学生的个体差异。

明确评价目标后，要将其分解为可以操作的评价指标。具体来说，可以将每个评价目标细化为多个评价指标，每个评价指标对应实践育人的一个特定方面。例如，提高学生的团队协作能力这一评价目标可以通过评估学生在团队活动中的角色扮演、与团队成员的交流沟通、团队任务的完成情况等方面来实现。在这个过程中，需要确保评价目标和评价指标的对应性，形成一套清晰、有序的评价指标体系。评价目标的设定是一个动态的过程，需根据实践育人活动的实际效果、学生的发展变化和社会需求的变化进行相应的调整。这就需要评价人员在执行评价工作的过程中充分关注学生的学习发展和社会变化，根据学生的实际表现和发展需求，以及社会对高等教育的期待，不断调整和优化评价目标，以确保其科学性和合理性。通过这种方式，评价目标能够更好地引导和推动高校实践育人工作的开展，为高校培养出更符合社会需求的优秀人才奠定基础。

（二）进行调研和分析

全面调研和深度分析是构建高校实践育人评价指标体系的基础，通过调研和分析，评价人员可以深入理解实践育人活动的特点和需求，发现和解决活动中存在的问题，从而制定出科学、合理、实用的评价指标体系，有效推

动高校实践育人工作的开展。

1. 开展全面调研

深入理解高校实践育人的需求、特点及实际效果，是建立有效评价指标体系的重要前提。全面的调研工作需要通过多种方式获取数据，如通过问卷调查、深度访谈、实地考察、案例分析等方式，收集关于高校实践育人活动的直接和间接数据，包括学生的参与情况、学习效果、满意度、改善建议等。这些调研数据可以提供有力的依据和参考，帮助评价人员了解实践育人活动的实际情况、评估活动效果、分析活动存在的问题，为构建评价指标提供实际依据。例如，通过深入了解学生的参与情况和满意度，可以评估活动的吸引力和影响力；通过了解学生的学习效果，可以评估活动的实效性；通过了解学生的改善建议，可以发现活动存在的问题和不足，为改善活动提供指导。

调研的全面性和深入性关系到评价指标体系的科学性和实用性。因此，在进行调研时，要注重数据的真实性和客观性，防止偏见和误解对调研结果的影响。同时，也要注意数据的全面性和代表性，尽可能覆盖实践育人活动的各个层面，以获取全面、翔实、深入的数据。

2. 进行深度分析

调研数据的深度分析是构建评价指标体系的关键步骤。数据分析的目的是发现数据中的规律和趋势，挖掘数据背后的信息，以提供对评价目标和评价指标的有力支持。具体来说，可以通过描述性统计、相关性分析、因素分析、路径分析等统计方法，对调研数据进行定量分析；可以通过主题分析、内容分析、结构分析等定性方法，对调研数据进行定性分析。这些分析结果可以揭示实践育人活动的实际效果、影响因素、优点和不足，为构建评价指标提供理论依据和实践指导。

分析结果的解读和利用是数据分析的重要环节。根据分析结果，评价人员可以确定评价指标的主要内容和形式，提出评价标准和方法，制定评价流程和步骤，以达到评价目标。例如，如果分析结果显示团队协作能力是影响学生实践效果的重要因素，那么在评价指标中就应重点考虑团队协作能力；如果分析结果显示学生对实践活动的满意度与其学习效果密切相关，那么就应在评价过程中充分考虑学生的满意度。

（三）初步构建评价指标

通过确定评价维度、设定评价指标、制定评价标准，可以初步构建高校实践育人评价指标体系（如图 4-2）。这个体系将指导和规范实践育人活动的评价工作，帮助提高活动的效果和质量，促进实践育人活动的健康发展。

确定评价维度

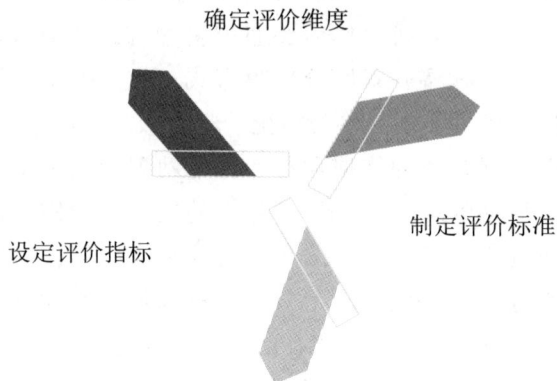

设定评价指标

制定评价标准

图 4-2 初步构建评价指标

1. 确定评价维度

实践育人评价指标的构建，根源于对实践育人活动全方位、多层次的理解和掌握。在了解了学生的实践需求、活动的目标和特点、活动的实际效果之后，需要在此基础上确定评价的主要维度。评价维度是评价指标体系的框架，它定义了评价的主要内容和方向。在高校实践育人的背景下，评价维度可能包括但不限于：学生的参与度、学习效果、满意度、实践能力的提升等。这些维度反映了实践育人活动的主要目标和期望，它们是评价指标的主要构成部分，是评价活动效果和改进活动方法的关键。

2. 设定评价指标

在确定了评价维度之后，接下来需要具体设定每个维度的评价指标。评价指标是评价维度的具体表现，它定义了每个维度的评价内容和方法。

设定评价指标时，需要考虑指标的有效性、可测性、敏感性和实用性。有效性要求指标能真实反映实践育人活动的实际情况和效果；可测性要求指标能通过实际操作得到准确的测量结果；敏感性要求指标能灵敏反映活动的变化和差异；实用性要求指标能提供实用的信息，支持决策和改进。例如，对于学生的参与度，可以设定参与活动的频次、参与的程度、参与的积极性等指标；对于学习效果，可以设定知识掌握的程度、技能的提升程度、态度的改变程度等指标；对于满意度，可以设定满意度的总体水平、满意度的分项表现、满意度的改善情况等指标；对于实践能力的提升，可以设定能力的基本水平、能力的提升幅度、能力的提升速度等指标。

3. 制定评价标准

评价指标设定完毕后，接下来需要制定每个指标的评价标准。评价标准是评价指标的量化表现，它定义了每个指标的优良程度和评价等级。

制定评价标准时，需要考虑标准的合理性、公正性、激励性和适应性。合理性要求标准能合理反映指标的实际表现和价值；公正性要求标准对所有对象公平；激励性要求标准能激励对象改进和提高；适应性要求标准能适应活动的变化和发展。例如，对于参与度的评价，可以设定每学期参与活动次数达到一定数量为优秀，达到较高数量为良好，达到基本数量为一般，未达到基本数量为不足；对于学习效果的评价，可以设定掌握知识的程度达到一定水平为优秀，达到较高水平为良好，达到基本水平为一般，未达到基本水平为不足。

（四）评价指标的优化

优化评价指标是高校实践育人评价指标体系建立过程中的重要环节，其目的在于使评价更加精确、科学，以更好地反映实践育人的覆盖面、深度和特色，具体包括以下方面（如图4-3）：

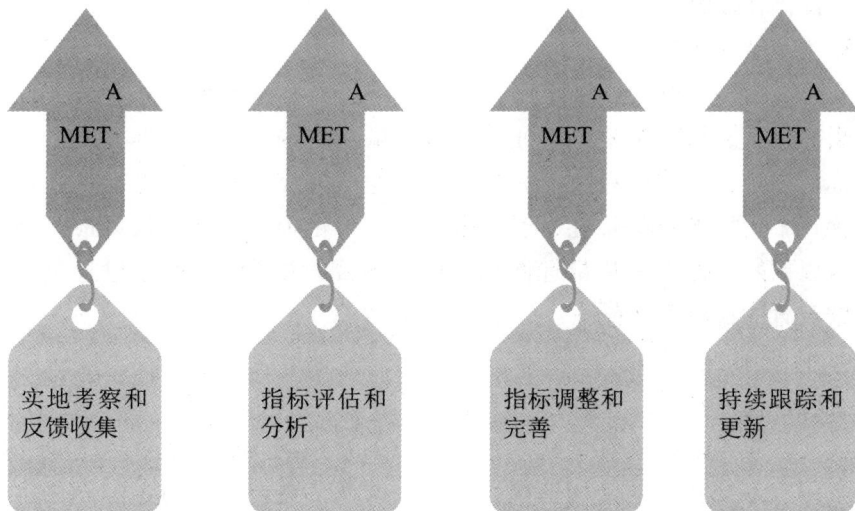

图4-3 评价指标的优化

1. 实地考察和反馈收集

在高校实践育人评价指标体系构建初期，实地考察和反馈收集是必不可少的环节。需要深入实践教育的一线，观察学生的实践活动，收集活动组织者、参与者、指导教师等多方面的反馈，以寻找评价指标体系中的不足或偏颇。实地考察可以通过参观、观察、听取报告等方式深入了解实践教育的实际情况，了解实践活动的目标、形式、内容、方法、效果等。反馈收集可以通过调查问卷、访谈、座谈、反馈会等方式，收集各方对实践教育和评价工作的意见、建议、反馈。通过实地考察和反馈收集，更好地理解实践教育的实际需求和问题，找出评价指标体系的不足和改进点，为优化评价指标提供基础和依据。

2. 指标评估和分析

在收集了足够的信息和反馈之后，需要对已有的评价指标进行评估和分析，以确定哪些指标需要优化、哪些指标需要保留、哪些指标需要新增。指标评估可以通过比较、排序、打分、评议等方式评估每个指标的有效性、可测性、敏感性和实用性。指标分析可以通过比较、分析、研究、讨论等方式分析每个指标的优点、缺点、影响和改进空间。通过指标评估和分析，可以更好地理解每个指标的价值和意义，发现每个指标的问题和不足，为优化评价指标提供目标和方向。

3. 指标调整和完善

在完成指标评估和分析之后，需要对评价指标进行调整和完善，以优化评价指标体系。指标调整可以通过增加、减少、修改、合并等方式，调整每个指标的内容、形式、方法、标准。可以通过补充、修订、更新、优化等方式完善每个指标的详细描述、使用说明、评价依据、改进建议。指标调整和完善可以更好地优化评价指标体系，提高评价的精确性、科学性，更好地服务实践教育的目标和任务。

4. 持续跟踪和更新

优化评价指标不是一次性的任务，而是一个持续的过程，需要定期进行，以适应实践教育的发展和变化。跟踪可以通过定期检查、观察、记录、报告等方式跟踪每个指标的使用情况、效果、问题。更新可以通过定期修订、修改、优化等方式进行。持续跟踪和更新可以更好地保持评价指标的时效性和适应性，提高评价的连续性和长效性，更好地支持实践教育的持续发展。

（五）评价指标体系的应用与反馈

通过对评价指标体系的应用与反馈，可以使其在高校实践育人工作中发挥更大的作用，提升评价工作的质量和效果，推动实践教育的不断改进和发展。

1. 评价指标体系的应用

指标体系在高校实践育人工作中的应用涵盖了评价实践活动的全过程。为了确保评价结果的公正性、公平性、准确性和有效性，评价指标体系的应用需遵循以下原则（如图4-4）。

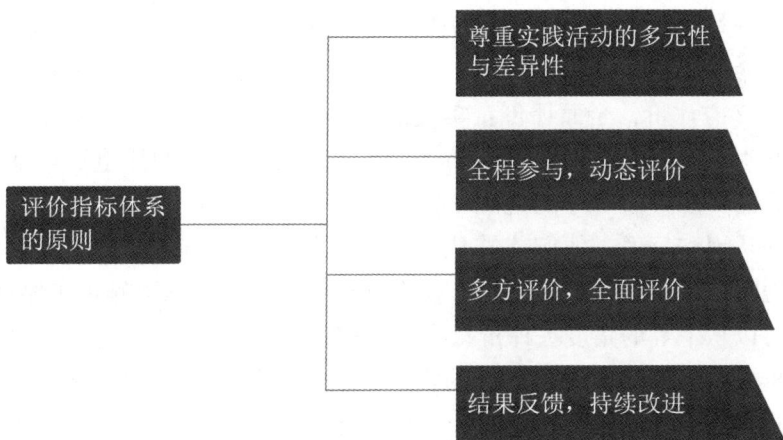

图4-4　评价指标的优化

（1）尊重实践活动的多元性与差异性：实践活动是丰富多样的，不仅形式多样（如实习、实训、志愿服务、社会实践、科研活动等），而且每种形式都有其独特的目标和特点，也都有其不同的评价标准和方法。当我们运用指标体系来评价实践活动时，必须充分考虑这些差异性，以便进行更加准确、公正的评价。例如，实习和实训主要是让学生在实际工作环境中学习和应用专业知识和技能，其评价重点可能在于学生的专业技能和实际工作能力；而志愿服务和社会实践则更注重培养学生的社会责任感和公民素质，其评价重点可能在于学生的服务精神和公民道德；科研活动则重在培养学生的科学素养和创新能力，其评价重点可能在于学生的科学思维和创新成果。因此，不同类型的实践活动需要不同的评价方式和指标。在运用指标体系时，我们应该根据实践活动的特性和目标，选取合适的评价方式和指标，以确保评价的准确性和公正性。

（2）全程参与，动态评价：实践活动不仅是一个结果，更是一个过程。这个过程包括筹备、实施、反思、总结等环节，每个环节都是实践活动的重要组成部分，都需要被考虑在内。因此，评价实践活动应该是全程参与、动态评价。这意味着我们不仅评价实践活动的结果，也要评价实践活动的过程。比如，我们可以关注学生在筹备阶段的计划能力、在实施阶段的操作能力、在反思阶段的思考能力、在总结阶段的表达能力等。在评价过程中不仅要评价学生的技能，也要评价学生的态度和价值观。例如，我们可以观察学生在实践活动中是否积极参与，是否有团队合作精神，是否有求知欲和创新精神，是否有社会责任感和公民素质等。

（3）多方评价，全面评价：实践活动的评价不仅仅是教师的工作，也应该包括学生、同伴以及社会的视角。每个人的评价角度和侧重点可能都不一样，因此需要多方参与才能达到全面评价的效果。自评是学生对自身参与实践活动的认识和反思，他们能够从第一人称的角度了解自己的长处、短处及改进的地方，这对个人的成长具有重要意义。同伴评价则更侧重于团队合作，同伴们可以从平等的角度去评价每个人的表现，以便于提高团队的整体效果。教师评价主要从教学和培养目标的实现程度进行评价，他们能从专业的角度提供宝贵的反馈。最后，社会评价可以从更广阔的角度（例如实践活动的社会影响力、符合社会需求等方面）进行考量。每一种评价方式都有其独特的价值，结合起来可以更全面、更深入地评价实践活动的效果。这就需要我们在运用指标体系时要充分考虑到多方评价，以实现全面评价。

（4）结果反馈，持续改进：实践活动的评价并非目的，而是一个过程，是为了改进教育和培养，提高教育和培养的效果。因此，在应用指标体系的同时，需要及时将评价结果反馈给实践活动的组织者和参与者，这样他们才能明白自己的优点和不足，从而进行相应的改进。例如，如果在实践活动中，学生的团队合作能力不强，那么在评价时就应该提出这一点，以便学生意识到这个问题，并在未来的活动中加以改进。同样，如果教师发现他们在组织活动时存在问题，比如活动内容不足以吸引学生的兴趣，他们也应该根据评价结果进行调整和改进。

2. 评价指标体系的反馈

评价指标体系本身也需要反馈和改进。评价指标体系的反馈主要包括收集反馈、分析反馈、使用反馈。

（1）收集反馈：反馈的收集可以通过问卷调查、访谈、座谈、反馈会等方式进行。这些方式可以让评价主体和被评价主体、实践活动的组织者和参与者、教育管理者和教育研究者等各方面人员参与，提供多元、全面、深入的反馈。

（2）分析反馈：反馈的分析可以通过比较、统计、研究、讨论等方式进行。这些方式可以帮助我们理解评价指标体系的优点和不足，理解评价指标体系在实际应用中的问题和挑战，理解评价指标体系对实践育人工作的影响和价值。

（3）使用反馈：反馈的使用可以通过调整、改进、优化、更新等方式进行。这些方式可以让我们改进评价指标体系的内容、形式、方法、标准，优化评价指标体系的结构、过程、功能、效果，提高评价指标体系的质量和效果，更好地服务实践育人工作。

第二节　高校实践育人评价方法探讨

高校实践育人评价方法应注重学生的发展性和全面性，要有利于引导学生自我学习，激发内在动力，应符合公平、公正、透明的原则，具体应采用单项评价与综合评价相结合、动态评价与静态评价相结合、定量评价与定性评价相结合、自我评价与他人评价相结合、过程评价与结果评价相结合的方法（如图 4-5），这样的评价方式不仅有助于提升教育质量，也有助于提高学生的满意度和自信心，培养他们的创新能力。

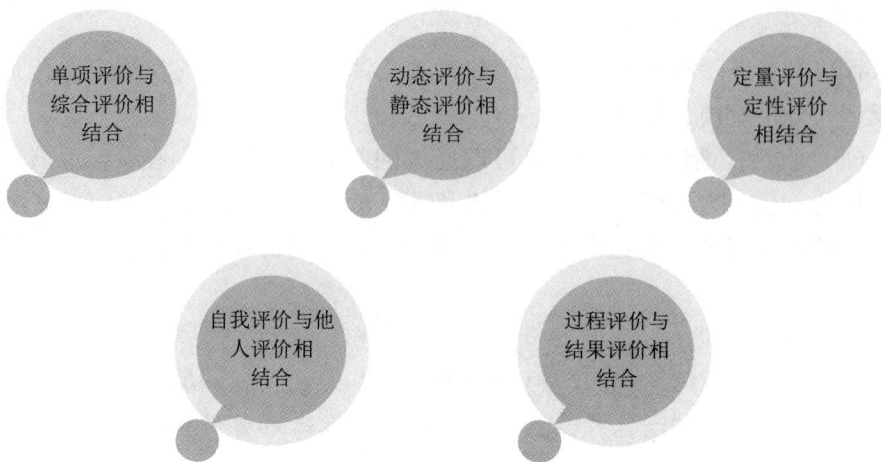

图4-5　高校实践育人评价方法

一、单项评价与综合评价相结合

单项评价指针对教育评价对象的某一方面状况进行的评价；综合评价指对评价对象的状况的方方面面作整体评价。[1]单项评价与综合评价相结合的评价方式不仅需要对学生的单项能力和素质进行评价，也需要全面考虑学生的综合素质和能力。这种评价方式可以对学生的个体差异和特性进行考察，同时也能够全面地评价学生的实践能力和素质。

在实际操作中，单项评价方式主要集中在学生具体的知识、技能、态度等各项明确的指标上。这些指标往往较为明确，可以方便教师对学生的具体技能进行测量和评估，为查找学生在某一特定领域的不足，进而进行有针对性的指导和教学提供了可能性。例如，在实践教学中，如果发现学生在实验技能上存在不足，教师可以有针对性地进行教学指导，帮助学生提高在此方面的能力。因此，单项评价可以让教师更加精确地了解学生在各项指标上的表现，从而更好地进行教学工作。然而，单项评价在评估学生的实践能力时，其局限性也不容忽视。由于单项评价过于关注学生在特定技能或知识点上的表现，可能会忽视学生全面素质的发展，尤其是那些不易被量化或明确的素质，如创新思维、团队协作等。此外，过分依赖单项评价也可能会导致评价

---

〔1〕　王景英主编：《教育评价理论与实践》，东北师范大学出版社2002年版，第41页。

结果片面，不能全面地反映学生的实践能力。相对于单项评价，综合评价更注重对学生全面素质和能力的评估，它旨在考查学生的整体素质，包括知识、技能、态度、情感、价值观等多方面的表现。这种评价方式能够全面地反映学生的实践能力和素质，有助于激发学生的潜能，提高学生的综合素质。例如，在实践教学中，通过综合评价，教师可以了解到学生在知识掌握、技能应用、态度体验等多方面的表现，这样就可以更全面地评估学生的实践能力，为教学决策提供更全面的依据。综合评价也存在一些问题。其一，制定全面、准确的评价标准是一项极具挑战性的任务，需要综合考虑学生的知识、技能、态度等多方面的因素，这增加了评价的复杂性。其二，由于综合评价涉及多个方面的评估，可能会增加评价的主观性，导致评价结果受到评价者主观判断的影响。

采取单项评价与综合评价相结合是一种有效的评价方式。在实际操作中，可以针对学生的特性和实践活动的特点，灵活地使用单项评价和综合评价。比如，对于具体的技能和知识，可以使用单项评价；对于学生的态度、情感、价值观等，可以使用综合评价。同时，单项评价和综合评价也可以相互补充，比如，通过单项评价可以找出学生的弱点，通过综合评价可以发现学生的优点，两者相结合，可以更全面、更准确地评价学生的实践能力和素质。在实际操作中需要注意，单项评价与综合评价相结合的评价方式并不是简单的叠加，而是需要根据学生的特性和实践活动的特点灵活地使用。同时，也需要对评价标准进行适当的调整，以保证评价的公正性和有效性。

二、动态评价与静态评价相结合

静态评价是对评价对象目标达到程度的评价，其特点是不考虑原有状态和发展趋势，只考虑评价对象在特定时空范围内的实现状况。动态评价是根据动态原理提出的进行教育评价的行为法则，其基本要求是教育评价过程中要注意对评价对象的历史情况、发展水平及发展趋势进行评价，并研究其对一定社会需要的敏感程度和响应能力。[1]静态评价和动态评价在高校实践育人评价体系中都有其重要的作用和价值，但也存在各自的局限性和挑战。通

---

〔1〕 孙福、孙佳怡、贾帅主编：《在线开放课程建设与管理》，北京理工大学出版社 2021 年版，第 88 页。

过有效地将静态评价和动态评价相结合，不仅可以充分发挥两者的优势，也可以避免或减轻两者的局限性，更好地服务于高校实践育人的教学目标和学生的发展需求。

静态评价的主要目标是去理解学生在一个特定的时间点上所达到的能力水平。这种评价方法侧重于检测和衡量学生当前掌握的知识水平、技能运用以及行为表现等具体内容。通过对学生在某个特定时间点的表现进行评估，教育者可以了解学生在特定时间节点的知识理解情况，从而形成对学生当前学习状况的明确理解。静态评价的实现常常依赖于一些传统的测评手段。如期末考试、课堂测验、作业完成情况等。这些评价方式具有操作简单。易于量化、能够快速获取结果等优点。期末考试等形式的评价方式可以通过统一的考试内容和标准答案，对所有学生进行公平的评价，减少评价的主观性。这种方式下的评价结果像一张清晰的照片，准确地反映了学生在某一特定时刻的学习表现和知识掌握情况。这种方法可以帮助教师了解学生在学期末的学习成果，也可以帮助学生了解自己的学习情况，促使他们对自己的学习进行反思和调整。同时，这种评价方式也便于学校、教育部门等进行宏观管理和监控，了解教学效果，从而提供改进教学的依据。然而，静态评价并非全面反映学生学习情况的完美方法。学生的学习过程是一个复杂的、动态的过程，静态评价无法捕捉学生在学习过程中遇到的困难、解决问题的过程、思维的变化等信息。因此，单一依赖静态评价可能会忽视学生的学习进程，不能充分发现学生的潜力和创新能力。再者，静态评价由于其在评价过程中侧重对学生知识掌握和技能运用的评估，可能无法全面了解学生的价值观、情感态度、人格特质等方面的发展情况。这就使得静态评价在某些情况下可能无法全面、准确地评估学生的全面素质。

相较之下，动态评价更加强调对学生学习过程的观察与跟踪，这种评价方式可以让教育者掌握学生学习的连续性信息，更全面地了解学生的学习状态和进展，以便进行持续性的教学指导。动态评价的核心理念在于学习不仅仅是结果的展现，更是过程的体验。学生的知识吸收、技能掌握、价值观塑造以及情感态度发展，都是在一段时间内逐渐形成的。在这个过程中，学生的表现会随着时间的推移、随着学习环境的变化、随着自我认知的深入而呈现出不同的特点和趋势。动态评价旨在捕捉这种变化，记录学生学习发展的轨迹，以期更准确地理解和评价学生的学习成效。动态评价的实施通常需要更加深入、细致的观察和记录。教育者可以通过课堂观察、个案研究、学习日志、项目报告等多种方式，记录学生在不同时间、不同场景下的学习表现。这些记录不仅可以反映学生的知识和技能水平，还可以反映出学生的学习策略、学习态度、问题解决能力等重要信息。在动态评价中，教育者的角色也由传统的评价者转变为引导者和辅导者。教育者需要密切关注学生的学习进展，及时发现学生的困惑和问题，提供必要的指导和帮助。同时，教育者也需要鼓励学生参与自我评价，让他们对自己的学习有更深入的了解和思考。尽管动态评价具有许多优点，如更全面、更深入地理解学生的学习，更加强调过程而非结果，更容易发现和激发学生的潜力，但它也有一些挑战。例如，动态评价的实施需要大量的时间和精力，对教育者的专业素养和评价技巧有很高的要求。动态评价的结果可能存在一定的主观性，需要通过多元化的评价方式和多个评价者共同参与才能提高评价的公正性和准确性。

为克服静态评价和动态评价各自的局限性，实现两者的优势互补，可以考虑将静态评价和动态评价相结合。例如，在评价学生的知识掌握和技能运用时，可以采用静态评价；在关注学生的学习策略、学习态度、学习习惯等方面时，可以采用动态评价。静态评价和动态评价的结果可以进行交叉验证和互相参考，以提高评价的可信度和准确性。例如，如果学生的静态评价成绩较好，但在动态评价中表现出学习策略、态度等方面的问题，那么教育者就需要对学生的学习进行进一步的引导和支持。静态评价和动态评价的结合，也可以更好地满足高校实践育人评价的多元化、个性化需求。在实践育人评价过程中，可以根据学生的个体差异、学习需求和发展阶段，灵活选择和运用静态评价和动态评价，以实现对学生全面、公正的评价。

三、定量评价与定性评价相结合

依靠数字和量度对教学过程的效果及有关情况进行描述和估计，即构成教学定量评价。主要依靠语言文字而不是数字对教学过程的效果及有关情况进行描述和估计，则构成教学的定性评价。[1]定量评价以其具备的客观性、精确性和可比性，被广泛应用于教学评价。数值的产出和呈现，让定量评价成了一个显而易见的衡量标准。比如在学术领域，期刊的影响因子、学者的

---

〔1〕　吴志宏：《教育行政学》，人民教育出版社 2000 年版，第 312 页。

H 指数无一不是定量评价的力量所在。在学生的评价中，定量评价更是占据了重要地位。学生的考试成绩、作业完成率、项目完成数量等都是常见的定量评价方式。在教学过程中，定量评价可以提供一个清晰、明确的反馈机制。通过定量评价，教师可以精确地知道学生在某一知识点上的掌握情况，学生也可以明确地了解自己的学习效果。这种反馈机制可以帮助教师在教学过程中做出及时的调整，也可以让学生明确自己的学习目标，更有针对性地进行学习。定量评价还具有很强的可比性。通过对学生的成绩进行排序，教师可以清晰地看出学生在班级中的位置，学生也可以明确自己与同学的差距。这种可比性不仅可以激励学生的学习积极性，还可以为学生的个性化教学提供参考。然而，正如其他任何单一的评价方法一样，定量评价并不是万能的，它也有其存在的局限性。最主要的一个问题是，定量评价可能会忽视一些无法量化或者难以量化的因素。比如，学生的情感态度、创新思维、团队协作能力等，这些都是实践育人过程中非常重要的因素，但它们往往无法被定量化，或者难以通过定量的方法来评价。更为重要的是，定量评价可能会过度强调结果而忽视过程。在定量评价中，学生往往被要求达到某一个明确的标准，这可能会导致学生过度追求分数，而忽视学习过程中的思考和探索。学习不仅仅是获取知识的过程，更是一种思考、创新和实践的过程，这些都是定量评价往往无法覆盖到的。

为了更加全面、准确、科学地进行实践育人评价，需要将定量评价和定性评价有机结合起来。一方面，利用定量评价的优点，给出明确、具体的评价结果；另一方面，通过定性评价，深入理解学生的学习过程和内在变化，揭示学生的个性化学习特点。只有这样才能真正实现对学生作出全面、深入的评价，更好地推进高校的实践育人工作。

四、自我评价与他人评价相结合

在高等教育实践中，自我评价具有至关重要的作用。学生需要通过自我评价来获得自身在知识、技能和态度等方面的反馈，以更好地导向他们的学习。自我评价并不仅仅是对已经完成的工作或者成果的回顾和反思，也涉及对未来学习的计划和期望。在此过程中，学生能够发现自身的优势和劣势，理解自己的学习需求，然后针对性地制定个人学习策略和目标。

自我评价的过程可以帮助学生发展出一种反思性思维。反思性思维是指在理解自己所做之事情的情况下，重新思考、分析和评价自己的行为。在实践中，学生需要掌握一种可以用来评估自身实践表现的方法。例如，他们可以通过日志、反思报告、自我评价表等方式记录和反思自己在实践中的行为和表现。这些工具能够帮助学生记录实践的过程、反思实践的结果，以及自己在实践中的表现。通过这种方式，学生能够对自己的实践有深入的理解和精确的评估。另一方面，自我评价也能提高学生的自我效能感。自我效能感是人们对自己能否成功完成某项任务的信念。当学生通过自我评价看到自己在实践中的进步和成果时，他们的自我效能感会得到提高，这会使他们更有信心接受更大的挑战，提高他们的学习动力。

高校实践育人中的他人评价一般包括学生互评、教师评价和家长评价。他人评价提供了学生学习和发展的外部反馈，为学生的自我认知和自我发展提供了重要的参照。通过他人的评价，学生能够了解到自己在别人眼中的表现，从而更好地了解自己的优势和劣势，找出自己在实践中的问题，提高自己的实践效果。他人评价常常来自教师、同学或者其他社会人士，他们的评价既针对学生的实践技能和能力，也针对学生实践态度和价值观。这种评价方式既可以提供对学生实践结果的评价，也可以提供对学生实践过程的评价，因此他人评价是一种全面而深入的评价方式。他人评价通过反馈和指导，能够帮助学生树立正确的实践观，提高实践效果，激发实践动力，进而提高实践育人的效果。

高校实践育人倡导自评与他评相结合，学生从接受评价逐步转向主动参与评价，一改以管理者为主的单一评价主体现象，教育评价由教师、学生、家长共同参与，体现实践育人过程的民主化、人性化，有助于帮助学生接纳和认同评价结果，促进高校实践育人工作的不断改进和发展。

五、过程评价与结果评价相结合

过程评价与结果评价是教育评价运行过程中另一对基本关系，它是教育评价运转机制方面的哲学抽象，是哲学上量变质变规建在教育评价领域中的反映。[1]过程评价不仅在整个实践活动中为学生提供连续性的反馈，而且通过对学习策略、思维方式、学习态度等多元化因素的观察和评价，使得教育

---

〔1〕 黄云龙：《现代教育管理学》，复旦大学出版社 1993 年版，第 225 页。

者能够更深入地理解学生的学习需求和进展。过程评价让学生能够在实践过程中自我反思，调整自己的行为和策略，从而优化学习过程。过程评价对学生的学习过程进行了深入的关注和记录，从中捕捉学生的学习动态，包括学生的认知发展、情感变化、行为改进等。此外，过程评价还通过对学生在学习过程中面临的困难、解决问题的策略以及合作交流的技巧等进行深入分析，使得学生能够更好地理解自己的学习过程，增强自我调整的能力。

结果评价的重要性在于它侧重于评估和衡量学生在实践结束时的实际成果。结果评价为确认学生是否已经达到预期的实践目标提供了重要依据，因此，对于激发学生的学习动力，提高学生的学习效率，保障学生的学习质量等方面具有重要作用。结果评价能够直观地显示出学生的实践成果，这不仅能帮助教育者明确学生的实践效果，也能帮助学生自我反思和提升。它提供了一个明确的反馈机制，使得学生能够清晰地了解自己的实践效果，对于提高学生的自我效能感、激发学生的学习积极性有着积极的推动作用。

无论是过程评价还是结果评价，都存在一定的局限性。过程评价可能过于关注过程，而忽视了实践的最终成果，这可能导致学生在过程中缺乏明确的目标和动力。结果评价则可能过于关注成果，而忽视实践的过程，这可能导致学生过于追求结果，而忽视实践的价值和意义。因此，过程评价和结果评价需要相结合，这样才能形成一个完整的、全面的评价体系。在这个体系中，过程评价和结果评价相互补充、相互调节。过程评价关注的是实践的流程，它可以提供及时的反馈，帮助学生调整学习策略、优化学习过程、提高实践效果。结果评价关注的是实践的效果，它可以提供明确的目标，激励学生的学习动力、提高学生的学习效率、保障学生的学习质量。通过过程评价和结果评价的结合，我们可以更全面、更深入地了解和评价学生的实践能力和实践效果，从而更好地服务实践育人的目标。

第三节　高校实践育人效果的定性分析

在教育研究中，定性分析是一种非常重要的研究方法，它强调对个体的深入理解，以及对个体在其环境中的行为和体验的解释。在高校实践育人效果的定性分析中，可以通过访谈、观察、实践报告等方式收集学生实践活动的相关数据，然后对这些数据进行深入的分析，以了解实践育人方法对学生的影响和效果。具体来说，对高校实践育人效果进行定性分析，可以从以下几个方面考量：

一、学生的能力提升

对于实践教育的效果，以学生的能力提升为首要考量。高校实践育人不仅改变了学生的知识层面，在解决问题的能力提升中，实践育人最大的优势就在于它的实践性和现实性。它摒弃了传统的教学方式，将教室转移到了实际的工作环境中，让学生有机会亲自动手、实际操作，从而直接面对并解决问题。例如，在工程学科中，实验教学成了教育的重要组成部分。在实验中，学生可以亲自操作实验设备，从而理解和掌握工程问题的解决方法。同样，在医学教育中，通过临床实习，学生可以直接接触病人，了解病人的病情，从而理解并掌握医学的诊断和治疗技术。这样的实践教育，不仅可以让学生更好地理解和掌握理论知识，也可以帮助学生提高他们的实践技能和解决问题的能力。

在创新思维和创新能力的培养上，实践育人的作用也是显而易见的。在面对实际问题时，学生需要发挥他们的想象力和创造力，来找出新的，或者是不同的解决方案。这是一个非常有效的方法，可以让学生从多个角度来考虑问题，从而提高他们的创新思维和创新能力。在设计学科实践课程的过程中，这一点尤为明显。学生通过自己的设计，可以表达他们对于问题的独特理解和视角。他们可以自由地发挥想象力，创造出独一无二的设计。这种自由发挥的过程，无疑大大激发了学生的创新思维，提高了他们的创新能力。而且，由于设计的过程是开放的，学生可以随时调整和改进他们的设计，从而不断地优化解决方案，这对于提升他们的创新能力也是非常有帮助的。

在团队协作能力方面，实践育人往往需要学生以团队的形式进行合作，在合作过程中，学生可以学习到如何与他人沟通，如何调解矛盾、如何共享资源、如何分工协作等团队合作的重要技能。比如，在一些大型的团队项目中，学生在完成项目的过程中，必须学会与队友沟通和协作，这对于他们未来在工作中的团队协作有着重要的帮助。在职业技能和职业素养的培养上，实践育人中的实习、实训等形式让学生有机会接触真实的职业环境，了解职业的实际需求，提前熟悉职业环境，从而提升他们的职业技能和职业素养。比如，在商学院的实习项目中，学生可以在实习公司中了解商业运作的全貌，掌握实用的商业技能，提升自己的职业素养。

通过以上分析可以看到，高校实践育人对于学生能力的提升具有重要的作用，这种提升不仅体现在技能和知识上，更体现在思维方式和态度变化上。因此，高校应该更加重视实践育人，将其作为提升学生能力的重要手段。

二、学生的人格发展

高校实践育人对于学生的人格发展具有重要作用。它有助于提升学生的自我理解和人际理解能力，建立全面的社会观，培养责任感和公民意识，提升批判性思维和独立思考的能力，建立积极的生活态度和价值观。高校应当充分认识到实践育人的重要性，并在教育过程中加以重视和强化。高校实践育人对学生人格发展的深远影响主要表现在以下几个方面（如图 4-6）：

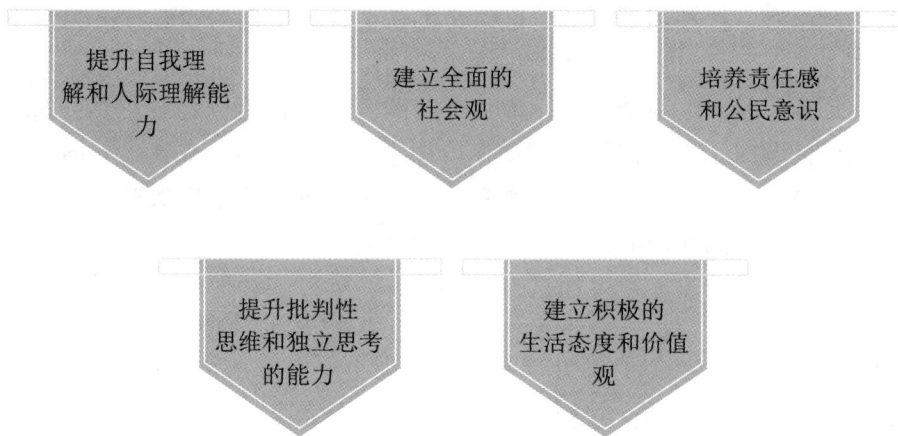

图 4-6　学生的人格发展

（一）提升自我理解和人际理解能力

实践教育被视为学生人格发展的重要途径，它的关键环节——互动与合作——为学生提供了一个理解自我与他人的平台。在具体的实践活动中，学生通过与他人的沟通与协作，会对自身的情感、需求、优点和缺点有更深入的认知。这是一个动态的、持续的过程，通过它，学生逐渐了解自我，更好地理解并接受自己的独特性。与此同时，这个过程也加深了他们对他人的理解。人际理解的提升不仅让他们更能理解他人的情感和需求，同时也可以让他们学会在人际交往中充分尊重他人，理解并接受他人的差异性。这对于提升他们的人际交往技巧、增强他们的团队协作能力有着重要的作用。

实践活动不仅仅是关于技能或知识的学习，更是自我理解与人际理解的过程。这一过程中的经历和收获将帮助学生建立自我认知，发展更为完善的自我意识，这是人格发展的关键要素之一。通过实践教育，学生可以提升他们的自我理解，更好地认识和接受自己，同时也能更深入地理解他人，提升他们的人际理解能力，为他们的人格发展奠定了坚实的基础。

（二）建立全面的社会观

实践教育让学生有机会从多个角度看待问题，更全面地理解社会。在实践教育中，学生有机会直接参与各种社会活动，扮演各种社会角色，理解不同角色的责任和任务。这种体验有助于他们建立全面的社会观，提升他们的社会认知能力。在实践活动中，学生可以亲身体验各种角色的角色需求和角色责任，通过这种体验，他们能够理解社会是一个相互联系、相互依赖的整体，每一个角色都有其特定的责任和任务，只有每一个角色都履行好自己的责任，社会才能和谐运行。通过实践活动，学生也可以体验到各种社会问题的复杂性，理解到解决这些问题需要全社会的共同努力。这种体验有助于他们建立全面的社会观，理解社会的复杂性和多元性，增强他们的社会责任感。

实践教育为学生提供了一个全面理解社会的平台。通过亲身参与，学生可以从不同的角度理解社会、了解社会的多元性和复杂性。这种体验有助于他们建立全面的社会观，提升他们的社会认知能力，这对于他们未来在社会中发挥作用，贡献自己的力量意义重大。

（三）培养责任感和公民意识

实践教育通过让学生参与实践活动，有力地培养了他们的责任感。每一次的实践活动都需要学生对自己的行为负责，他们需要时刻考虑自己的行为可能会对他人、社区乃至整个社会产生什么样的影响。这样的体验使学生能够更加深入地认识到自己行为的后果，明白自己的每一个行动都可能对社会产生重要的影响，从而培养起强烈的责任感。实践活动中的每一项决定都需要学生谨慎思考，他们需要将自己的知识和技能运用到实际问题的解决中，这样的过程要求他们对自己的行为负责。在这样的过程中，他们能够明白，作为一个公民，他们应该如何承担起自己的责任，他们应该如何为自己的社区乃至整个社会贡献自己的一份力量。

通过实践活动的参与，学生们能够在实践中理解并积极承担公民的责任，这种责任感的培养有助于形成他们的公民意识。实践教育让学生了解到，作为一个公民，他们不仅要对自己的行为负责，更要对社会负责，他们需要在将来的生活和工作中积极履行自己的社会责任，为社会的发展做出贡献。

（四）提升批判性思维和独立思考的能力

实践教育强调学生对问题的独立分析和解决。在实践活动中，学生们需要根据实际情况，运用自己的知识和技能来解决问题。他们不仅要学会如何在理论上分析问题，更要学会如何在实际操作中解决问题。这一过程需要他们有能力独立思考，对问题进行批判性分析。实践教育要求学生在面对问题时，不仅要能找到问题的答案，更要能深入分析问题的原因，这样才能更好地解决问题。学生在实践活动中，既要具备批判性思维，也要有独立思考的能力。他们需要独立地分析问题，提出自己的解决方案，这样的训练有助于提升他们的批判性思维能力，使他们在面对问题时能够有自己独立的见解，不受他人的影响。实践教育让学生在面对问题时能够不依赖于他人，独立找出解决问题的方法。这种训练对于培养学生的独立思考能力，提升他们的批判性思维能力有着重要的作用。通过实践教育，学生可以学会如何独立思考，如何对问题进行批判性分析，这对于他们的个人发展乃至对于他们未来的职业生涯而言有着重要的影响。

（五）建立积极的生活态度和价值观

在实践活动中，学生会遇到各种各样的问题，他们需要运用自己的知识和技能去解决这些问题。每一次的成功都会让他们深深地体验到努力的价值，每一次的挫折都会让他们学会如何面对困难、如何从失败中汲取经验、如何保持积极向上的态度。实践教育不仅可以帮助学生建立积极的生活态度，还可以帮助他们建立起正确的价值观。通过参与实践活动，学生可以从实际的生活中理解和体验各种社会价值。他们可以看到自己的努力如何改变自己，如何影响他人，如何推动社会的发展。这种体验让他们明白，个人的价值并不只是在于成绩的高低，而是在于他们是否愿意并能够对社会做出积极的贡献。实践教育还可以帮助学生理解社会公平正义的重要性。在实践活动中，他们会遇到各种各样的问题，比如资源的分配、权力的使用等等。他们需要学会如何在理论和实际之间做出平衡，如何在满足自己的需求的同时，也尊重他人的权益，如何在追求个人利益的同时，也考虑到社会的公平正义。这样的经验对于他们建立起正确的价值观有着至关重要的影响。

三、学生的社会适应性

社会适应性是指个体对社会生活环境的适应能力和水平，其中包括对生活环境的适应、对人际关系的适应、对学习与工作方式的适应、对压力与挫折的适应等。[1]高校实践育人不仅关注学生的学术成就和个人发展，更重视学生的社会适应性，因为这关系到学生毕业后是否能够在社会中找到自己的位置，是否能够与他人有效沟通以及是否能够成功处理社会生活中的各种问题。实践教育为学生提供了丰富的社会实践机会，使他们有机会亲身体验和处理各种社会问题（如图4-7）。

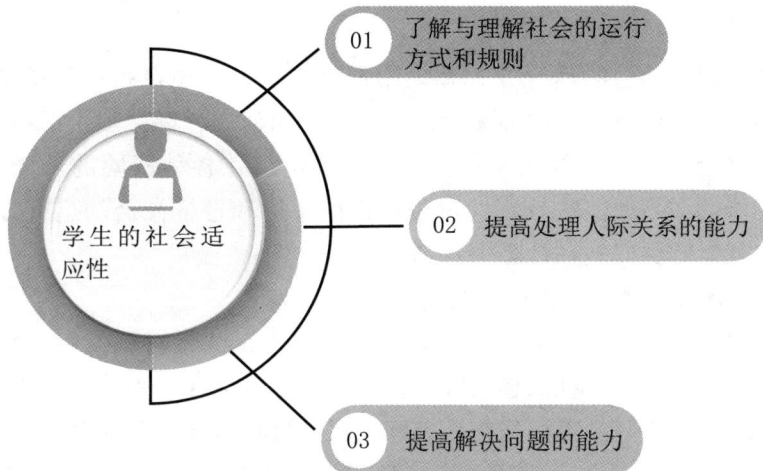

图4-7　学生的社会适应性

（一）了解与理解社会的运行方式和规则

社会是一个复杂的系统，其中包含了各种各样的运行方式和规则，理解这些规则、适应这些规则，对于每一个成员来说都是极其重要的。这种理解和适应能力在很大程度上决定了一个人在社会中的生存和发展能力。

在高校实践教育的过程中，学生被提供了丰富的社会实践机会，使他们

---

[1]　许晓辉、王庆波主编：《大学生就业力培养与职业发展》，辽宁人民出版社2013年版，第244页。

有机会亲身体验和处理各种社会问题，了解和理解社会的运行方式和规则。这种经历能够帮助他们更好地理解社会、更好地适应社会，为他们的未来生活打下坚实的基础。

当学生参与各种实践活动时，他们会发现社会并不是他们以前想象得那样简单。社会有其特殊的运行方式，有其特殊的规则。他们必须学会在这些规则下行事，否则就会遇到各种困难。例如，他们可能需要遵守一定的流程和规定，他们可能需要考虑到其他人的需求和感受，他们可能需要处理各种人际关系。这些都需要他们具备一定的社会理解能力和适应能力。参与实践活动的过程就是一个了解和理解社会规则的过程。在这个过程中，学生能够看到社会规则的作用，能够看到这些规则如何影响到他们的行为、如何影响到他们的决策。这种经历让他们深刻地感受到，如果他们能够理解和适应社会规则，就能更好地在社会中生存和发展。

了解和理解社会的运行方式和规则不仅对学生的现在有重要意义，更对他们的未来有重要意义。因为无论他们将来走向何方，都必须生活在社会中。他们必须学会与各种不同的人打交道，必须学会在各种不同的环境中生存。如果他们能够在高校实践教育的过程中提前了解和理解社会的运行方式和规则，将来就能够更好地在社会中找到自己的位置。

（二）提高处理人际关系的能力

人际关系是构成社会的基本元素，处理好人际关系对于每一位社会成员来说都是至关重要的。在高校实践教育中，学生可以通过参与各种实践活动，学习和提高处理人际关系的能力。人际关系的处理包括与他人的沟通、协作、解决冲突等。学生在实践活动中，经常需要与他人一起完成任务，需要理解他人的需求和感受，需要找出解决问题的方案，需要协调不同的意见和观点。这种经历有助于他们提高处理人际关系的能力。沟通是处理人际关系的基础。只有有效沟通才能够理解他人的想法和感受，才能够达成共识，才能够进行有效的协作。在实践活动中，学生必须与他人沟通，他们必须清楚地表达自己的想法，必须倾听他人的观点，必须通过沟通来解决问题。这种经历有助于他们提高沟通能力，有助于他们理解和适应社会。协作是处理人际关系的关键。在实践活动中，学生往往需要与他人一起完成任务，他们需要找出共同的目标，需要找出解决问题的方案，需要协调不同的资源和力量。这种经历有助于他们提高协作能力、有助于他们理解和适应社会。解决冲突是处理人际关系的挑战。在实践活动中，冲突和矛盾往往是无法避免的。学生必须学会面对冲突，他们必须学会找出冲突的原因，必须学会找出解决冲突的方案，必须学会处理各种复杂的人际关系。这种经历有助于他们提高解决冲突的能力，有助于他们理解和适应社会。

处理好人际关系不仅对于学生的现在有重要意义，对于他们的未来也有重要意义。因为无论他们将来走向何方，都必须生活在社会中，都必须与各种不同的人打交道。如果他们能够在高校实践教育的过程中提高处理人际关系的能力，那么他们就能够在将来更好地与他人沟通、协作，更好地解决冲突，更好地在社会中找到自己的位置。

（三）提高解决问题的能力

在社会生活中问题无时无刻不在围绕着我们，如何有效地解决问题，显得尤为重要。这是因为问题的解决能力不仅对个体的生活质量有着直接的影响，更是决定个体能否在社会中立足的重要因素。而在高校实践教育中，学生有机会通过实践活动提高自己的问题解决能力。问题解决能力是一个综合性的能力，它涉及信息的获取、分析、处理、应用等多个环节。在实践活动中，学生们需要针对具体的问题，收集相关的信息，进行深入的分析，制定出可行的解决方案，然后将这些方案付诸实践，以期达到解决问题的目标。在这个过程中，学生们不仅能够学到一些专业的知识和技能，更重要的是，他们能够学习到解决问题的方法和策略、提高自己的问题解决能力。

在实践活动中，学生们会遇到各种各样的问题，这些问题可能来源于生活，也可能来源于工作，可能是技术性的，也可能是社会性的，可能是理论性的，也可能是实际性的。面对这些问题，学生们需要灵活地运用他们所学的知识和技能，进行科学的思考和决策，寻找到最佳的解决方案。在这个过程中，他们能够逐渐提高自己的问题解决能力，提高自己的社会适应性。解决问题的能力不仅对于学生的现在有着重要的意义，对于他们的未来也有着深远的影响。因为在他们将来的生活和工作中，同样会遇到各种各样的问题，如果他们能够在高校实践教育的过程中提高自己的问题解决能力，那么他们就能够在未来更好地应对各种挑战、更好地适应社会。

四、知识和理论的应用

知识和理论的应用是实践教育的核心部分，它使学生能够将理论知识与实际生活和工作结合起来，提升自己的实际操作能力和问题解决能力。实践教育为学生提供了一个能够将理论知识应用到实际的平台。在实践活动中，学生可以将在课堂上学到的理论知识应用到实际的问题和任务中，从而更好地理解这些理论知识的含义和用途。这一点在各个学科中都有体现。比如，在科学实验课中，学生可以亲自做实验，将理论知识应用到实验过程中；在社会学课程中，学生可以通过调查研究，将理论知识应用到社会问题的研究中；在商业课程中，学生可以通过模拟经营，将理论知识应用到商业决策中。

知识和理论的应用不仅可以帮助学生更好地理解理论知识，还可以提升他们的实际操作能力。通过实践活动，学生可以亲自操作、亲自做决策、亲自解决问题，这对于他们的实际操作能力的提升是非常有帮助的。而这种能力在他们毕业后的工作中将会发挥非常重要的作用。知识和理论的应用也有助于提升学生解决问题的能力。在实践活动中，学生需要面对各种实际问题，他们需要运用自己的知识和理论，找出解决问题的策略和方法。这对于他们解决问题能力的提升是非常有帮助的。知识和理论的应用还可以帮助学生更好地理解和认识世界。通过将理论知识应用到实际中，学生可以更深入地理解世界的运行机制，更好地理解自己和社会的关系，这对于他们的世界观和人生观的形成是非常重要的。

总的来说，高校实践育人对学生的全面发展具有显著的影响。需要注意的是，这些影响是间接的，需要时间的积累和体验的累加才能体现出来。因此，评价高校实践育人的效果需要长期观察，有一定耐心。

第四节　高校实践育人的优化策略

在当前的教育环境下，实践育人在高校教育中的地位愈发重要。实践经验对于学生的综合素质、创新能力以及就业准备具有至关重要的影响。如何优化实践育人策略，以使其更加有效地满足当下社会发展的需求，是当前面临的一个重要课题。高校实践育人的优化策略需要重点做好以下几个方面的工作：

一、创新实践育人的工作理念

实践育人的工作理念是高校实践育人工作发展的先导，应及时转变传统的育人理念，注重学生行为导向和学习成果导向，以更新教育理念和发展理念为基础，推动实践育人工作高质量发展。

（一）以更新教育理念为路径，提高大学生培养质量

高校实践育人的优化策略之一在于更新教育理念，这种理念的变革需要以提高大学生培养质量为最终目标。一方面，对于行为导向的重视是促进学生全面发展的基础。这意味着教育不再只是为了获得知识，而是为了发展学生的多元化能力。具体来说，高校需要在教育活动中注重培养学生的动手能力，让他们有机会在实践中应用所学的理论知识，理解其在实际生活中的应用价值。此外，强化学生的专业能力也至关重要，高校应提供充足的专业实践机会，让学生在实践中深化理论知识、提升专业技能。思维能力的培养是另一个重点，学生应学习如何批判性地思考、分析和解决问题。高校还需要注重培养学生的伦理道德反应能力，使他们在面对各种情况时都能做出符合道德和伦理规范的反应。社交能力的培养是确保学生能够适应社会的重要因素，高校应提供丰富的社交场景，让学生在实际交往中提升沟通和协作能力。另一方面，对于学习成果导向的重视是实现教育目标的关键。学习成果导向的教育理念源于 OBE（Outcome-Based Education）教育理念。OBE 理念中教学设计和教学实施的目标是学生在教育过程中最终实现的学习成果，[1]其核心是将教育的关注点从教学过程转移到学习的结果，将学生的学习成果作为评价教育质量的标准。为了实现这一目标，高校需要根据学生在实践教育后应该达到的能力和水平，反向建构与设计实践教育活动。具体来说，教师在设计教学活动时，不仅要考虑学生的学习需求，还要考虑学生的学习目标，从而设计出更符合学生需求，更有利于学生达到学习目标的实践教育活动。而在教学评价上，也应以学生的实际学习成果为依据，而不仅仅是他们在测试或考试中的表现。

这种更新的教育理念要求高校把实践教育作为提高学生能力、培养实践型人才的重要手段，而不仅仅是一种补充或者附加的教学方式。只有这样，

---

[1] 陈攀峰：《新时代高校继续教育创新研究》，吉林人民出版社 2019 年版，第 62 页。

才能真正提高大学生的培养质量，使他们能够更好地适应社会、更好地服务于社会。

（二）以更新发展理念为指导，推动实践育人高质量发展

以更新的发展理念为指导，既要创新教育理念，也要把握时代发展主题，确保实践育人的工作始终处于前沿。创新发展是驱动这项工作的重要力量。理念的更新意味着必须适应变化的环境，尊重学生的个体差异，以学生为本，充分发挥学生的主体性。同时，还需要结合新的社会需求，对实践教育的内容进行调整和创新，以确保其与社会的紧密联系。

在理论研究上，需要运用新的教育理论，以指导实践教育的实施。例如，引入现代教育技术、学习科学等理论，为实践教育提供科学依据。此外，方法创新和载体创新也是创新发展的重要方面。在教学方法上，可以借鉴国内外优秀的实践教育案例，探索适合自己学校的实践教育模式。在载体上，可以利用现代信息技术，如互联网、大数据等，拓宽实践教育的空间，丰富实践教育的形式。高校还需要以协调发展为内在要求，整合校内外资源，形成实践育人的长效发展机制。这包括在学校内部，通过实践教育，打通理论教学和实践教学的壁垒，实现课内课外的深度融合。对外，可以与企事业单位、社区、公益组织等进行深度合作，共同推进实践教育的实施。

高校实践育人工作还需要以绿色发展为导向，打造健康、绿色、良性发展的实践育人环境。在教育过程中，应弘扬绿色发展理念，提倡资源节约，尊重生态环境，培养学生的环保意识。此外，实践教育还要注重人的全面发展，尊重学生的生理和心理健康，防止过度竞争，营造公平公正的教育环境。

以开放发展为目标，开放视野，积极学习先进经验，加强合作交流，借助多方力量打造实践育人共同体。高校不仅要向外学习，而且要以开放的态度，接纳社会的多元资源，与各方面的机构和人员进行交流和合作，共同推进实践教育的发展。高校实践育人要以共享发展为目标，将发展的成果共享给所有主体，打造资源共享平台，整合多方资源，缩小区域差异和校际差异。只有让所有的学生都能享受到优质的实践教育资源，才能实现教育公平。共享的资源还可以帮助学校减少资源浪费，提高资源利用效率，实现经济效益和社会效益的双重提升。

二、优化高校实践育人的内容和形式

在当前社会背景下，高校实践育人需要适应时代的发展，深入理解和把握新时代大学生的思想动态，以更加贴近实际的内容和方式提升实践育人的效果。

（一）实践育人内容的优化

高校实践育人的内容是引导和激励学生积极参与实践活动，从而提升自身能力和素质。内容的优化需要立足于新时代的要求，以及高校教育的特色和定位，对实践育人的目标、主题和方式等进行深入思考和设计。

在优化实践育人的内容时应充分考虑新时代的要求。当前，社会的发展已经对大学生提出了新的要求，比如创新能力、团队合作能力、跨学科思维能力等。这些要求都需要通过实践活动来培养和提升。因此，实践育人的内容应包括这些新时代的要求，并设计相关的实践活动。例如，可以设计创新实验、团队项目、跨学科研讨会等活动，以提升学生的相关能力。实践育人的内容也需要考虑高校的特色和定位。每个高校都有自己的特色和优势，比如一些高校在某个学科领域有优势，一些高校在创新教育方面有优势。因此，实践育人的内容应以高校的特色和优势为依托，设计有特色的实践活动。例如，具有工科优势的高校可以设计工程实践活动，有社科优势的高校可以设计社会调查等活动。这样不仅可以提升实践活动的针对性和效果，也可以提升高校的教育品质。在优化实践育人的内容时，还应注重实践活动的实效性。实践活动的目的是让学生在实践中学习、在学习中实践。因此，实践活动应设计成可以让学生实际参与，通过亲身体验来提升能力和素质。例如，可以设计社区服务活动，让学生通过服务社区的活动来提升自己的社会责任感和团队协作能力。

（二）实践育人形式的优化

高校实践育人形式的革新有两个关键方面需要深入研究和发展。具体如下（如图4-8）：

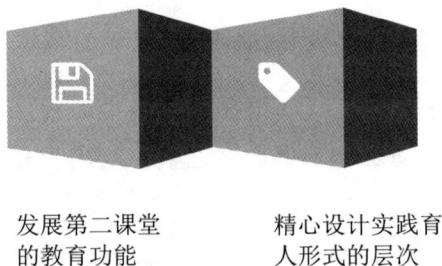

发展第二课堂　　　精心设计实践育
的教育功能　　　人形式的层次

图 4-8　实践育人形式的优化

1. 发展第二课堂的教育功能

发展第二课堂的教育功能不仅涉及利用第一课堂的优势进行实践教学，更关键的是充分挖掘第二课堂的教育作用。第二课堂聚焦于提升学生的实践能力和综合素质，是在第一课堂之外的实践教育活动的总称，涵盖了党课活动、社会实践、志愿服务、文化活动、体育竞赛、创业实践、素质拓展等各个方面内容。高校还需增加对第二课堂的开发投入，合理调配第二课堂教育资源，制定详细的第二课堂实施计划，并将第二课堂的成效纳入学生的综合考评体系，形成全方位的第二课堂教育机制。通过第二课堂，高校可以持续推动新时代实践育人的深化、提高教育效果，让大学生的知识与行动更加统一。同时，高校也应有效协调第一课堂和第二课堂的教育资源，创新理论教育和实践教育的结合方式，使理论与实践、教育与自我教育更加融洽。

2. 精心设计实践育人形式的层次

高校应根据学生的成长规律，结合专业教育需求，对不同年级和时间段的实践育人内容与形式进行整体规划，注重个性化和分层设计。针对低年级学生，应以兴趣为主线，旨在提升他们的知识水平、思维素养、个人品质和实践能力，以军事训练、思政理论课实践教学、专业课实践、基地参观、团学活动、志愿服务、讲座论坛、社团活动、劳动实践等为主要活动形式，构建基础性、系统性的实践育人模式。对于高年级学生，应注重培养他们的科研探索能力、专业技能、创新创业能力、服务社会能力、职业素养等，在低年级主要实践方式的基础上，加入社会调查、专业实训、勤工助学、创新创业实践、科技竞赛、职业能力比赛等活动，让学生在实践中学习和体验。实践育人方式的分层设计不仅可以满足学生个性化发展的需要，提高实践育人的科学性和可预见性，更可以推动实践育人工作深度和广度的双向发展。

三、构建实践育人特色体系

走实践育人特色发展道路是高校切实提高实践育人成效，实现高质量发展的重要途径，高校实践育人特色体系的构建需要重点做好以下工作：

（一）坚持实践育人专业特色化发展思路

在高校实践育人过程中，坚持实践育人专业特色化发展思路，确立各个专业具有独特性及广泛适应性的实践教育方向，是助力每一位学生更好地融入社会、提升自我价值的重要手段。高校实践育人专业特色化发展思路主要从以下几个方面进行深化（如图4-9）：

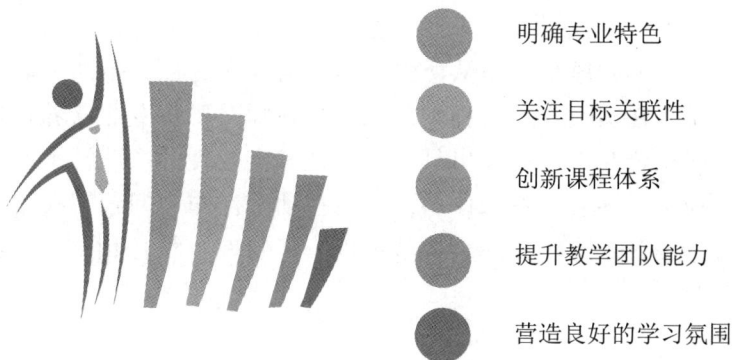

明确专业特色

关注目标关联性

创新课程体系

提升教学团队能力

营造良好的学习氛围

图4-9 实践育人专业特色发展思路

1. 明确专业特色

在构建实践育人特色体系的过程中，需要将学科特性、专业培养目标、专业课程体系、教学团队和教学方法等因素紧密结合，从而形成具有鲜明特色的专业培养方案。首要任务就是明确各专业的学科特性，因为它是形成专业特色的基础，决定了教育实践的广度和深度。

学科特性是每个专业独特的标志，它决定了专业的独特性和广泛适应性。如何把握这一特性，并将其转化为实践教育的优势，是每个专业都需要深入研究的。根据学科特性，每个专业都可以构建一套适应当前社会需求、具有创新性和针对性的实践教育方案，为学生提供更丰富、更广阔的实践学习机会。专业培养目标、专业课程体系、教学团队和教学方法都是实现学科特性转化的重要工具。专业培养目标设定了学生在专业学习过程中需要达到的知识、技能和素养等方面的具体目标；专业课程体系则提供了实现这些目标的具体途径和手段，它涵盖了专业知识的全面学习和实践能力的全面培养；教学团队和教学方法是实现这一切的关键，他们将各个环节有机结合，为学生提供一种全面、系统、实践的学习体验。

2. 关注目标关联性

专业培养目标主要包括学生的知识掌握、技能发展、素养提升等方面。实践育人目标则是在这基础上通过实践活动使学生在实际操作和问题解决中掌握知识、发展技能、提升素养。为了满足社会的需求，每个专业需要设立符合现代社会发展的实践育人目标。这些目标不仅需要反映出专业知识和技能的要求，还要体现出对个性发展、创新精神、社会责任等的关注。通过实践活动，学生不仅可以了解和掌握专业知识，还可以提升自己的社会适应能力，发展自己的创新思维和团队协作能力，为未来的社会生活和职业发展打下坚实的基础。在实践育人过程中，学校和教师需要将专业培养目标和实践育人目标有机结合起来，设计出具有针对性和有效性的实践活动。在实践活动中，学生应被引导去思考和体验，从而在动手操作和问题解决中得到专业知识和技能的提升。这样实践育人就可以真正与专业教育相结合，实现学生全面发展的目标。

3. 创新课程体系

专业课程体系是实现专业特色化发展的重要载体。课程设置的核心是让学生在获取理论知识的同时，有足够的机会进行实践操作，锻炼实践能力。因此，课程设计应在理论教学的基础上，明确增设一系列实践教学环节，如实验、实习、实践项目等，让学生在实际操作中了解理论知识的运用，提升实践能力。同时，课程体系的创新还应体现在全面发展课程的设置上，如创新思维训练课、团队协作能力培养课等，这些课程可以帮助学生提升独立思考能力、解决问题能力和团队协作能力，对于培养具有创新精神和实践能力的复合型人才至关重要。

4. 提升教学团队能力

教学团队是推动专业特色化发展的关键力量。他们在专业教学中既要传授深厚的理论知识，又要提供丰富的实践经验。教师的理论素养和实践能力决定了他们是否能为学生提供高质量的实践教学。教师需要不断更新知识，提高技能，熟练应用现代教育技术，实现因材施教，引领学生进行有效的实践活动。此外，教师还应根据学生的学习需求和发展特点定制个性化的教学策略，帮助学生找到最适合自己的学习路径和实践方式。

5. 营造良好的学习氛围

良好的学习氛围对实践育人的影响深远，它可以激发学生的积极性，引导他们投入实践活动。学校和学院在营造这样的学习环境时，需要在几个层面做出努力：一是构建积极、开放、包容的校园文化。这种文化能鼓励学生挑战自我，敢于尝试，积极面对困难和挫折。这样的文化环境可以让学生在自我实践的过程中，更好地理解和掌握知识，提升技能，增强自信，从而真正实现从学习到能力的转化。二是学校和学院需要通过举办多元化的活动，提供多样化的实践平台，让学生有机会把所学应用到实际情境中。这些活动和平台可以是竞赛、实验、研究项目，也可以是社团活动、社区服务等。不仅如此，这些实践活动还应该尽可能地覆盖到每个学生，每个学生都能找到适合自己的实践机会。三是发挥教师角色在营造良好学习氛围中的重要作用。教师不仅是知识的传播者，更是学生学习的引导者和助推者。他们需要通过互动式教学，激发学生的学习兴趣，帮助他们找到学习的乐趣。同时，教师还需要对学生的学习和实践进行适时的反馈和指导，帮助他们明确自己的长处和不足，明确进步的方向。四是有效的激励机制也是营造良好学习氛围的关键。学校和学院可以通过设立奖学金、实践基金，为优秀的实践项目和成果提供奖励。而对于实践过程，也应该有一个公正、公开、公平的评价体系，这样可以让学生看到自己的努力得到了肯定，从而进一步激发他们的实践热情。

（二）打造实践育人校本特色

打造实践育人校本特色是推进实践育人工作的重要环节，也是实践育人工作向更高水平发展的关键驱动力。校本特色不仅体现在教育理念、教育目标、教育内容和教育方法等方面，更体现在校本实践教育活动的组织和管理中，如校本实践课程设置、校本实践基地建设、校本实践活动组织、校本实践教育评价等方面。

在实践课程设置方面，可以结合学校的特色和优势，设计出具有独特魅力和吸引力的实践课程，如校本创新实验、校本创新工作坊、校本实践工程等。这些课程可以帮助学生理解和掌握理论知识，提升实践能力、培养创新精神和创新能力；在实践基地建设方面，可以利用学校的资源优势，建立起一批校本实践基地，如校本实验室、校本实习工厂、校本实践农场等。这些基地可以为学生提供丰富的实践机会，让他们在实践中感受到乐趣，提升自我价值感；在实践活动组织方面，可以根据学生的兴趣和需求，举办一系列有趣的校本实践活动，如校本科技竞赛、校本实践节、校本实践论坛等。这些活动可以激发学生的实践热情，培养他们的团队协作能力和领导力；在实践教育评价方面，可以建立起符合学校特色和教育理念的校本实践教育评价体系，如校本实践课程考评、校本实践活动评价、校本实践成果评价等。这种评价体系可以让学生看到自己的努力得到了肯定，从而进一步激发他们的实践热情。

（三）创建地域特色实践育人项目

创建地域特色实践育人项目，涉及将地域特色资源和教育实践相结合，形成一种充分展示地域特色，同时又能够锻炼学生实践能力，提升学生综合素质的教育实践模式。这种模式主要包括以下几个方面：地域资源开发、地域问题研究、地域文化传承、地域社会服务等（如图4-10）。

地域资源开发

地域问题研究

地域文化传承

地域社会服务

图4-10 创建地域特色实践育人项目

1. 地域资源开发

地域资源开发是地域特色实践育人项目的一个重要组成部分，它依托地域内丰富的自然和社会资源，构建实践性的学习环境，旨在帮助学生提升实践技能，增进理论知识与实际工作的结合，深化对专业知识的理解，并培养创新精神和团队合作能力。地理学专业的学生在对地域资源开发的实践过程中，可以深入进行地形地貌调查，将所学的地理知识与实地考察相结合，从而更好地理解和掌握地理学的理论知识和实践技能。例如，他们可以进行地质地貌的实地测量，通过收集、整理、分析地貌数据，提升自己的数据处理能力和空间分析能力。同时，也可以通过对地貌形成过程的实地考察，加深对地理学理论的理解；生物学专业的学生也可以在地域资源开发的实践项目中，进行动植物资源的调查研究。他们可以进行田间实地考察，收集并鉴定动植物样本，进一步提高鉴定和分析能力。这种实践活动可以让学生了解并熟悉生物资源的丰富性，也有助于培养学生的科研能力和环保意识；对于工程学专业的学生，地域资源开发的实践项目则提供了一个极好的机会，让他们在实际的地质环境中进行地质资源勘察。他们可以利用专业设备和工具进行地质构造、矿产资源等方面的实地测量和分析，从而提升他们的实践操作能力、培养他们解决实际问题的能力，也可以加深他们对地质学理论知识的理解和运用。

2. 地域问题研究

地域特色实践育人项目可以围绕地域的实际问题，让学生通过调查研究，提出解决问题的策略和方案，从而锻炼他们分析问题和解决问题的能力。以环境科学专业为例，学生可以选择对地域环境污染进行调查研究。这类实践项目使得学生有机会直接接触和了解现实生活中的环境问题，如水源污染、空气污染、噪声污染等。他们可以学习并掌握相应的采样、检测和分析技术，甚至需要利用统计分析、GIS等工具，对采集的数据进行深入挖掘和研究。通过这个过程，学生可以将理论知识应用于实际问题的解决，锻炼自己的实践技能和科研能力。社会学专业的学生在地域问题研究中，可能更关注社区发展、人口老龄化、社区治安等社会问题。他们需要通过访谈、问卷调查、观察等方法收集数据，然后使用社会学理论对收集到的数据进行分析，最后可能需要提出解决社区问题的具体策略。这个过程不仅可以提升学生的社会研究技能，也有助于培养学生的批判思维和创新思维。对于经济学专业的学生，他们在进行地域问题研究时，可能更关注当地的经济发展问题，如产业升级、就业压力、地区经济差异等。这需要他们掌握并应用一系列经济理论和经济分析方法，这对于他们理论知识的掌握和应用都是极好的实践机会。

3. 地域文化传承

地域特色实践育人项目可以通过让学生参与地域文化的保护和传承活动，增强他们的文化自觉和文化自信。对于历史学专业的学生而言，他们可以利用这个机会进行深入的地域历史文化研究，包括地方历史事件的研究、地方文物的挖掘和保护、地方历史人物的研究等。这不仅使他们能够更好地理解和把握历史的脉络，也使他们有机会实际参与文化保护行动，增强他们的历史意识和文化自觉。艺术学专业的学生则可以进行地域艺术文化的调查和研究，包括地方艺术形式的调查、地方艺术风格的研究、地方艺术传统的传承等。通过参与这样的实践活动，他们可以更深入地理解和掌握艺术的创作技巧和表现手法，同时也可以进一步增强他们的艺术审美能力和创新能力。对于语言学专业的学生，他们可以通过对地域语言文化的调查和研究，更好地理解语言和文化的内在联系，提升他们的语言研究能力和跨文化交际能力。他们可以深入了解地方方言的发展历程、变化规律和社会功能，甚至可以参与方言保护和传承的活动，这对他们的语言学学术研究和实践活动都有着重要的推动作用。

4. 地域社会服务

地域特色实践育人项目可以通过让学生参与地域社会服务活动，培养他们的社会责任感和服务意识。通过亲身参与服务活动，学生不仅能够了解和体验社会工作的实际情况，更能在亲自解决问题和服务社区的过程中，提升自己的实践能力和社会责任感。例如，医学专业的学生可以参与地域公共卫生服务，如预防和控制疾病的宣传教育、健康知识的普及和推广、社区卫生服务的提供等。这不仅能够帮助他们更好地理解和应用医学知识，同时也有助于培养他们的医德医风和服务意识，为未来的医学职业生涯打下坚实的基础。对于教育学专业的学生，他们可以通过参与地域教育服务，如支教活动、教育资源的整合和优化、教育政策的研究和建议等，提高教育理论与实践的结合能力，增强教育责任感和教育热情。法学专业的学生则可以参与地域法律服务，如法律咨询、法律宣传教育、法律援助等，这既能增强他们的法律实践能力，同时也可以培养他们的法律职业道德和法律服务精神。

通过以上几种方式，地域特色实践育人项目能够充分利用地域特色资源，进行针对性的实践教育活动，让学生在实践中增强专业技能，提升综合素质，形成具有地域特色的实践育人模式。同时，地域特色实践育人项目也能够为地域的发展做出贡献，成为地域和学校共同发展的重要载体。

四、探索与时俱进的实践育人新路径

互联网是将实践育人生动化的重要途径，它是当前大学生群体成长的伴侣。这一群体被称为"网络新生代"，他们的生活、学习行为以及思维方式等都深受互联网的影响。因此，高校需要紧跟时代脚步，把握机遇，推动"互联网+实践育人"的改革创新，以使实践育人与网络育人有效结合，探索实践育人的新模式，提升实践育人的网络化程度。

一方面，可以利用网络大数据来跟踪实践育人的新趋势。大数据的应用可以为高校提高实践育人的效果提供科学工具。高校可以使用网络调查问卷、网络行为数据等大数据手段来对大学生的思想动态、实践需求、学习态度、关注热点等现实情况进行系统的数据采集，并建立实践育人发展现状的滚动调查数据库。通过对数据的动态观测与综合分析，可以把握未来实践育人的发展趋势，并根据大学生的现实需求，开办他们喜欢的实践活动，以此来优化实践育人的结构，从而提升实践育人从顶层设计到底层管理的科学性，最终达到良好的育人效果。

另一方面，可以汇集教育资源，构建网络实践教学平台。互联网为实践教学的改革创新提供了新机会。高校应借助互联网技术对传统线下实践教学进行改革创新，推动智慧校园建设，构建资源、教学、实践为一体的网络教学平台。在这样的平台上，高校可以汇聚校内外优秀教育资源，以实践教学案例、视频资源库、实践成果展示、我要实践学习等内容进行模块化专区展示。此外，高校应在网络平台上设立线上实践教学通道，引入线上直播课或慕课资源，形成课程内容与实践活动一体化的线上教学模式。

高校还可以利用微媒体建立网络实践育人的"微"平台、微媒体，如微博、微信、QQ等。这些"微"平台以其时效性、交互性和便捷性等特点迅速占领实践育人网络空间，高校应抓住微媒体这一利器，融入学生生活的"微"时间，进一步开发实践育人网络新资源。高校还要顺应互联网发展新趋势，利用当前流行的"抖音""快手"等"网红"短视频平台进行实践育人工作。通过打造健康的实践教育内容，运用粉丝运营、定位投送等短视频优势，可以帮助大学生过滤无效信息，引导他们关注正能量的短视频内容，打造良好的短视频内容生态。互联网的发展日新月异，高校应继续努力，将传统实践育人的优势与前沿技术结合起来，打造立体化的实践育人网络新格局。

五、建立全员参与的实践育人协同机制

实践育人的高校协同机制是由学校内外部分合作形成的，共享发展，集中内外部实践育人资源，产生育人的联合效应，创建学校内部部门之间和学校与外部力量之间的有机体系。这种协同机制有助于增强实践育人的发展动力。因此，高校需要将建立科学而有效的协同机制作为深化实践育人创新发展的主导方向，从部门联动、资源整合和构建实践育人共同体这三个层次来探索实践育人合力机制发展的新路径（如图4-11）。

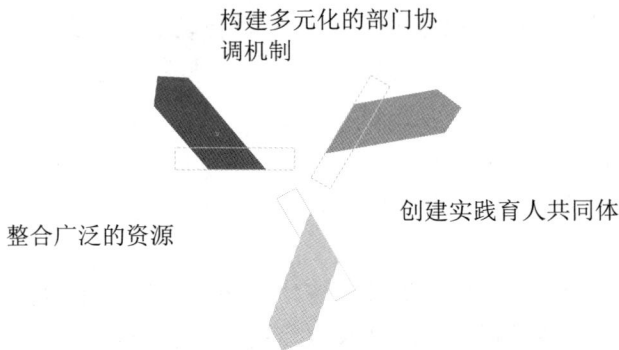

构建多元化的部门协调机制

整合广泛的资源

创建实践育人共同体

图4-11　建立全员参与的实践育人协同机制

（一）构建多元化的部门协调机制

从当前高校实践育人的发展形势来看，各个部门之间还没有形成有效的联动，导致在实施实际工作时，沟通不畅、协调不到位，这最终使实践育人的效果大打折扣。因此，高校需要从实践育人的顶层设计出发，加强各部门在合作过程中的交流和沟通，从校内外两个层面入手，建立多元化的部门协调机制。一方面，要建立校内部门联动机制。高校应成立由学校党委统一领导，由学生处、校团委、院团委、教务处、宣传部、后勤部、财务处等各级部门联合组成的实践育人工作小组，统筹实践育人的具体工作安排，并实施分工责任制、联动会议制、部门考评制等具体工作制度，营造校内部门之间的良好工作氛围和环境。另一方面，要建立校外部门联动机制。高校应在学校实践育人工作小组内专设岗位负责与外部力量的沟通协调，建立与政府、企业、社会等多元参与力量的沟通平台，建立日常交流机制，保持稳定的合

作关系。

高校还应对接外部力量，构建多元化的实践平台，例如与政府相关部门对接，建立爱国教育基地、思想政治理论课实践教学基地等；与大型企业对接，建设实习实训基地、创新创业实践基地；与社会公益组织对接，建立志愿服务基地；与研究所对接，建立科研教学基地；与社区、乡镇对接，建立劳动教育基地、社会实践基地等。最终以实践平台为依托，建立各部门的常态化联络机制，推动形成同心圆式协同育人新格局。

（二）整合广泛的资源

高校实践育人的优化策略绝不仅限于校园的范畴，其独特性和全面性要求我们集结各方力量，整合广泛的资源，确保教育效果最大化推动政府、学校、地方和企业的资源一体化，以实现育人资源的优化配置和育人合力的增强。

就学校内部资源而言，人力、财力、物力是实践教育的三大基石。有效的统筹意味着将有限的资源投入最具价值的实践教育活动，为学生的发展提供有力的保障。而第一课堂、第二课堂、第三课堂构成了实践教育的广阔空间。在这些课堂中，学生能够全面参与，得到全方位的提升。政府、企业和社会等学校外部资源可谓孕育了丰富的实践教育资源。如何更好地利用这些资源将是提升实践育人效果的关键。一方面，高校可以与地方、企业、研究所、其他学校等建立深度合作，借助他们的力量，丰富实践育人的内容和形式。如通过企业合作，学生可以在实践中理解和掌握行业专业知识，增强自身的竞争力。与地方合作，可以让学生更好地理解社区和社会，培养他们的社会责任感。另一方面，高校还可以通过整合实践教学类、军事训练类、社会实践类、主题教育类、创新创业类等全方位的资源，不断丰富实践育人的内容和形式。例如，通过组织各种主题的教育活动，提升学生的社会责任感和公民素质。通过提供创新创业的机会，培养学生的创新精神和创业能力。

无论是内部还是外部的资源整合，其核心目标都是提升实践育人的工作效果，为学生的全面发展提供更强大的支持。这种资源整合不仅能提高教育的效率，还能让学生在更丰富、更多元的环境中，更好地实践和锻炼自己，为未来的社会生活做好充分的准备。

（三）创建实践育人共同体

高校实践育人共同体是围绕加强和改革高校实践教学，有效提升大学生社会责任感和实践能力所形成的各方面力量共同参与、共同发挥作用的结合体，是政府、学校、企业、社会各方面力量按照目标共同、机制共建、资源共享、责任共担原则建立的实践育人共同体。[1]自 2014 年教育部、共青团中央联合提出实施"实践育人共同体建设计划"，到 2020 年 4 月教育部等 8 部门联合发文进一步明确要求推动构建实践育人共同体以来，实践育人共同体构建已经逐渐得到广泛的认可和重视，并进入实践探索的新阶段。[2]近年来，各地的高校积极响应这一倡议，高度重视"实践育人共同体"的构建，努力使其成为实践育人改革创新的重要工具。

政府需要重视实践育人工作，加强顶层设计，从完善政策法规、增加资金支持、建设共享平台等方面推动实践育人工作的开展，发挥好导向作用；高校则要坚持实践育人的主导地位，通过更新观念、创新方法、完善机制等提高实践育人的工作质量，努力完成培养全面发展的大学生的育人使命；城市社区、农村乡镇、爱国主义教育基地、企事业单位、军队、社会服务机构等都应主动承担实践育人的责任，积极加强与高校的合作交流，共同构建各种形式的社会实践基地和平台，为大学生提供更多的实践和就业机会。新闻媒体也需要加大对实践育人工作的宣传力度，深入挖掘和报道高校实践育人的先进案例和事迹，引导公众关注实践育人，为新时代深化高校实践育人工作创造良好的舆论环境。在实践育人共同体中，政府、企业、社会和高校各方力量互相依赖、互相依存，形成一个统一的整体，纵向互通，横向联动，共同构建新时代实践育人的新模式。

〔1〕 李姣：《实践育人共同体：高校社会主义核心价值观教育的重要载体》，载《教育教学论坛》2019 年第 44 期，第 29~30 页。

〔2〕 胡霞、陆旦宏：《双创时代下高校实践育人共同体构建研究》，载《大众标准化》2020 年第 20 期，第 211~212 页。

第五章

高校实践育人与职业生涯规划教育的整合

第一节 高校实践育人与职业生涯规划教育的内在联系

高校实践育人与职业生涯规划教育在理念和实践等许多方面有着深刻的交融和互补，共同为学生的全面发展提供重要的理论支撑和实践路径。实践育人强调学生在实际环境中的学习和发展，着重于培养他们的实践能力和创新思维，而职业生涯规划教育则帮助学生发现自我、明确目标，为他们的未来职业生涯提供方向。下面，笔者将详细阐述这两者的内在联系，以期为学生的成长和发展提供更多可能性。

一、高校实践育人理念与职业生涯规划教育的理论交融

高校实践育人理念与职业生涯规划教育的理论交融主要体现在教育目标的一致性和教育内容的一致性两个方面。

（一）教育目标的一致性

在深入理解高校实践育人理念与职业生涯规划教育的理论交融时，教育目标的一致性成了一项核心考虑。两者的目标都着眼于推动学生的全面发展，尤其是提升他们的实践能力、创新能力和社会适应能力。另一方面，两者都倡导通过学习和实践让学生探索和发现自我，明确自己的职业目标，并最终形成一种终身学习和自我发展的能力。

高校实践育人主张通过实践活动激发学生的学习兴趣，以此为基础，培养学生的创新思维和问题解决能力。通过参与实际操作，学生能够直接接触到知识的应用，理解知识的来源和应用的环境，使他们的学习更加深入和具体。实践活动为学生提供了一个实际操作的平台，使他们能够将所学知识转

化为实际的技能和经验。在实践中，学生可以发现自己的长处和短处，了解自己的兴趣和热情，从而更清晰地规划自己的职业生涯。职业生涯规划教育则强调学生应根据自己的兴趣和能力，以及对未来的期望，明确自己的职业目标，然后制定并执行达成目标的策略。它强调通过实际的工作和实习经验，让学生对职业有更深入的理解，使他们能够理解自己的兴趣、能力和价值观。此外，职业生涯规划教育也鼓励学生反思自己的行为和决策，从而提高他们的自我认知和自我调整能力。从这个角度来看，高校实践育人和职业生涯规划教育的目标是一致的。他们都倡导通过实践活动提高学生的实践能力和创新能力，帮助他们发现和理解自己的兴趣和能力，使他们能够明确自己的职业目标，并培养他们的自我认知和自我调整能力。在这个过程中，两者都强调学生的主体性和积极性，都致力于激发学生的学习兴趣，提高他们的学习动力。所以，他们的教育目标可以说是一致的。

这种教育目标的一致性也决定了两者在教育实践上的交融。在实际操作中，两者的目标都是通过实践活动提高学生的实践能力和创新能力，帮助他们发现和理解自己的兴趣和能力，使他们能够明确自己的职业目标，并培养他们的自我认知和自我调整能力。而在实践活动的设计和组织上，他们都强调从学生的需要出发，考虑学生的兴趣和能力，以及他们的学习目标和期望。因此，他们的教育实践都倾向于以学生为中心，强调学生的主体性和积极性，致力于激发学生的学习兴趣，提高他们的学习动力。可以说，高校实践育人和职业生涯规划教育在教育目标上的一致性为两者的理论交融提供了可能。这种一致性也为两者在教育实践上的交融提供了可能。在今后的高校教育实践中，这种一致性将成为推动高校教育改革和提高教育质量的重要力量。

（二）教育内容的一致性

教育内容的一致性是高校实践育人理念与职业生涯规划教育理论交融的另一个重要因素。具体来说，这种一致性表现在三个方面：理论知识的学习、实践技能的培养以及自我发展能力的提升（如图5-1）。

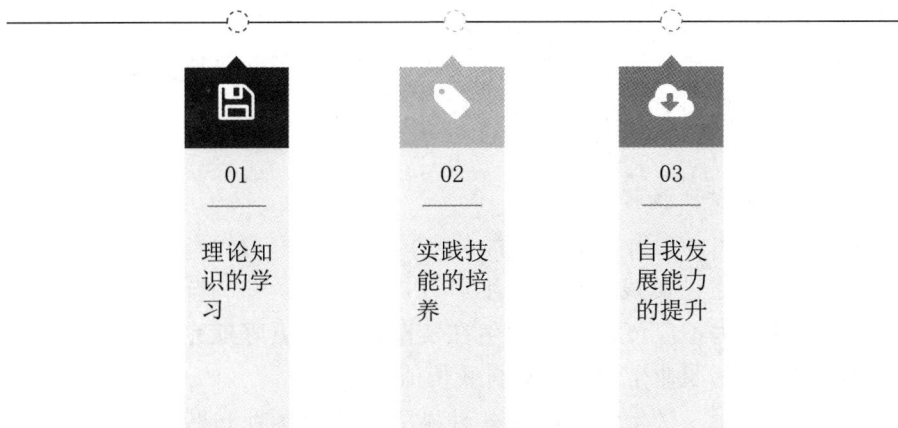

图 5-1　教育内容的一致性

1. 理论知识的学习

高校实践育人与职业生涯规划教育在理论知识的学习上都强调跨学科和综合性的知识体系。实践育人注重理论知识的学习，并且强调将这些知识运用到实践之中。学生通过实践活动，把所学理论知识具体化、实践化，从而加深对知识的理解，提升对知识的运用能力。这种教学方式，不仅可以提升学生的学习效果，还可以帮助学生建立理论与实践的内在联系，提升他们的实践能力。职业生涯规划教育也注重理论知识的学习。不同于传统的学科教育，它强调多元视角的知识学习。这既包括专业技术知识，也包括广泛的社会科学知识，如心理学、社会学、经济学、管理学等。这些知识可以帮助学生理解社会的复杂性，提升他们的社会理解能力，从而更好地作出职业决策。

2. 实践技能的培养

实践技能的培养是实践育人与职业生涯规划教育的另一个重要焦点。他们都认识到，实践技能对于学生的职业生涯具有决定性的影响。这种理解并不只是关注个别技能的培养，而是追求全方位的、综合性的技能培养，以提升学生的整体素质。实践育人注重实践技能的培养，并且强调将这些技能运用到实践之中。学生通过实践活动，把所学技能具体化、实践化，从而加深对技能的理解，提升对技能的运用能力。这种教学方式不仅可以提升学生的学习效果，还可以帮助学生建立技能与实践的内在联系，提升他们的实践能力。职业生涯规划教育也注重实践技能的培养。不同于传统的技能教育，它强调全方位的技能培养。这既包括专业技术技能，也包括广泛的社会生活技能，如沟通技能、团队协作技能、解决问题技能等。这些技能可以帮助学生在未来的职业生涯中更好地适应工作环境、完成工作任务，帮助他们面对未来的职业挑战。

3. 自我发展能力的提升

自我发展能力的提升，是实践育人与职业生涯规划教育共同关注的领域。在实践育人中，通过实践活动，学生可以提升自我认知、自我驱动和自我调节能力。这些能力不仅可以帮助学生在实践活动中更好地完成任务，也可以帮助他们在未来的职业生涯中实现自我价值。

在实践活动中，学生需要面对各种挑战、解决各种问题，这就需要他们有自我认知的能力，知道自己的优点和缺点，知道自己的兴趣和热情，从而作出最符合自己的选择。同时，学生还需要有自我驱动的能力，这种能力可以帮助他们在面对困难时不放弃，始终保持积极的态度，追求目标。此外，学生还需要有自我调节的能力，这种能力可以帮助他们在面对挫折时调整自己的情绪，重新找到前进的动力。职业生涯规划教育也注重自我发展能力的提升。在职业生涯规划活动中，学生需要进行自我理解、自我决策和自我实现。这些活动可以帮助学生更好地理解自己的职业兴趣、职业能力和职业价值，从而作出符合自己发展需要的职业决策。这些活动也可以帮助学生实现自我价值，提升自我满足感，从而增强他们的职业幸福感。

总之，教育内容的一致性为实践育人与职业生涯规划教育的融合提供了基础。通过共享教育内容，他们可以共同推动学生的全面发展，提升学生的实践能力和职业能力，培养学生的自我发展能力。在这个过程中，他们可以相互借鉴、相互补充，形成一种协同的教育模式。教育内容的一致性也为实践育人与职业生涯规划教育的合作提供了可能性。他们可以共享教育资源，如教材、案例、实践平台等，也可以共享教育方法，如项目学习、实践教学、情景模拟等。通过这种方式，他们可以共同打造一种综合性的教育环境，满足学生的多元学习需求，提高教育的效果和质量。

二、实践育人模式在职业生涯规划中的应用

实践育人模式强调的是通过学生参与实践活动，以提升其实践能力和解决问题的能力，使其更好地理解理论知识，并且在实践中发现问题、提出问

题、解决问题。实践育人模式在职业生涯规划中的具体应用如图 5-2 所示：

图 5-2　实践育人模式在职业生涯规划中的应用

（一）对学生职业兴趣的引导

实践育人模式的推行为学生提供了宝贵的机会去参与各种实践活动，尝试不同类型的工作，从而开启他们发掘自我兴趣、寻找最适合自己的职业路径的旅程。这种方式不仅体现了对学生个体发展的尊重，也成了他们进行职业生涯规划的重要途径。

实践育人模式将学生置入真实的工作场景，让他们参与真实的工作任务，进行实际的工作操作。在这一过程中，学生有机会触摸到职业的真实面貌，体验到工作的快乐与挑战，了解各类工作的性质和要求。这样的实践经历让学生有了更深入、更直观的了解，从而有助于他们发现自己的职业兴趣，找到自己的职业定位。实践活动不仅让学生有了更深入的认知，也为他们提供了自我发展的平台。在实践中，学生可以尝试运用自己的知识和技能，挑战自己的潜力和限制，发现自己的优势和不足。这种自我发展的过程对于学生来说是一种自我认知、自我实现的过程。在这一过程中，学生可以发现自己对什么样的工作最有热情、什么样的工作最适合自己。

实践育人模式的运用也使得职业生涯规划教育更加接地气，更加符合学生的实际需求。通过参与实践活动，学生不仅可以提前了解各种职业，还可以对未来的职业生涯有更明确的定位和规划。这是因为实践活动让学生有了实际的体验和感知，让他们对自己的职业兴趣和职业选择有了更深入的理解和把握。这样的理解和把握无疑是他们进行职业生涯规划的重要依据。实践育人模式对学生职业兴趣的引导体现了教育的人性化、个性化和实践性特征。通过实践活动，学生可以从实际出发，发现自己的职业兴趣，找到最适合自己的职业。这种方式让职业生涯规划教育更加贴近学生的实际，更加符合学生的需求，也更加符合社会的期待。因此，实践育人模式的推行无疑为职业生涯规划教育开辟了新的路径，也为学生的职业生涯规划提供了新的机会。这是教育改革的重要成果，也是教育发展的重要趋势。

（二）对学生职业技能的培养

实践育人模式对于学生职业技能的培养具有不可替代的作用。通过实践活动，学生有机会亲身体验，直接操作，从做中学，从实践中提升。这是一种非常有效的学习方式，因为它让学生有了实际的感知，让他们有了直观的体验，让他们能够深入理解和掌握职业技能。这种学习方式，既符合学生的学习需求，也符合职业技能的培养规律。

实践活动可以使学生有机会接触实际的工作环境，了解到工作的实际需求，体验到工作的实际操作。这种接触和体验，对于学生来说，是一种非常重要的学习资源。因为，只有真正接触到工作、真正体验到工作，学生才能够深入理解职业技能，才能够真正掌握职业技能。这样的理解和掌握，对于他们的职业技能提升，无疑具有重要的意义。实践育人模式的运用对于学生的职业技能提升也具有积极的推动作用。通过参与实践活动，学生有机会运用自己的知识和技能，解决实际的问题，完成实际的任务。这种运用让他们有了真实的操作体验，让他们有了实际的能力锻炼。在这一过程中，他们的职业技能得到了提升，他们的工作能力得到了锻炼，他们的自我价值得到了实现。这种提升、锻炼和实现，对于他们的职业生涯规划，无疑具有重要的支持作用。

实践育人模式体现了教育的实用性和针对性。通过实践活动学生可以针对性地提升自己的职业技能，可以有针对性地解决实际的问题。这种针对性的提升和解决，可以让他们在学习中看到自己的成长，看到自己的进步。这样的成长和进步不仅可以增强他们的自信心，也可以增强他们的学习动力。因此，实践育人模式的推行无疑为学生的职业技能提升开辟了新的道路，也为他们的职业生涯规划提供了新的支持。实践育人模式的推行不仅让学生有了更深入的职业技能学习，也让他们有了更广泛的职业生涯规划。这是因为实践活动让学生有了实际的操作体验，让他们对自己的职业技能有了更深入的理解和把握。这样的理解和把握，无疑是他们进行职业生涯规划的重要依据。因此，实践育人模式的运用无疑为学生的职业生涯规划提供了新的机会，也为他们的职业技能提升提供了新的支持。这是教育改革的重要成果，也是教育发展的重要趋势。

（三）对学生职业网络的建立

在当今这个社会里，拥有一个强大的职业网络能够在很大程度上帮助我们拓宽职业视野，开发新的职业机会，获取职业资源。实践育人模式正是通过提供丰富的实践机会，让学生有机会接触各种职业人群，建立和发展自己的职业网络。

在参与实践活动的过程中，学生不仅能够了解到不同职业的特点，更能够直接接触这些职业中的工作人员。这些工作人员的经验、见解和建议对于学生来说都是非常宝贵的资源。通过与这些人的交流，学生可以从他们身上学到很多无法从课堂上获得的知识和技能。同时，他们也有可能在这些人中发现自己的导师、榜样，甚至未来的合作伙伴。这些人会成为他们职业生涯中的重要人脉，对他们的职业生涯产生深远的影响。实践育人模式还能够让学生了解到社会的复杂性和多元性。通过实践活动，学生会接触到社会的各个方面，了解到各种各样的人和事。这种接触和了解将极大地拓宽他们的视野，提升他们的社会理解能力。在这个过程中，他们也有可能发现自己的新的兴趣、新的方向，从而为他们的职业生涯规划提供新的思路。

实践育人模式通过各种方式为学生提供了建立职业网络的机会。这个模式鼓励学生主动参与社会，积极互动，不断扩大人脉。这种人脉的扩大无疑为他们的职业生涯提供了丰富的资源，也为他们的职业生涯规划提供了有力的支持。实践育人模式的这一特点，使得学生在培养职业技能的同时，也能够积累丰富社会资源，从而更好地规划和发展自己的职业生涯。

（四）对学生职业道德的培养

职业道德是每一个职业人员都需要遵守的行为规范，它是评价一个人是否能够胜任其工作，是否能够在职业社会中取得成功的重要指标。实践育人模式倡导通过实践活动，让学生理解和掌握职业道德，提升他们的职业素养。这种模式认为，职业道德不是空洞的概念，不是抽象的规定，而是具体的行为，是每一个职业人员在工作中应当遵循的行为规范。因此，只有通过实践，学生才能真正理解职业道德、才能真正掌握职业道德。

在实践活动中，学生有机会接触到各种真实的职业情境，有机会亲身体验职业道德的重要性。他们可以看到，只有遵守职业道德才能在工作中取得成功，才能获得他人的尊重和认可。这种体验使他们深刻理解到职业道德的价值，使他们真正认识到职业道德的重要性。实践活动还可以帮助学生提升他们的职业道德。在实践中，学生需要按照职业规范进行操作，需要遵守各种职业规定，需要尊重他人，需要负责任。这种经验，使他们深入理解到职业道德的内涵，使他们形成正确的职业道德观。这种道德观，将会对他们的职业生涯产生深远影响，将会成为他们职业生涯中的重要指导。实践育人模式还强调对学生职业道德的持续培养。其认为，职业道德不是一次性的学习，而是需要在持续的实践中不断提升，需要在实际的工作中不断完善。因此，这种模式提供了丰富的实践机会，让学生有机会在实际的工作中学习职业道德，有机会在实际的工作中提升职业道德。这种方式使他们在培养职业技能的同时也能够培养良好的职业道德，也能够为他们的职业生涯规划提供有力的支持。

第二节　职业生涯规划教育在高校实践育人中的作用

职业生涯规划教育作为高校教育的重要组成部分越来越被教育者和学习者所重视。这种教育模式不仅针对学生的学术追求，更是深入到学生的个人发展和职业规划层面。实践育人作为一种高效的教育模式，旨在通过实践来培养学生的综合素质。这两者的交融，使职业生涯规划教育在高校实践育人中起到了不可忽视的作用。职业生涯规划教育在高校实践育人中的作用具体体现在以下几个方面：

一、引导学生设定职业发展目标

职业生涯规划教育在高校实践育人中的一个重要作用就是引导学生设定职业发展目标。通过系统的教育和培训，职业生涯规划教育帮助学生建立正确的职业观，清晰地认识自己的长处和短处，理解自己的兴趣和价值取向，从而设定符合自己实际的职业发展目标。

职业生涯规划教育首先通过职业测评、职业咨询等方式帮助学生了解自己的能力、兴趣和价值观，进一步明确职业目标。然后，教育者引导学生根据自己的职业目标制定详细的职业发展计划，包括所需学习的课程、获取的技能、进行的实践活动等。这种过程不仅让学生明确自己的职业发展方向，还鼓励他们根据自己的职业目标积极参与实践活动，提升自己的职业技能，为未来的职业生涯做好充分的准备。职业生涯规划教育还会根据学生的职业目标，提供一系列的教育和培训活动，如职业技能训练、职业素质提升、职业生涯规划讲座等，帮助学生提升职业素养、增强职业竞争力。这种职业生涯规划教育和实践育人的结合，使学生在参与实践活动的同时，有针对性地提升自己的职业能力，更好地实现自己的职业发展目标。

二、培养学生职业决策力

在面临全球化、信息化的社会环境下，职业决策能力对于当代大学生来说显得越发重要。职业决策不仅涉及选择何种职业，也关乎如何设定职业发展的路径、如何应对职业生涯中的挑战和困难等。具备良好的职业决策能力，可以帮助学生清晰地认识自己的职业兴趣、优势和价值观，合理规划职业路径，以积极的态度面对职业生涯中的变化，最终实现自我价值。职业生涯规划教育对于培养学生的职业决策能力起到了至关重要的作用。它通过提供职业信息、指导职业探索、提供实践机会、培养决策技巧等多种方式（如图5-3），有力地推动了学生职业决策能力的提升，为学生的未来职业生涯做出了重要的引导和准备。

提供职业信息　　提供实践机会

指导职业探索　　培养决策技巧

图5-3　培养学生职业决策力

（一）提供职业信息

对于学生来说，获得全面、准确的职业信息无疑是他们规划职业生涯的第一步。因为只有了解到存在哪些职业，他们才能进一步了解每种职业的具体特性，如工作内容、职业要求、发展前景等，从而根据自身的兴趣和能力做出适合自己的选择。职业信息包括但不限于职业类型、职业职责、职业要求、职业发展路径、行业趋势等。对于每一种职业，有许多具体的信息需要了解。例如，学生可能需要知道一种职业需要哪些专业技能、是否需要进一步的教育或培训、工作环境如何、工作压力大小、薪酬待遇如何、晋升机会如何等等，这些都是学生选择职业时必须考虑的因素。

职业信息的获取有很多途径。传统的途径包括阅读书籍、报告、统计数据等，这些可以提供广泛的职业信息。但是，互联网和社交媒体提供了更直接、更实时的信息来源。例如，许多职业人士在社交媒体上分享他们的工作经验，学生可以从他们的分享中获得一手职业信息。此外，职业生涯规划课程、职业咨询服务、实习机会、行业研讨会等都是获取职业信息的重要途径。获取到职业信息后，学生需要进行比较和分析。他们可以对比不同职业的优缺点，评估自己的兴趣和能力是否与某一职业相匹配。这一步骤尤其重要，因为它有助于学生理性地看待职业选择，避免盲目跟风或受他人影响。学生也应该意识到，职业信息并不是一成不变的。随着社会的发展和技术的进步，新的职业不断出现，旧的职业可能发生改变或逐渐消失。因此，学生需要保持对职业信息的持续关注，不断更新他们的职业知识。

（二）指导职业探索

职业生涯规划教育能够提供一套理论框架和工具，帮助学生更好地了解自己的兴趣、优势和短板，更全面地理解不同职业的要求和条件，从而作出最适合自己的职业选择。这种探索过程是持续的，伴随着学生在学习和实践中不断积累经验，对自己和职业的认知会不断深化。在这个过程中，学生需要在广泛的职业信息中筛选和评估，找出那些最可能符合自己兴趣和能力的职业。这需要学生具备辨别和评估信息的能力，包括批判性思维和决策能力。教育工作者可以通过开展各种活动和讨论，引导学生提高这些能力。实际的工作体验也是职业探索的重要环节。虽然书本和网络上的信息可以让学生对职业有一定的了解，但是亲自参与工作，亲身体验工作环境和工作压力，可以让学生对职业有更深入、更真实的感受。这种体验可以来自实习、志愿者服务、项目参与等各种形式。通过这些实践活动，学生可以了解工作的真实面貌，也可以检验自己的能力和兴趣是否与所选职业匹配。

在职业探索过程中，学生可能会遇到各种困惑和挑战，例如不确定自己的兴趣和能力、不了解职业的实际要求、不清楚自己应该如何选择等等。在这种情况下，职业生涯规划教育应该提供及时的指导和支持，帮助学生解决这些问题。这可能包括一对一的咨询服务、职业发展课程、职业规划讲座等。

（三）提供实践机会

职业生涯规划教育通过提供各种实践机会，让学生能够在实际操作中提升自己的职业技能、提高自身的竞争力，同时也帮助学生全面了解职业，为自己的职业选择提供依据。只有通过实践学生才能真正理解职业，找到真正适合自己的工作，实现职业生涯的成功。实践机会主要包括实习、参与项目、参加社团活动等。这些机会的提供让学生能够获得第一手的职业信息，全面了解自己感兴趣的职业的工作环境、工作内容、工作流程等。这对学生做出职业选择，规划职业发展有着重要意义。

实习是一种最直接的实践方式，它可以让学生深入实际工作环境，全面了解工作的各个方面。通过实习，学生可以接触真实的工作情况，了解所学专业知识在实际工作中的应用，以及了解不同职位、不同工作岗位的工作内容和要求。这对于他们了解自身对哪些工作内容感兴趣、对哪些工作内容能力更强具有非常重要的指导意义。参与项目是另一种常见的实践方式，它可以让学生在实际操作中提升自己的技能，同时也有机会学习到项目管理、团队协作等重要能力。通过参与项目，学生可以学习和锻炼到如何进行任务分配、如何协调团队成员、如何解决实际问题、如何管理时间和资源等实践能力。这些能力在未来的职业生涯中都会发挥重要作用。参加社团活动则可以让学生在轻松的环境中提升自己的能力，同时也可以扩展人脉，了解更多的职业信息。社团活动多种多样，涵盖了各个领域。通过参加社团活动，学生可以在做自己喜欢的事情的同时，锻炼自己的组织能力、协调能力、沟通能力等。

（四）培养决策技巧

一个正确的职业决策需要基于充分的信息，结合个人的情况，通过合理的思考和分析作出。这就需要教育者教给学生如何收集和分析信息，如何理解和评估自己的能力和兴趣，如何根据这些信息和评估制定出合理的职业发展计划。这是一个复杂的过程，需要有一定的技巧和方法。

职业信息的收集和分析是决策的基础。在职业生涯规划教育中，教育者需要教给学生如何获取职业信息，如何从这些信息中提取出对自己有用的内容。这包括如何找到和利用职业信息资源、如何理解和解读这些信息、如何根据这些信息对各种职业进行比较和选择。教育者还需要教给学生如何分析职业信息，如何从中找出自己的优势和弱点，如何确定自己的职业方向。对于个人情况的理解和评估也是决策的重要环节。在职业生涯规划教育中，教育者需要帮助学生了解和评估自己的能力、兴趣、价值观等。这包括如何识别和评估自己的技能，如何理解和发掘自己的兴趣，如何明确和坚持自己的价值观。通过对自己的理解和评估，学生可以找出自己的优势和不足，找出自己真正感兴趣和擅长的职业。

在理解了自己和职业信息后，学生需要学习如何制定职业发展计划。在职业生涯规划教育中，教育者需要教给学生如何根据自己的情况和职业信息制定出一份合理的职业发展计划。这包括如何设定职业目标，如何制定实现目标的策略和步骤，如何评估和调整计划。通过学习和掌握这些技巧，学生可以做出理智的、有利于自身发展的职业决策。

三、增强学生的自我认知和自我调整能力

职业生涯规划教育一个重要的目标就是增强学生的自我认知和自我调整能力，其旨在让学生更深入地理解自己，包括自己的兴趣、才能、个性、价值观等，从而更好地进行职业选择和规划。同时，也要增强学生的自我调整能力，面对不断变化的职业环境，能够及时调整自我，以达到个人发展的最优状态。

（一）增强自我认知能力

自我认知能力包括四个方面：第一，对自己及其状态的认知；第二，对自身肌体活动的认知；第三，对自我的能力、气质等心理特征和思维、意志、情感等心理活动的认知；第四，对自己和周围人与环境关系的认知，对自己人际关系的正确评价，对自己在集体中的地位和作用的判断。[1]对于大学生

---

〔1〕 蔡小葵：《基于自我认知能力提升的职业生涯规划模式研究》，载《湖南科技学院学报》2014年第12期，第170~172页。

来说，充足的自我认知是其职业生涯规划的基础。它可以帮助学生明确自身的职业目标，进一步制定出实现这一目标的行动计划（如图5-4）。

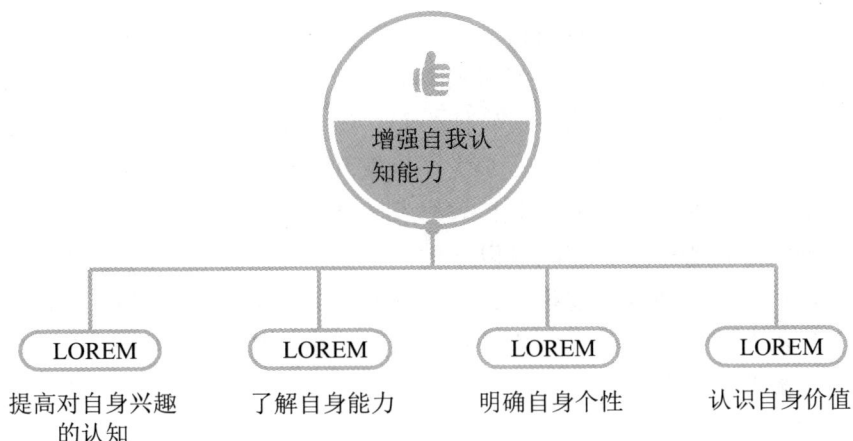

图 5-4　增强自我认知能力

1. 提高对自身兴趣的认知

兴趣，这个看似简单的词汇，在人的职业选择和发展过程中占据了至关重要的位置。从众多心理学研究中我们知道，一个人如果对自己的工作有兴趣，那么他将更有可能在工作中发挥出色，同时也会对工作充满热情，能够在困难面前坚持不懈。大学生处在人生的一个关键时期，他们的职业生涯即将开始，因此对自己兴趣的认知尤为重要。

教育者和辅导员可以通过多种方式来帮助学生提高对自身兴趣的认知。比如，在课堂教学中，教师可以引导学生探索不同学科领域，观察自己对哪些内容更感兴趣。在这个过程中，学生可能会发现自己对某些专业或课程有独特的热爱，这就为他们今后的职业选择提供了方向。此外，教育者还可以通过组织各种社团活动和实习项目等方式，让学生在实践中发现和追求自己的兴趣。例如，参加学术研究会、创新项目比赛或志愿者活动等，都可能激发学生的某种兴趣，从而影响他们的职业倾向。

2. 了解自身能力

每个人都有自己独特的能力，这些能力可能是固有的，也可能是通过学习和实践培养出来的。了解自身的能力，既包括对自己已经具备的能力的认知，也包括对需要进一步提升和发展的能力的认知。

大学生在学习过程中，需要时刻关注自己在各方面能力的发展。例如对于专业技能的掌握程度。学生可以通过参加各种实践活动来检验和提升。对于一些通用能力，如批判性思维、沟通技巧、团队协作能力等，学生也需要通过课堂讨论、团队项目等方式来培养和提升。此外，学生还需要了解自己的心理素质，比如抗压能力、适应能力等，这些也是决定职业成功的重要因素。在了解自身能力的过程中，学生可以发现自己的优势和不足，从而制定更有针对性的职业发展计划。对自我兴趣的认知和对自身能力的了解，是职业生涯规划的重要一环，它们可以帮助大学生更深入地了解自己，从而作出更好的职业选择。在这个过程中，教育者和辅导员的引导和帮助是不可或缺的。他们需要使用适当的教学方法和工具，帮助学生提升自我认知能力，从而让他们在职业生涯规划中取得成功。

3. 明确自身个性

个性是人的一种独特性，它体现在我们的思维方式、行为模式以及处理问题的习惯上。个性对于人的职业发展具有深远影响，它可以决定我们对于工作的态度，处理问题的方式，以及与他人的沟通交流。有些人天生就善于分析，善于逻辑思考，他们可能更适合科研或者技术类的工作，有些人则天生具有良好的人际交往能力，他们可能更适合公关或者销售类的工作。通过了解和明确自身的个性，学生们可以找到更适合自己的工作，从而在职业生涯中实现自我价值的最大化。

4. 认识自身价值观

价值观是人生观和世界观的重要组成部分，它影响着我们的行为和选择。每个人都有自己的价值观，这些价值观可能来源于我们的成长环境、教育经历或者个人经验。对于价值观的认识，可以帮助我们理解自己的需求和欲望以及我们对于成功的定义。例如，有些人认为，金钱和权力是成功的象征，他们可能会选择那些收入高、地位高的工作，有些人则认为实现自我价值，为社会做出贡献是成功的标准，他们可能会选择那些能够实现这些目标的工作。学生们需要明确自己的价值观，这样在面对职业选择的时候，他们才能够作出符合自己内心需求的决定。

（二）增强自我调整能力

自我调整能力主要是指在遇到挫折、困难和变化时，个体如何调整自我状态与改变行为，以适应新的环境和要求。这对于大学生来说是一个十分重要的能力，因为他们即将进入社会，面临职业生涯的选择，而这一过程中必然会遇到各种未知的挑战和困难。如何面对这些挑战，如何调整自我，以便更好地适应和应对，是每个大学生都必须学习和掌握的技能。自我调整能力的提升，可以从以下几个方面进行（如图5-5）：

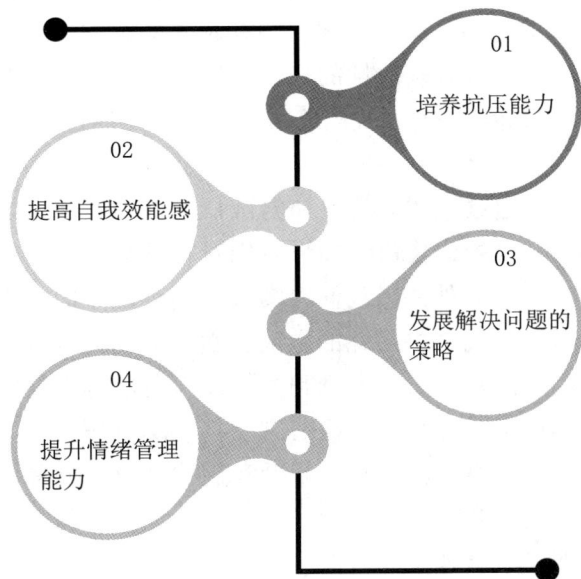

图 5-5　增强自我调整能力

1. 培养抗压能力

在社会生活中，无论是学习还是工作，压力都无所不在。特别是对于正在步入社会的大学生来说，他们需要面对课业、竞争以及未知的职业生涯。因此，学会处理压力、培养抗压能力成了非常重要的素质。抗压能力的培养需要学生正确认识自我，理解自己的长处和短处。在面对压力时，认清自我才能充分发挥个人优势，同时针对性地弥补不足。情绪的调节也是抗压能力的一部分，面对压力源，要保持积极乐观的态度，转压力为动力。良好的生活习惯和时间管理能力也能提升抗压能力，有规律的作息、均衡的饮食、适当的运动都有助于保持健康的身心状态，有利于抵抗和化解压力。

2. 提高自我效能感

自我效能感，简言之，就是人们对自己能否成功完成某项任务的信心和预期。它是职业生涯规划中的关键因素，因为一个强烈的自我效能感能激励我们勇往直前，克服各种困难。因此，提高自我效能感对于个体的职业发展至关重要。提高自我效能感的核心在于明确自己的目标并制定相应的行动计划。有明确的目标，我们才能知道自己想要什么，将要向何处努力。目标需要是具体的，可以度量的，可以实现的，有时间限制的，同时也应具有一定的挑战性。一个明确且具有挑战性的目标可以激发个体的内在动力，增强自我效能感。在设定目标的同时，我们还需要制定具体的行动计划，明确如何、何时去实现这些目标。

在实践过程中，通过不断的学习和尝试积累成功经验也是提升自我效能感的重要途径。每一次的成功都会加强我们对自己能力的信任，使我们更有信心面对未来的挑战。此外，当我们在实践中遇到困难时，不要沮丧，也不要放弃。我们应积极寻找解决问题的方法，学习新的知识和技能，这些都有助于我们提升自我效能感。面对困难和挫折，学会向他人寻求帮助和支持是非常必要的。这不仅可以为我们提供心理支持、缓解压力，而且他人的经验和建议可能会给我们提供新的视角，帮助我们找到解决问题的策略，这同样可以提升我们的自我效能感。

3. 发展解决问题的策略

在职业生涯中，每个人都不可避免地会遇到各种问题和挑战。因此，拥有有效的问题解决策略显得尤为重要。解决问题的策略不仅涉及对问题本身的理解和分析，更包括如何创新思考、如何制定和实施行动计划以及如何评估和反馈结果。问题的分析需要深入浅出：一方面要深入问题的本质，发现问题的根源所在；另一方面要浅出易懂，明确问题的症结并能够清晰地传达给他人。制定和实施行动计划则需要思维的敏捷和决策的果断，既要能够发散思维，寻找多种可能的解决方案，又要有果断的决策，选定最佳的方案并立即付诸实施。评估和反馈结果则需要耐心和细心，需要耐心地等待结果，细心地观察并分析结果，找出成功的因素和失败的原因，以便进行调整和优化。在高校的职业生涯规划教育中，发展学生解决问题的策略显得尤为重要。实际的案例分析、角色扮演、团队讨论等方式不仅能够提高学生解决问题的能力，更能增强他们的自信心和决策力，为他们未来的职业生涯打下坚实的基础。

4. 提升情绪管理能力

情绪是每个人日常生活中不可或缺的一部分，然而，如何有效地管理自己的情绪却是许多人忽视的一项重要能力。在职业生涯中，工作压力、人际关系、职业发展等各种因素都可能引发各种情绪问题。因此，提升情绪管理能力，不仅对个人的工作效率，也对个人的身心健康有着重大影响。情绪的认知和接受是情绪管理的基础。每个人都有权利拥有自己的情绪，没有所谓的好情绪或坏情绪。只有真正理解和接受自己的情绪才能有效地管理情绪。情绪的表达则需要适度，过度的压抑或宣泄都可能对个人和他人造成伤害。因此，需要学习如何适度地表达自己的情绪，既能释放情绪的压力，又能保持良好的人际关系。情绪的调整则更需要方法和技巧，如何从负面情绪中走出来、如何保持积极的心态，这需要一种心理的训练和实践。在高校的职业生涯规划教育中，提升学生的情绪管理能力也是重要的一环。通过情绪管理的课程学习，实际的情绪管理训练以及心理咨询的指导可以帮助学生更好地理解和管理自己的情绪，更有效地应对职业生涯中的各种挑战和压力。

四、协助学生规划职业发展道路

在职业生涯规划中，个人职业发展目标的设定是一项关键的任务。一个清晰、合理，有挑战性的职业发展目标，不仅可以激励学生为之付出努力，也可以作为学生规划个人职业发展道路的导航标。在设定职业发展目标时，学生需要结合自己的兴趣、能力、价值观以及对未来社会发展和职业市场的预期，来制定一个符合自己实际情况的职业发展目标。高校的职业生涯规划教育，应当引导学生如何设定这样的目标，并提供必要的指导和帮助。职业决策能力的培养也是高校职业生涯规划教育的重要内容。职业决策不仅涉及对自身的认知，还涉及对外部环境的理解，对不确定性的处理以及对结果的预期和评估。这是一种需要系统训练和实践的能力。高校的职业生涯规划教育，应当设计各种活动和课程，帮助学生提升自己的职业决策能力，比如案例分析、角色扮演、模拟决策等。

职业生涯规划教育更要增强学生的自我认知和自我调整能力。自我认知是指对自身的兴趣、能力、价值观、个性等有一个清晰的理解。自我调整能力则是指在遇到挑战和困难时，能够有效地调整自己的心态、策略、行为等，以适应新的环境和要求。这两种能力对于学生的职业发展都至关重要。因此，高校的职业生涯规划教育应当在这两方面给予学生足够的支持和帮助，如提供心理咨询、职业指导、实践机会等。协助学生规划个人职业发展道路是高校职业生涯规划教育的核心任务。规划职业发展道路是一个复杂而需要长期坚持的过程。学生在这个过程中，需要整合自己的认知、目标、决策以及各种资源，来制定一个可行、有弹性、符合自身发展的职业发展道路。高校的职业生涯规划教育，应当提供必要的知识、技能以及实践机会，帮助学生完成这项任务。

第三节　高校实践育人与职业生涯规划教育的融合策略

高校实践育人与职业生涯规划教育的融合，需要学校在制度、机制、资源、文化等多方面进行改革和创新。通过这种融合，学校可以更好地满足学生的职业发展需要，培养出更具实践能力和创新精神的毕业生。

一、建立实践课程

建立实践课程是将实践育人与职业生涯规划教育有机融合的重要途径。实践课程的设计和实施应注重学生职业技能和职业素养的培养以及职业生涯规划的知识和技能的学习，为学生的职业发展打下坚实的基础。在课程的设计上，应以学生的职业发展为导向，贴近实际的职业环境，结合实际的工作任务，引导学生进行实际操作，让他们在实践中感知职业生涯的挑战和机遇，认识并理解职业世界的工作内容和工作方式。实践课程在职业生涯规划教育中的重要性。主要体现在以下几个方面（如图5-6）：

理解职业角色　　　　自我调整

技能提升　　　　培养职业态度

图5-6　实践课程在职业生涯规划教育中的重要性

（一）理解职业角色

实践课程可以帮助学生从多个角度理解和感受职业角色。学校可以通过邀请行业内的专家和工作者到校举办讲座，为学生提供第一手的行业信息和职业体验。这些专家和工作者的经验分享可以让学生了解职业角色的特点、职责、挑战以及工作环境等。他们的经验和故事，可以让学生看到这些职业的实际情况，而不仅仅是从书本和理论中了解。学生能够更真实地感知到职业的压力和满足感以及在职业道路上可能遇到的挑战和困难。实践课程还可以让学生自己去尝试不同的职业角色，通过参加实习、做项目、参与社会实践等方式，让学生亲身体验职业角色，从而更深入地理解职业。这种实际操作的经验可以让学生对职业有更深入的理解，为他们的职业选择和职业发展提供有益的参考。

（二）技能提升

实践课程的另一项重要作用是帮助学生提升职业技能。在实践课程中，学生不仅能够将理论知识应用到实践中，提升专业技能，也能够锻炼他们的通用技能。

从专业技能提升的角度来看，实践课程给学生提供了一个真实的环境，让他们可以把理论知识运用到实践中。学生在实践中可能会遇到各种问题，这就需要他们不断地思考、试验和学习，以提高自己解决问题的能力。同时，学生也能在实践中看到自己在专业领域的长处和短处，这对于他们了解自己的专业兴趣和职业倾向具有重要的意义。从通用技能提升的角度来看，实践课程也具有很大的价值。无论是团队协作、沟通、解决问题的能力，还是时间管理、批判性思维、自主学习等能力，都是学生在实践课程中可以得到锻炼的。这些通用技能在未来的职业生涯中都是非常重要的。特别是在快速变化的社会和经济环境中，这些技能对于学生适应职场乃至整个社会都有着极大帮助。

（三）自我调整

实践课程的一个显著特点是其能让学生在实践中发现自己的不足，然后进行自我调整。这个过程并非一蹴而就，而是一个不断迭代和更新的过程，这也是实践课程的重要价值所在。一方面，通过参与实践活动，学生能够更深刻地理解自我。这是因为实践活动往往需要学生把自己置于一个全新的环境中，面对的挑战与学校教室环境大不相同。在这个过程中，他们会遇到各种预料之外的困难和问题，通过解决这些问题，他们能够发现自己的优点和不足。另一方面，实践课程中的反思环节也能让学生从新的角度看待自我。他们可以思考自己在实践活动中的行为和表现是否满足职场要求，自己的态度是否符合职业伦理。这种反思能帮助他们及时发现自己的问题，并及时作出调整。实践课程还能让学生明白，成功的职业发展并非只取决于硬技能，还有软技能，包括职业态度、团队协作能力、沟通技巧等。通过实践，学生能够发现自己在这些方面的不足，并在反思和调整中不断提升自己。

（四）培养职业态度

实践课程还能帮助学生培养良好的职业态度，这是他们在未来职业生涯中取得成功的关键因素。良好的职业态度包括对工作的敬业精神，对同事的尊重，对自身的要求和追求以及对社会的责任感。在实践课程中，学生可以亲身体验到工作的辛苦和挑战，这样他们就会更加理解和尊重那些在职场上辛勤工作的人。同时，他们也能了解到，无论做什么工作，都需要全身心投入，以专业的态度去对待。

实践课程还能让学生了解到，良好的职业态度并非天生就有，而是需要在实践中不断学习和锻炼。这包括学习如何与人沟通、如何解决问题、如何承担责任、如何坚持不懈等。这些在实践中学到的技能和态度对于他们未来的职业发展具有极大的价值。

二、实施职业生涯规划导师制

职业生涯规划导师制涵盖了一对一指导、定期讨论、个性化反馈和长期跟踪等方面，能够为学生提供针对性、专业性和持久性的职业生涯规划支持。

实施职业生涯规划导师制的重要性在于它能帮助学生明确职业发展方向，树立正确的职业观、规划职业生涯，并提供富有成效的行动方案。对于高校而言，导师制度可以帮助学生调整自我期望，提升职业竞争力，促进个人成长。在实施职业生涯规划导师制的过程中，导师的角色不仅仅是教师或者指导者，更是一个引导者和陪伴者。他们的主要任务包括：帮助学生了解自我，发掘自我优势和兴趣；引导学生探索职业市场，理解各行各业的要求；帮助学生设定职业发展目标，并制定可行的实施计划；在学生职业发展的过程中提供持续的支持和反馈。在高校实践育人中具体实施职业生涯规划导师制，可以参照以下几个方面进行（如图5-7）：

图 5-7 实施职业生涯规划导师制

（一）选择合适的导师

学生职业生涯规划的指导过程中，导师的作用显得至关重要。从某种程度上说，适当的导师就是引领学生走向成功之路的灯塔。导师需要具备的最基本要素包括丰富的职业生涯规划知识、行业经验、对教育的热爱和对学生的耐心和照顾。导师所掌握的职业生涯规划知识应包括了解各类职业的潜在价值、职业发展路径、职业相关的技能需求等方面。另一方面，行业经验也会帮助导师给出实际且有针对性的建议，帮助学生做出更好的职业选择。而对教育的热爱和对学生的耐心和照顾能让导师更有效地传授知识，指导学生做出正确的职业决策。导师的个性和教学风格与学生相适应也很重要。导师需要了解学生的学习习惯、兴趣爱好、性格特点等，才能采取最适合学生的教学方法，让学生在舒适的环境中接受职业生涯规划的教育。

（二）建立明确的导师制度

为了使职业生涯规划导师制能够有效地运行，必须制定明确的导师制度。导师制度可以帮助明确导师和学生的角色和职责，确保他们都清楚并同意职业生涯规划导师制的目标和运作方式。明确导师的职责是制定导师制度的关键。导师需要知道他们的主要任务不仅是教授职业生涯规划的理论知识，而且需要帮助学生理解自己的兴趣、才能、价值观等，以制定出符合自身情况的职业规划。此外，导师还需要持续地为学生提供职业发展支持，包括行业信息、就业市场动态、求职技巧等。同样，学生也需要明确他们的义务。他们需要积极参与职业生涯规划的学习，对导师的建议持开放态度，及时向导师反馈自己的问题和困惑，与导师保持良好的沟通。

为了保证导师制度的有效实施，还需要设立相关的监管机制。可以通过定期的评估和反馈，确保导师和学生都能按照导师制度的要求履行自己的职责。

（三）提供导师培训

在实施职业生涯规划导师制的过程中，导师培训是必不可少的一环。导师需要对职业生涯规划有深入的理解，具备一定的职业生涯规划技能，并且了解学生的需求和困扰，这样才能为学生提供有效的帮助。职业生涯规划是一门独立的学科，需要一定的专业知识和理论基础。在培训中，导师不仅需要了解职业生涯规划的基本理论，还需要掌握职业生涯规划的具体方法和技巧。这些内容可能包括职业探索、职业决策、职业发展策略等。这些知识和技巧会帮助导师更有效地指导学生进行职业生涯规划。导师还需要了解学生的需求和问题。每个学生的情况都是独特的，他们的兴趣、才能、价值观、家庭背景等都会影响到他们的职业选择。通过培训，导师可以更深入地了解这些因素，以便为学生提供更个性化的指导。

（四）确保导师和学生的交流

在职业生涯规划中，导师与学生的交流目的不仅仅是传达信息，更重要的是建立一种相互理解和信任的关系。有效的交流可以帮助导师了解学生的疑惑、困扰、进展等，也可以让学生了解导师的期望、建议、反馈等，从而使职业生涯规划更加贴合学生的实际需求和能力，提高其实效性。

可以设立定期的交流会议，比如每个月一次。这种定期的交流机会可以使双方有充足的时间准备，也能保证交流的频率。在这样的会议上，学生可以报告自己的职业发展进展，提出自己的问题和困扰，分享自己成功和失败的经验，这不仅有助于自我反思，也能让导师更全面地了解学生的状态和需求。而导师则可以根据学生的报告，给出反馈和建议，帮助学生调整职业生涯规划，从而更好地指导学生的成长。除了定期会议，导师和学生也可以通过其他方式保持交流，比如电子邮件、电话、网络会议等。这些方式的优点是灵活性高，可以让导师和学生在需要时随时沟通，更加方便和及时。对于一些突发的问题或者需要即时反馈的情况，这种即时的交流方式会非常有用。交流的内容并不仅仅限于职业生涯规划，还可以包括学术研究、个人发展、生活经验等。这种全面的交流可以增强导师和学生之间的理解和信任，有利于建立长期的指导关系。

三、创设实习机会

在职业生涯规划过程中，理论学习固然重要，但实践经验同样不可或缺。为学生创设实习机会可以让学生将所学知识运用到实际工作中，也可以帮助他们提前了解和适应未来的职业生涯。

（一）实习的意义

实习机会为学生提供了一个模拟的工作环境，可以让他们了解一个行业或者职业的具体情况，例如工作内容、工作环境、工作压力等。这样，学生在选择职业时，就能够更加清楚地了解自己所追求的是什么，更加清晰地了解自己所喜欢的是什么，进而做出更符合自我期望和能力的职业选择。实习也是一个很好的学习机会。在实习过程中，学生可以将在课堂上学到的知识运用到实际工作中，通过实践来提升自己的能力和技巧。比如，如果一个学生在学习市场营销课程，那么在实习期间，他可以实际操作市场调查，制定营销策略，这样不仅可以提高他的市场营销能力，也可以帮助他更好地理解和掌握市场营销的知识。实习还可以增强学生的职业素养。在实习过程中，学生需要遵守工作规则、承担工作压力、处理人际关系等。这些经验可以让他们学习如何在职场上表现得更加专业，如何处理职场上的问题，如何适应职场的环境。

（二）实习的组织和管理

实习的组织和管理是高校实践育人与职业生涯规划教育融合的重要组成部分。一方面，实习的组织和管理可以确保学生的实习质量，让学生在实习中获得更多学习和发展的机会。另一方面，良好的实习组织和管理也能保证实习的顺利进行，避免实习过程中的各种问题。

实习的组织和管理包括很多方面，比如实习单位的选择、实习岗位的安排、实习进度的控制、实习表现的评估等。对于实习单位的选择，高校需要选择与学生专业相关、有一定规模、有一定的行业地位、有良好的工作环境的单位作为实习单位。这样，学生在实习期间才能接触到真实的工作环境，才能在实习中学习到专业知识和技能。同时，实习单位的选择也需要考虑学生的兴趣和职业发展目标。只有选择了符合学生兴趣和职业发展目标的实习单位，学生才能在实习中发挥出最大的积极性。对于实习岗位的安排，需要考虑学生的专业知识和技能以及他们的职业发展目标。实习岗位应该能让学生运用所学的知识和技能，也应该能帮助学生了解和掌握他们未来需要的知识和技能。对于实习进度的控制，需要确保学生有足够的时间进行实习。实习不仅仅是一个工作经验，更是一个学习过程。学生需要有足够的时间去了解工作环境、去熟悉工作内容、去学习新的知识和技能。因此，实习的时间不宜过短。对于实习表现的评估，需要设定明确的评估标准和评估流程。评估标准应包括学生在实习期间的工作表现，如工作态度、工作质量、工作效率等，也应包括学生在实习期间的学习表现，如学习态度、学习成果、学习进步等。

（三）实习对职业生涯规划的意义

实习与职业生涯规划的关系密切，实习活动对于学生的职业生涯规划具有决定性作用。实习是学生将理论知识与实践经验结合起来的一种重要方式，也是高校实践育人和职业生涯规划教育的一个重要环节。实习对职业生涯规划的意义主要表现在以下几个方面（如图5-8）：

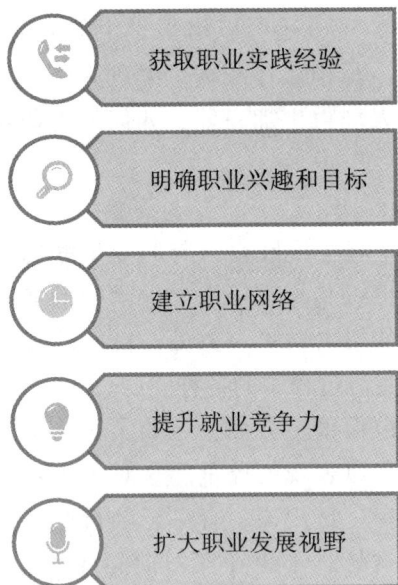

图5-8 实习对职业生涯规划的意义

1. 获取职业实践经验

实习活动对于学生获取职业实践经验具有至关重要的作用。通过实习，学生有机会直接接触和深入了解行业和工作的实际情况，这在学校课堂上往往难以体验到。实际的工作环境使得学生能够在实践中去理解和掌握所学专业知识的运用，这种亲身体验能够使得学生的学习更加深入和透彻。工作环境中专业知识的运用往往要结合具体情况，这对于学生的思维能力、判断能力以及解决问题的能力都提出了较高的要求。在面对工作中出现的各种挑战和困难时，学生能够通过自我调整和学习，进一步锻炼和提高自己的心理素质和团队协作能力。这种在实际工作中获取的经验对于学生在将来步入职场、顺利进行工作具有积极的推动作用。

2. 明确职业兴趣和目标

每个人都有自己的兴趣爱好和长处，这些因素往往会影响到一个人的职业选择。然而，很多时候，学生在没有实际体验过某个职业的情况下，往往难以准确地判断自己是否真的对这个职业感兴趣，或者是否适合这个职业。而实习活动正好提供了一个机会，使得学生能够通过实际工作体验接触到不同的职业领域，进而有助于他们更清楚地认识自己、明确自己的职业兴趣和目标。具体来说，学生在实习中可以观察和了解到不同职业的工作内容、工作方式、工作环境等各个方面，通过对比和体验，学生可以更深入地理解各个职业，找到自己真正感兴趣和适合的职业方向。同时，通过实习，学生也能够验证自己对某个职业的认知是否准确，有助于他们更好地规划自己的职业生涯。例如，学生可能原本认为自己适合做某个职业，但在实际的实习过程中，他们可能会发现自己对这个职业的理解并不准确，或者这个职业并不如他们想象的那样适合自己，此时学生就可以及时地调整自己的职业规划，寻找更适合自己的职业方向。

3. 建立职业网络

实习能够为学生的职业生涯规划提供重要的人脉网络，构建起一个有效的信息通道和资源平台。在实习过程中，学生不仅可以结识到来自同一行业、具有相似职业兴趣的同事，也可能会遇到行业内的专家或者具有丰富经验的前辈。这些人的建议和指导或许会对学生的职业生涯产生深远的影响。另外，与职场人士的接触和交往，还能让学生学会如何在职场上建立并维护人际关系，这对于他们的未来职业生涯同样十分重要。良好的职业网络能够帮助学生获取最新的行业动态和职业信息，了解行业内部的工作机会，这对于他们找到满意的工作具有明显的帮助。而且，随着职业生涯的深入，人脉网络也会发挥越来越大的作用，对于升职、跳槽、创业等各种职业发展都有着重要的影响。可以说，实习是构建职业网络的最佳途径之一，通过实习，学生可以逐步建立起属于自己的职业社群，为自己的未来职业发展铺平道路。

4. 提升就业竞争力

一方面，实习经验能够使学生在求职过程中展现出更多的实践经验和职业技能，这是许多雇主所看重的。他们希望求职者快速地融入新的工作环境，迅速上手新的工作。实习经验正好能够证明求职者具备这样的能力。另一方面，实习经验也能够帮助学生更好地展现自己的职业素养和工作态度。通过实习，学生可以学习到许多职场规则和职场礼仪，了解职场文化，这些在学校中往往学不到。在面试过程中，拥有这样经验的学生往往能够展现出更为成熟和专业的一面，这对于提升他们的就业竞争力是十分有益的。

5. 扩大职业发展视野

实习体验能够为学生带来直接且生动的职业世界洞察，这有助于他们构建更为全面和实际的职业认识。身处实际的工作环境中，学生能够直接接触到职业世界的各个层面，包括职业角色、工作内容、工作环境、企业文化等，而不仅仅是通过课堂教学或者书籍获得的理论知识。他们可以亲身体验到职业的各种挑战和机遇，了解到各种职业的工作性质，以及职业所要求的技能和素质。

实习过程中学生还可以直接观察和体验职场生活，了解职场规则，接触各种职场关系，这些对于他们塑造职业观，建立正确的职业价值观有着重要的影响。在实际的工作环境中，学生能够看到他们的专业知识和技能如何被实际应用，理解到这些知识和技能对于职业发展的重要性。这种对职业世界的深入理解和感知，有助于他们扩大职业发展的视野，为职业生涯规划提供更为丰富和实际的参考。实习也使得学生有机会探索和尝试不同的职业道路，这对于他们确定自己的职业方向、制定职业生涯规划是非常有帮助的。他们可以通过实习找到自己真正喜欢的工作，也可以了解到自己并不喜欢或者不适合的工作，这种职业的尝试和选择，可以使他们的职业生涯规划更加清晰和明确。

四、建立相关评价机制

建立相关评价机制是高校实践育人与职业生涯规划教育融合的重要策略

之一。通过自我评价、反馈与指导、定期的评价与调整以及评价机制的完善可以激发学生的主观能动性，帮助他们更好地进行职业生涯规划，也可以为学校考察实践育人效果提供重要参考。具体如下（如图5-9）：

图5-9　建立相关评价机制

（一）自我评价

自我评价在高校实践育人与职业生涯规划教育的融合策略中具有重要的地位。高校应该鼓励学生进行自我评价，以此提升学生的自我认知和自我驱动能力，帮助他们确定和实现符合自身条件的职业目标。

对于每一个学生来说，自我评价都是对自己的能力、兴趣、价值观进行深度反思和理解的过程，这是一个自我解读的过程，让每个人有机会站在自己的角度，对自己的行为、能力、潜力以及目标进行评估。每个人都有自己独特的人生历程，个性、经历和经验使每个人都有独一无二的优势和不足，自我评价使每个人都有机会揭示自己的特点和可能性。

自我评价在职业生涯规划教育中的作用不可小觑。它使学生有机会深入理解自己，更清楚地看到自己的长处和短处，这将使他们在确定职业目标和发展方向时有更充足的依据。对自己没有清晰认识的人，很难设定出符合自身条件和需求的职业规划。如果一个人对自己的认识模糊，可能会盲目跟随他人，选择不适合自己的职业道路，这将导致他的职业发展遭遇困境。而自我评价的过程正好可以帮助他们避免这种情况，让他们更明确地了解自己的需求和能力，以确定最适合自己的职业目标。自我评价的过程还可以调动学生的积极性，使他们更加积极地投入自己的职业生涯规划。当一个人对自己有了深入的理解和认识，他就会更加有信心去规划自己的职业生涯，也会更有动力去实现自己的职业目标。自我评价不仅能帮助学生明确目标，也能激励他们去实现目标。因此，自我评价的过程不仅是一个自我认知的过程，也是一个自我驱动的过程，可以使学生更主动地参与自己的职业生涯规划。

（二）反馈与指导

在构建高校实践育人与职业生涯规划教育的评价机制时，反馈与指导的作用无可替代。来自导师、同伴以及实习工作场所的反馈和指导都成了评价机制中重要的组成部分，帮助学生进行自我完善与提升。

导师的反馈与指导对于学生的职业生涯规划有着深远的影响。作为教育和专业领域的专家，导师对学生的知识、技能和发展潜力有着深入的理解。他们可以为学生提供宝贵的专业见解，帮助学生理解复杂的行业环境，确定职业生涯规划中的关键步骤。而且，导师的指导和建议可以为学生的职业生涯规划提供新的思考角度和发展方向，帮助他们解决遇到的问题，提升其实现职业目标的可能性。同伴的反馈也是评价机制中的重要一环，他们的观察和评价往往更接近学生的真实情况。作为身边的人，同伴对学生的观察无疑是最直接和最真实的。他们的反馈可以让学生从不同的角度看到自己的优点、缺点以及需要改进的地方。此外，同伴之间的沟通交流还可以让学生接触到更多的职业信息和人生观念，扩大他们的视野，丰富他们的职业生涯规划。工作场所的反馈是评价机制中不可或缺的一部分。实习和工作可以使学生接触到实际的工作环境，从中获得真实的反馈信息，包括自己的工作表现、处理问题的能力以及如何在团队中协作等方面。这些反馈对于学生来说具有极高的价值，它们帮助学生了解到自己在实际工作中的表现以及自己在职业发展方向上的需求和可能性。

在高校实践育人与职业生涯规划教育的融合策略中，建立起涵盖自我、导师、同伴以及工作场所等多元反馈与指导的评价机制，对于提升学生的职业素养，形成有效的职业规划以及提升学生在未来工作中的适应性与竞争力，都起着决定性的作用。在这个过程中，学生既是被评价和被指导的对象，也是自我反思和自我成长的主体。他们通过这样的评价机制，得以从多元角度了解自我，明确自我优势和不足，从而使得他们的职业生涯规划更加全面、更具针对性。

（三）定期的评价与调整

在高校实践育人与职业生涯规划教育的融合策略中，对于评价机制的理解，不能仅停留在一次性的、点式的评价上。评价应该被看作是一个持续的过程，学生在这个过程中，需要定期进行自我评价，根据收到的反馈和实际的经验进行必要的调整。评价和调整的周期性是至关重要的。人的成长和发展是一个动态的过程，随着时间的推移，学生的知识、技能、兴趣和价值观可能会发生变化，这就需要他们定期对自我进行评价，从而保持对自己的最新理解。这种定期的自我评价可以帮助学生及时发现自己的变化，从而在职业生涯规划中作出相应的调整。

学校可以通过设立定期的评价机制，如每学期或每学年的自我评价报告，来鼓励学生持续关注自己的职业生涯规划。这种定期的评价机制可以使学生养成定期自我反省的习惯，从而使他们更加主动地参与职业生涯规划。这种机制可以提供一个框架和路径，帮助学生更好地进行自我评价和调整。在实施定期评价的过程中，学校还可以通过多种方式给予学生反馈和指导。比如，学校可以组织职业生涯规划研讨会，让学生在导师和同伴的见证下分享自己的自我评价结果和职业生涯规划，从而获得他人的反馈和建议。学校也可以邀请职业规划专家对学生的自我评价报告进行点评，给予专业的反馈和指导。

除此之外，学校还应尊重和支持学生对自己职业生涯规划的调整。人的职业生涯并非一成不变，而是在不断的学习和成长中逐渐形成和调整。学生可能会在自我评价的过程中发现自己对某个职业的兴趣或者认识到自己在某个领域具有特殊的天赋，这些都可能需要他们对原有的职业生涯规划进行调整。学校应尊重学生的这种调整，提供必要的支持和指导，以帮助他们构建更符合自己实际情况的职业生涯规划。

（四）评价机制的完善

评价机制的完善是一项持续的任务，需要学校的长期努力和不断探索。在这个过程中，学校需要充分考虑学生的实际情况和需求，设定合适的评价标准，提供有效的评价工具，确保评价的公正性和有效性，提供必要的支持和资源。这样的评价机制可以帮助学生更好地进行自我评价和职业生涯规划，从而在未来的职业生涯中取得更大的成功。

设定合适的评价标准是评价机制完善的重要部分。每个学生都有其独特的优点和缺点，有各自的兴趣和热情，对职业的理解和选择也有自己的想法和观点。因此，学校在设定评价标准时，需要考虑到学生的多元性，确保评价标准既能反映学生的职业素养，又能兼顾学生的个体差异。评价标准不应只关注学生的知识和技能，还应考虑学生的兴趣、价值观以及他们在职业生涯规划中的主动性和创新性。提供有效的评价工具也是评价机制完善的重要环节。有效的评价工具可以帮助学生更准确地评估自身，还可以帮助学校更公正地评价学生。这些工具可以包括自我评价表格、职业兴趣测试、能力评估测试等。这些工具需要科学、公正、有效，能真实反映学生的情况，帮助学生发现自己的优势和不足，从而进行有效的自我调整。在确保评价的公正性和有效性上，学校需要作出充分的努力。公正性意味着评价结果不受偏见、歧视和不公平待遇的影响，所有学生都能得到公正的评价。有效性则意味着评价结果能真实反映学生的情况，对学生的职业生涯规划有实质性的帮助。为此，学校需要定期对评价机制进行检查和修订，确保评价机制能持续地发挥其应有的作用。

需要注意的是，学校还需要提供必要的资源支持，以帮助学生更好地进行自我评价和职业生涯规划。这包括提供职业咨询服务、组织职业发展研讨会、提供实习和就业机会等。这些支持和资源不仅可以提供给学生更多的职业信息和机会，也可以提供一个平台，让学生能与导师、同伴和职业顾问进行深入的交流和讨论，从而得到更多的反馈和建议。

五、推广职业生涯规划文化

通过培养职业生涯规划意识、提供职业生涯规划教育资源、建立职业生涯规划平台、组织职业生涯规划活动以及强化职业生涯规划的教学，高校可以有效地推广职业生涯规划文化，帮助学生更好地进行职业生涯规划，从而实现实践育人与职业生涯规划教育的有效融合（如图5-10）。

项目一
培养职业生涯规划意识

项目二
提供职业生涯规划教育资源

项目三
建立职业生涯规划平台

项目四
组织职业生涯规划活动

项目五
强化职业生涯规划的教学

图 5-10　职业生涯规划文化的推广

（一）培养职业生涯规划意识

职业生涯规划意识是指个体对自己未来职业发展的思考和规划，它是学生成功规划自己职业生涯的基础。职业生涯规划意识是大学生进行科学职业生涯规划的前提，大学生是职业生涯规划的主体，只有调动其内在需要才有可能达到教育效果。[1]具有强烈的职业生涯规划意识，大学生就会更加主动地思考和规划自己的职业生涯，更有可能实现自己的职业目标。

学校可以通过各种方式来传播职业生涯规划的重要性，培养学生的职业生涯规划意识。其中，课堂教学是最直接、最有效的方式。学校可以在相关课程中，如职业发展课程、人生规划课程等，系统地讲解职业生涯规划的概念、方法和技巧，让学生了解到职业生涯规划的重要性。同时，教师还可以设计各种课堂活动，如小组讨论、案例分析、角色扮演等，让学生亲身参与职业生涯规划实践，增强他们的职业生涯规划意识。讲座和研讨会也是传播职业生涯规划文化、培养职业生涯规划意识的重要方式。学校可以邀请职业规划专家、成功人士、校友等来做讲座，分享他们的职业经历和职业规划经验，给学生带来更多的启示和灵感。研讨会则可以让学生有机会深入讨论职业生涯规划的问题，与他人交流自己的想法和困惑，从而增强自己的职业生

---

〔1〕　王丽、祝世海：《让每个生命绽放光彩——软件专业大学生职业生涯规划教育研究》，中国时代经济出版社 2014 年版，第 45 页。

涯规划意识。除此之外，学校还可以通过一些创新的方式来推广职业生涯规划文化，培养职业生涯规划意识。比如，学校可以举办职业生涯规划比赛，鼓励学生提交自己的职业生涯规划方案，最好的方案可以获得奖励；学校还可以开设职业生涯规划博客或社交媒体平台，发布职业生涯规划的信息和资源，提供一个学生交流和学习的平台；学校还可以与企业合作，提供实习机会和职业训练，让学生在实际工作中体验职业生涯规划的重要性和复杂性。

无论采取哪种方式，学校的目标都是让学生充分认识到职业生涯规划的重要性，增强他们的职业生涯规划意识。只有学生具有了强烈的职业生涯规划意识，他们才会主动地思考和规划自己的职业生涯，才会把握自己的职业发展，实现自己的职业目标。

(二) 提供职业生涯规划教育资源

推广职业生涯规划文化的另一方面是提供充足且丰富的职业生涯规划教育资源。这些资源可以帮助学生提升对职业生涯规划的理解和实践能力，进一步落实他们的职业生涯规划意识。

面向学生的职业生涯规划教育资源可以非常多样化。可以提供课本和参考书目，这些书目可以包括职业生涯规划理论、方法以及实际案例分析，帮助学生理解职业生涯规划的基本原则和步骤。也可以提供在线教育资源，例如在线课程、演讲视频以及相关的学术论文和研究报告，使学生能在多元化的平台上接触职业生涯规划的最新理论和实践。除了文字和网络资源外，实际的职业咨询和辅导服务也是职业生涯规划教育资源的重要组成部分。学校可以提供职业咨询服务，由专业的职业规划师给学生提供一对一的职业规划指导，帮助他们明确自己的职业目标，设计合适的职业规划路径或者组织定期的职业规划研讨会，邀请职业规划专家、企业代表和成功的职业人士分享他们的经验和见解，为学生的职业规划提供启示和参考。实践机会也是重要的职业生涯规划教育资源。学校可以通过与企业合作，提供实习、实训等机会，让学生在实际的工作环境中了解不同的职业，体验职业生涯规划的实践过程，增强他们的职业技能和适应能力。学校还可以提供一些专门的职业生涯规划工具和技术，例如职业兴趣测试、职业能力评估、职业选择模型等，帮助学生更系统、更科学地进行职业生涯规划。

提供充足且丰富的职业生涯规划教育资源，不仅可以增强学生的职业生涯规划能力，也能激发他们对职业生涯规划的兴趣，使他们更愿意主动地参与职业生涯规划，实现自己的职业目标和人生价值。

（三）建立职业生涯规划平台

职业生涯规划平台是推广职业生涯规划文化的重要载体。这个平台应是学生在职业生涯规划过程中获取资源、进行探索、接受指导的场所，也是学校、教师、同学以及社会各界人士参与学生职业生涯规划活动的交流平台。

职业生涯规划平台可以从多方面满足学生的需求。这个平台能提供最新的职业生涯规划信息，包括各行业的就业趋势、新兴的职业领域、不同职业的能力需求等。这些信息对于学生理解职业市场、准确评估自己的就业机会、有效地制定职业生涯规划至关重要。职业生涯规划平台还是学生进行职业生涯规划训练的地方。平台可以开设职业生涯规划相关的课程和讲座，比如职业规划理论、自我评估技巧、面试技巧等，提高学生的职业生涯规划技能和就业竞争力。同时，这个平台也可以安排与职业生涯规划相关的活动，例如职业规划竞赛、职业规划项目设计，让学生将所学的职业生涯规划理论和技巧运用到实际中，提升他们的职业生涯规划实践能力。职业生涯规划平台不仅是一个信息和学习的平台，也是一个交流和咨询的平台。这个平台可以提供一对一的职业咨询服务，让学生在遇到职业生涯规划问题时可以得到及时的指导和帮助。平台也可以组织定期的交流会，邀请职业规划专家、企业代表、毕业生等分享他们的职业生涯规划经验和见解，扩大学生的视野，激发他们的职业生涯规划思考。

职业生涯规划平台的建立需要各方的参与。学校可以设立专门的机构或者人员负责运营这个平台，保证平台的功能和效率。教师和同学可以参与平台活动，分享他们的知识和经验，帮助其他同学进行职业生涯规划。社会各界人士也可以通过赞助、合作等方式参与平台的建设和运营，为学生提供更多的资源和机会。在全球化、信息化的今天，建立职业生涯规划平台已经成为高校推广职业生涯规划文化的重要手段。一个有效的职业生涯规划平台能让学生在职业生涯规划过程中得到更全面的支持，更高效地实现他们的职业目标。同时，这个平台也能提升学校的教育质量、增强学校的社会影响力。因此，建立职业生涯规划平台是一项对学生、对学校、对社会都有深远影响的重要工作。

（四）组织职业生涯规划活动

实践活动是理论知识转化为实际操作技能的重要途径，也是增强学生职业生涯规划意识，提升其职业生涯规划能力的有效手段。通过举办丰富多样的职业生涯规划活动，学生可以在参与中收获经验，在实践中提升自我，在体验中理解和认识职业生涯规划。

职业规划竞赛是一种常见的职业生涯规划活动，其目标是鼓励学生亲自动手进行职业生涯规划，并以此检验他们的理论知识和实践能力。通过与其他同学的竞争，学生可以了解到自己在职业生涯规划方面的优势和不足，这对于他们后续的职业生涯规划是有很大帮助的。此外，职业规划竞赛还可以帮助学生建立团队合作的意识，提高他们的沟通和协作能力，这些都是未来职业生涯中非常重要的技能。职业规划展示则是让学生展示他们的职业生涯规划成果，向他人展示自己的职业目标和发展路径。这不仅可以鼓励学生系统性地思考自己的职业生涯，而且还可以让他们学会如何向他人清晰、有效地传达自己的想法。此外，职业规划展示还是一个互学互鉴的过程，学生可以通过观看他人的展示，开阔自己的视野，获取新的职业生涯规划的灵感。职业规划讲座则是邀请职业规划专家、行业代表或者成功的职业人士，来给学生分享他们的职业生涯规划经验和故事。这些讲座可以帮助学生了解职业世界的真实情况，理解不同职业的需求和挑战，从而更加明智地进行职业生涯规划。同时，职业规划讲座还是学生与社会进行交流的平台，他们可以通过提问和讨论，增强自己的社会互动能力和职业适应能力。

（五）强化职业生涯规划的教学

对于大学生来说，高校是他们理解社会、确定职业道路的重要场所，而职业生涯规划的教学可以为他们提供指导和帮助，帮助他们更好地理解自己的兴趣和能力、确定自己的职业目标、规划自己的职业发展路径。因此，高校需要在课程设置、教学方式、教学资源等方面下功夫，强化职业生涯规划的教学。

课程设置是强化职业生涯规划教学的基础。高校需要设立专门的职业生涯规划课程，让学生在系统的学习中理解职业生涯规划的理论知识，了解职业生涯规划的基本步骤，掌握职业生涯规划的基本技巧。这样的课程可以设为必修或者选修，可以设立在大一、大二，也可以跨越整个大学阶段，以满足不同学生的需求。教学方式是强化职业生涯规划教学的关键。传统的讲授式教学可能无法满足学生的需求，需要引入更多互动、实践的教学方式。比如，可以通过小组讨论、角色扮演、案例分析等方式，让学生在实践中理解和掌握职业生涯规划。还可以通过实地考察、实习、实践等方式，让学生深入了解各种职业，增强他们的职业生涯规划的实效性。教学资源的建设也不容忽视。这包括教材、网络资源、职业咨询服务等。教材需要涵盖职业生涯规划的理论知识和实践技巧，需要结合国内外的研究成果，但也需要考虑到中国的特殊情况。网络资源可以让学生随时随地学习职业生涯规划，可以包括在线课程、视频讲座、电子书籍等。职业咨询服务则可以为学生提供个性化的指导和帮助，包括职业测评、职业规划、职业发展等方面。

强化职业生涯规划的教学，需要整个高校的共同努力，包括校领导、教师、学生、行政人员等。校领导需要关心和支持职业生涯规划教学，提供必要的政策和资源支持；教师需要关心和热爱职业生涯规划教学，不断提升自己的教学能力；学生需要积极参与职业生涯规划教学，把所学知识和技巧用于自己的职业生涯规划；行政人员需要为职业生涯规划教学提供后勤保障，保证教学的顺利进行。

第六章

高校实践育人与大学生实践能力培养

第一节　高校实践育人与大学生实践能力培养的关系

高校实践育人与大学生实践能力培养之间的关系紧密相连，二者相辅相成、不可分割。实践育人使学生走出课堂，通过实际操作、亲身体验，将理论知识转化为现实中的实践操作，从而使学生能够更好地理解和掌握知识。而大学生实践能力的培养，不仅提高了他们对知识的理解和应用能力，也对他们的创新思维、团队协作精神以及解决问题的能力等方面进行了锻炼和提升，这对他们未来的职业生涯和社会生活都具有极其重要的价值。

一、高校实践育人对大学生实践能力培养的影响

在当前的教育环境中，高校实践育人的重要性日益突出。它通过丰富和广泛的实践活动为大学生提供了充分的机会，提高了他们的实践能力，帮助他们理解和消化理论知识。高校实践育人对大学生实践能力培养的影响主要体现在以下方面（如图 6-1）：

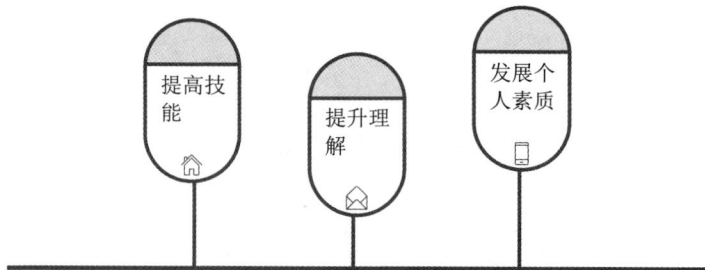

图 6-1　高校实践育人对大学生实践能力培养的影响

（一）提高技能

高校实践育人是一种非常有效的教学策略，它能够全方位地提高大学生的实践技能，包括解决问题的能力、实地操作技能和团队合作技巧等，这些技能在他们的职业生涯中都可发挥至关重要的作用。

解决问题的能力是所有职业生涯中最重要的技能之一。无论是在学术研究中解决复杂的理论问题，还是在工作中应对突发的实际问题，这种能力都是必不可少的。高校实践育人通过设置各种实际问题和挑战，鼓励学生自己思考、分析和解决问题，从而逐渐提高他们解决问题的能力。在这个过程中，学生不仅能够学习到解决问题的具体方法和策略，还能培养他们独立思考和分析问题的习惯，这对他们的职业生涯和个人发展都非常有利。实地操作技能是大学生在学习过程中必须掌握的重要技能，尤其是对于理工科和医学等专业的学生来说，更是重中之重。这种技能让学生能够把理论知识应用到实际操作中，而不仅仅是停留在书本知识的理解和记忆上。高校实践育人通过实地训练和操作，让学生有机会亲身体验和实践，从而掌握实地操作技能。比如，在实验课程中，学生不仅能够学习到理论知识，还能在老师的指导下进行实际操作，从而掌握实验技能。这种实地操作的经验不仅能够提高学生的操作技能，还能让他们更深入地理解和掌握理论知识。团队合作技巧在现代社会中也是一种非常重要的技能。无论是在学习中还是在工作中，团队合作都是常态。高校实践育人通过组织各种团队活动，比如团队项目、团队竞赛等，让学生在实践中学习和掌握团队合作技巧。这些活动让学生有机会和其他人一起工作，共同解决问题、完成任务，从而提高他们的团队合作技巧。而且，这种经验还能让他们学习到如何有效地与人沟通、协调，如何处理团队冲突，如何提高团队效率等重要的团队管理知识，这对他们未来的职业生涯和社会生活都非常有利。

（二）提升理解

实践育人活动对提升大学生对理论知识的理解具有极大的价值。无论是在经济学、理工科领域还是在人文社科领域，通过实践活动，大学生都能在实际情境中看到和感受到理论知识的应用，从而深化他们对理论知识的理解。这种理解不仅能够提高他们的学习效果，也能为他们未来的职业生涯和社会生活提供重要的支持。

在学习过程中，理论知识通常是通过课本和课堂讲解传授的，但这种学习方式有时可能导致学生对理论知识的理解留在表面，不能真正理解其背后的含义和在实际中的应用。实践育人活动为学生提供了一个将理论应用到实践中的机会，使他们能够在实践中看到理论知识的作用和效果，从而深化他们对理论知识的理解。以经济学为例，经济学的许多理论知识都是通过抽象的模型来讲解的，这使得许多学生难以理解其背后的含义和应用。而当学生在实践育人活动中亲身参与经济活动（如经营一个小企业或者进行一个经济实验）时，他们就能够直观地看到和感受到经济理论在实际中的应用，比如供求关系、边际效用等经济理论在经营活动中的体现，这使他们能够更深入地理解经济学理论。理工科学生在学习过程中也常常会遇到理论与实践脱节的问题。他们在课堂上学习了大量的理论知识，但在缺乏实践的情况下，往往无法理解这些理论知识在实际工程中的应用。实践育人活动，如实验课程、工程项目等，为他们提供了一个在实际情境中应用理论知识的机会，使他们能够亲身体验理论知识在解决实际问题中的作用，从而深化他们对理论知识的理解。在人文社科领域实践育人活动同样对提高学生的理解能力有重要的影响。例如，在社会学研究中，学生可以通过参与社区服务、访谈调查等活动，将社会学理论应用到实际社会研究中，这不仅能够提高他们的研究技能，还能深化他们对社会学理论的理解。

（三）发展个人素质

高校实践育人不仅可以帮助大学生提升技能和理解，也可以发展他们的个人素质，如责任感、自我管理能力和创新精神等。这些素质对于学生的个人发展和社会适应具有重要的影响。因此，高校实践育人在教育过程中占有重要的地位，应得到更多的关注和推广。

责任感是个体对自身行为后果的认知和承担，是一种重要的个人素质。在高校实践育人的过程中，学生需要参与各种实践活动，如团队项目、志愿服务、实地考察等。在这些活动中，学生需要承担起自己的责任，完成自己的任务，同时也要对自己的行为和决定负责。这样的经历可以帮助学生培养强烈的责任感，使他们了解到每一个决定和行动都可能会对自己和他人产生影响，因此他们需要对自己的行为负责。自我管理能力是个体有效管理自己的行为、情绪、思维和时间的能力。在高校实践育人活动中，学生需要安排和管理自己的时间，监控自己的行为和情绪，以完成各种任务。例如，当学生在一个团队项目中担任领导角色时，他们需要管理自己的时间，有效地分配资源，合理地调配团队成员，同时还要控制自己的情绪，以应对可能出现的困难和挑战。这些经历可以帮助学生提升自我管理能力，使他们更加有效地管理自己的生活和工作。创新精神是个体愿意并能够创造新的思想、新的方法和新的产品的精神状态。在高校实践育人活动中，学生需要解决各种实际问题，这就需要他们创新思考，找出新的解决办法。此外，许多实践活动还特别鼓励创新，比如创新创业项目、科研项目等，这些活动要求学生从零开始，创造新的产品或新的研究成果。在这些活动中，学生需要发挥创新精神，不断尝试、失败、反思和再尝试，以达到项目的目标。这样的经历可以大幅激发和提升学生的创新精神。

二、大学生实践能力培养在高校实践育人中的地位

在高校实践育人的过程中，大学生实践能力的培养起着核心的作用。一方面，大学生实践能力的培养是实践育人目标的重要组成部分；另一方面，实践能力的提高也是衡量实践育人效果的重要指标。

（一）实践育人的重要组成部分

实践能力的培养对于大学生的教育过程具有重要的意义，它在实践育人中占据的重要地位不容忽视，对于大学生的成长和发展起着关键的推动作用。因此，高校在培养学生的实践能力上，需要投入更多的关注和资源，以实现大学生全面、健康的成长。实践能力的培养是实践育人理念的核心之一，通过实践能力的培养，大学生能更好地掌握技能、更深刻地理解学科知识、更有效地将理论知识转化为实际操作。在教学过程中，应倡导和鼓励学生参与各类实践活动，如实验操作、实习实训、创新创业等，以提高学生的实践能力和技能水平。实践活动中的问题解决，挑战及困难的克服都能更好地提升学生的实践能力。

实践能力的培养能帮助大学生建立起对学科知识的深刻理解。当大学生在实践中遇到问题，需要运用所学的理论知识去解决问题时，他们会更深刻地理解并掌握这些知识。这种实践中的学习和理解，远胜过书本上的死记硬背。同时，这种深入实践的过程，也会激发他们的创新思维，培养他们独立解决问题的能力。理论知识的学习是基础，而实践能力的培养则是桥梁，它连接了理论与实践，使学生能将理论知识有效地转化为实际操作。实践中的经验积累和技能提升，会为学生的未来职业生涯打下坚实的基础。在面对快

速变化的社会环境和职业市场时，实践能力的重要性更为凸显。实践能力的培养，使大学生能以积极的态度面对工作中的挑战，能够根据实际情况灵活运用理论知识，处理各类问题。这种能力的培养，不仅可以对他们的就业起到关键的推动作用，也会对他们未来的职业发展产生深远影响。

（二）实践育人效果的衡量

实践育人效果的衡量是一个系统性的工作，它涉及多个方面的指标。通过对这些指标的综合评估，可以全面地了解到实践育人的效果以及实践能力培养在其中的关键地位。这些评估结果也能为高校的教学改革提供有价值的参考，推动教育质量的提高。有效地衡量实践育人的效果，需要审视一系列核心指标，这些指标不仅需要突出学生的知识理解与技能应用，还应该着重于学生的创新思维、社会责任感、职业规划等多元化的能力发展（如图6-2）。

图6-2　高校实践育人效果的衡量

1. 知识理解与技能应用

实践中的知识理解与技能应用无疑是衡量实践育人效果的重要角度。对于大学生而言，理论知识是他们专业学习的基础，而实践则是他们将理论知识付诸实践，从而深化对知识的理解、增强技能应用能力的途径。

理论知识在实践中的运用实际上是学生将书本知识转化为可操作、可实施的技能。这不仅涉及对专业技能的掌握，还包括独立思考、问题解决、团队协作等综合能力的锻炼。通过实践，学生可以将抽象的理论具体化，更直观地理解和掌握知识，使得知识真正"活"起来。而在实践活动中，学生能力的提升也更为直观。他们会发现理论知识的不足或者错误，这时他们需要通过查阅资料、咨询他人或者实验验证等方式来解决问题。这种面对问题、解决问题的过程就是一种实践能力的提升，是知识理解与技能应用的深化。

实践中的知识理解与技能应用还体现在学生对学术研究和专业领域的深入理解上。通过参与实验设计、数据收集、分析解释等一系列实践活动，学生不仅能够对学科知识有更深入的理解，也能培养科学精神和科研能力。此外，实践活动还可以帮助学生发现自己的兴趣所在，找到自己的学术方向或职业路径。知识理解与技能应用在实践中的重要性，不仅在于它能帮助学生提升自身能力，更在于它能帮助学生建立正确的学习观念，明白理论知识与实践技能之间的关系，从而以更积极、主动的态度去面对学习和生活。这也是高等教育追求的目标之一，即培养具有实践能力、创新能力的复合型人才。

2. 创新思维

创新思维的培养和发展是实践育人中的重要任务，也是衡量实践育人效果的重要指标。通过对学生创新思维的培养和发展情况的评估，教育工作者可以了解到学生的创新能力，同时也可以对教学方法和内容进行反思和改进，以提升教育效果。创新思维是对于问题解决的新视角、新方法的探索和尝试。在现实生活中，我们面临的问题往往没有标准答案，需要我们去发现、探索、创造。在实践活动中，学生需要运用自己的知识、技能以及思维方式去面对和解决各种问题。在这个过程中，他们的思维方式、解决问题的策略、看待问题的角度等都可能发生变化，从而形成创新思维。

在实践活动中，学生不仅有机会将所学知识应用到实际问题中，而且可以在解决问题的过程中产生新的想法和观点，这是创新思维的体现。例如，他们可能会找到一个新的解决问题的方法，或者发现一个新的问题，进而提出自己的研究计划。这些都是创新思维的体现，也是实践育人效果的重要衡量指标。实践活动还能激发学生的创新精神。在实践中，学生可以尝试自己的想法、验证自己的猜想，从而激发他们的创新精神。他们可以通过实践活动发现自己的兴趣和才能，找到自己的方向，同时也可以通过实践活动提升自己的技能，增强自己的自信心。更重要的是，实践活动能帮助学生建立起对知识创新的理解。知识创新不仅仅是在现有知识体系的基础上增加新的知识，更重要的是能够将各种知识整合在一起，形成自己的知识体系，然后在此基础上产生新的知识。这就需要学生有较强的学习能力，能够广泛地吸收知识，深入地理解知识，然后能够灵活地运用知识。这种知识创新的能力是实践育人中的重要目标，也是衡量实践育人效果的关键指标。

3. 社会责任感

社会责任感对于大学生而言是他们在成长过程中必须面对和考虑的重要因素。通过参与社会实践，大学生可以亲身接触社会的各个层面，了解社会的多元性，理解社会问题，并在此过程中建立起自身的社会责任感。这是实践育人效果衡量的一项重要内容。实践活动特别是社会实践为学生提供了一个理解和参与社会生活的平台。在这个平台上他们可以了解社会的现状，认识到社会问题的复杂性，同时也可以看到自己的所学知识和技能如何能够被用来解决这些问题。这个过程不仅可以使他们认识到学习的重要性，也可以帮助他们形成一种社会责任感。

社会责任感的培养对于大学生的个人发展和社会发展都有着重要的影响。对于大学生来说，社会责任感可以使他们更加理解和尊重他人，更好地合作与沟通，更有动力去学习和成长。对于社会来说，有责任感的大学生更可能积极参与社会活动，为社会的发展做出贡献。社会责任感的培养也可以反映出大学生对于社会问题的深度理解和对于社会发展的独立思考。这种理解和思考不仅可以增强他们的社会适应能力，也可以使他们更好地理解社会，更有能力参与和推动社会的发展。

4. 职业规划

职业规划是实践育人中的重要目标，也是衡量实践育人效果的重要指标。通过对学生职业规划的培养和评估，教育工作者可以了解到学生的职业态度，反思和调整教育方法，以提升教育效果。同时，也可以为学生提供反馈，帮助他们了解自己的职业规划，调整学习和行为，以更好地发展自身的职业规划能力。在实践活动中，大学生有机会接触各种职业和行业，了解职业的具体工作内容、工作环境、职业发展前景等。这种了解可以帮助他们明确自己的职业兴趣，知道自己希望从事哪种类型的工作，进而为自己的职业生涯做出规划。

除了了解职业，实践活动也可以帮助大学生了解自己。他们可以通过实践活动了解自己的能力和潜力，知道自己在哪些方面表现出色，哪些方面需要提高。这样，他们就可以更准确地评估自己的职业能力，更好地选择适合自己的职业。在实践活动中大学生还可以通过观察和分析，了解职业的社会需求。他们可以了解哪些职业在社会中有较大的需求，哪些职业的发展前景更好。这种了解可以帮助他们更全面地考虑职业选择，更好地做出职业规划。职业规划反映了个体对自己未来的规划和期望，它包括对个体的职业兴趣、职业能力、职业目标等方面的规划。一个良好的职业规划，不仅可以使个体的职业生涯更加顺利，而且可以帮助个体实现个人价值，提升个人的幸福感。因此，一个人的职业规划是衡量实践育人效果的重要参考。

在实践育人过程中，职业规划的培养是非常重要的任务。教育工作者可以通过组织各种实践活动，帮助学生了解职业、了解自己、了解社会，从而帮助他们作出良好的职业规划。通过评估学生的职业规划，教育工作者可以了解到他们对职业的理解、对未来的期望以及他们的职业规划能力。这些都可以作为评估实践育人效果的重要依据。

第二节　大学生实践能力的内涵与要素

一、大学生实践能力的内涵解读

（一）实践的内涵

实践是个体主观意愿与客观世界的融合，是人们积极探索和改造世界的活动。实践的范围包括人类在生产活动中的有意识的实际行动，包括人们在社会中处理人际关系的行动，还包括在科学研究中的实验活动。人的能力提升离不开实践，实践为能力的提高提供了坚实的基础。如果一个人的能力脱离了实践，那么这个能力就不能被称为真正的能力。实践是具体的，需要在坚持唯物主义历史观的基础上进行与现实密切相关的活动。没有实践就没有人类社会，实践是推动人类社会发展的基础条件。人类和社会都是客观存在的，都可以通过实践来改造和发展。实践是以人为主体、以客观世界为对象，基于对客观规律的理解，进行有目的的活动。其中，实践的前提是能够正确理解和运用客观规律。当客观规律被有效运用时，实践活动才会更加有效。

（二）能力的内涵

能力，这一词汇涵盖了广阔的领域，它可能包含知识、技能、态度以及运用这些知识和技能去有效行动的潜力。它不仅仅是个体已经拥有的知识技能，更包含适应环境、解决问题、面对挑战时的应变之力。能力的核心是行动。一个人可能掌握了海量的知识，但如果无法将这些知识转化为实际的行动，那么他的能力还是有所欠缺。能力是推动个体去实现目标、解决问题、创新思考的内在动力。能力是多元的，它可能表现在各个领域和各个层面。在某一领域内，一个人可能有出类拔萃的能力，而在另一领域中可能只有平平无奇的能力。这就要求对能力的认识和评价不能片面，需要全面、多角度地去观察和理解。能力还有其可塑性和发展性。一个人的能力不是固定不变的，而是可以通过学习和实践得到提升和改善的。同时，能力的发展也需要适应环境的变化和个体的成长需求。在不断的学习和实践中，个体的能力可以得到提升，而在面对新的环境和挑战时，个体的能力也需要进行调整和改变。

（三）大学生实践能力的内涵

大学生实践能力是一种综合能力，它包含了知识的理解与应用、创新思维、社会责任感以及职业规划等多个方面。这种能力的培养，不仅有助于学生的个人成长，也有助于他们更好地适应社会，为社会的发展做出贡献。大学生实践能力首先体现在知识的理解与应用上。学习不应只停留在课堂，而是需要将所学的理论知识应用于实际生活，解决实际问题。大学生实践能力的培养使他们能够在面对实际问题时运用已有的知识，进行深入分析，并找出解决问题的办法。

大学生实践能力还体现在创新思维上。大学是培养未来社会中坚力量的摇篮，对学生的创新思维的培养尤为重要。在实践活动中，学生不仅需要运用已有知识，更需要发展创新思维，发现并创造新的知识和技术；大学生实践能力还包含了社会责任感的培养。大学生作为社会的新鲜力量，肩负着推动社会进步的重任。在实践活动中，他们不仅要解决具体问题，更要关注社会的大问题，了解社会现状、理解社会问题，并形成自己的社会责任感；大学生实践能力的培养也会影响他们的职业规划。在实践中，学生可以了解到各种行业的运作方式和职业发展路径，从而更好地规划自己的职业生涯。

二、大学生实践能力的构成要素

大学生实践能力包括一般实践能力、专项实践能力、情境实践能力三大要素。这三个要素都对大学生的实践能力具有至关重要的作用，是他们在未来职业生涯中取得成功的关键。

（一）一般实践能力

大学生实践能力的构成要素中的一般实践能力是必要的基础技能，适用于各种专业和情境。以下是一般实践能力的具体构成（如图6-3）：

图6-3　一般实践能力的构成

1. 机体运动能力

这是指大学生能够准确、灵敏和协调地运动自己的身体以完成特定的任务。这种能力可以包括一般的身体活动，如行走、跑步、跳跃以及更精细的手部活动，如书写、绘图或操作工具和设备。在某些专业领域（例如医学、舞蹈、体育等）中，具有良好的机体运动能力尤为重要。然而，对于所有大学生来说，基本的身体协调性和运动技能都是生活自理、应对日常活动以及维护健康和健康生活方式的重要组成部分。

2. 语言交流能力

在任何环境中良好的沟通都是关键。对于大学生来说，无论是在课堂上提出问题，还是在团队项目中分享想法，抑或是在写作论文时表达观点，都需要有效的语言交流能力。这包括口语和书面语言的理解和使用，以及更复杂的语言技能，如说服、解释和批判性思考。良好的语言交流能力不仅可以帮助学生在学术环境中取得成功，也可以帮助他们在职业生涯中建立和维护有效的人际关系、解决冲突、领导和影响他人。

3. 情境感知能力

情境感知能力是指大学生对他们所处环境的感知和理解，包括他们能够识别和理解环境中的各种信息，能够预测和适应环境的变化，以及能够根据环境调整自己的行为和决策。例如，在一个团队项目中，有情境感知能力的学生可能能够更好地理解项目的目标和要求，预测可能出现的问题，以及制定有效的计划和策略。在一个新的文化环境中，情境感知能力可能会帮助学生理解和适应新的社会规则和行为习惯。

这三种一般实践能力对于大学生的学习和生活而言都非常重要。通过学习和实践，大学生可以提升这些能力，为他们未来的职业生涯和生活打下坚实的基础。

（二）专项实践能力

专项实践能力是大学生实践能力构成要素中的另一个重要部分，它主要指与专业或学科直接相关的实践技能。下面，笔者将进行具体探讨（如图6-4）：

图6-4 专项实践能力的构成

1. 交流专项实践能力

交流专项实践能力涉及使用特定语言和专业术语进行有效沟通，这对于大学生的学习和职业生涯而言十分重要。具体来说，这可能包括理解和使用行业标准和术语、有效地解释和表达复杂的概念以及使用特定的软件或工具进行信息共享和合作。例如，法律专业的学生需要能够理解和使用法律术语，能够阐述复杂的法律概念，并且能够使用法律研究工具进行有效的法律研究和分析；商学院的学生可能需要掌握商业和金融术语，能够解读和编写商业报告，以及使用特定的分析软件进行数据分析。对于所有的专业来说，良好的交流专项实践能力都能帮助大学生更有效地参与学术研究和讨论，更成功地完成实习和工作任务，以及更好地与同行和专业人士建立联系和交流。

2. 感知专项实践能力

感知专项实践能力涉及对专业或学科特定环境和情境的感知和理解。具体来说，这可能包括理解和识别与专业相关的情境和现象、预测和解释这些情境和现象的发展以及根据这些情境和现象调整自己的行为和决策。例如，医学专业的学生需要能够识别和解读病人的症状，预测病情的发展，以及根据病情制定和调整治疗方案；艺术专业的学生可能需要能够理解和分析艺术作品的风格和意义，预测艺术趋势的发展以及根据艺术趋势创作和展示自己的作品。在这种情况下，良好的感知专项实践能力可以帮助大学生更深入地理解他们的专业，更有效地应对专业相关的问题和挑战，以及更成功地在专业领域内实践和创新。

3. 操作专项实践能力

操作专项实践能力是指能够使用和操作与专业相关的工具和设备，完成特定的操作和任务的能力。这种能力在很多专业中都十分重要，特别是在需要手动操作的科学和工程领域。例如，化学专业的学生需要能够安全、有效地使用实验室设备，完成化学实验和分析；计算机科学专业的学生需要能够熟练地使用编程语言和软件，进行软件开发和数据分析；工程专业的学生需要能够使用工程设备和软件，进行设计和建造。在所有的专业中，良好的操作专项实践能力都能帮助大学生更有效地完成与专业相关的操作和任务、更成功地参与专业实践、更好地为就业和职业生涯做准备。

（三）情境实践能力

情境实践能力是大学生实践能力构成要素中的另一个关键部分，主要涉及个体在特定情境中的应对和操作能力。在具体的情境中，大学生需要运用所学的知识和技能，进行分析、决策和评价，以成功地完成任务和解决问题。以下是对情境实践能力的详细论述（如图6-5）：

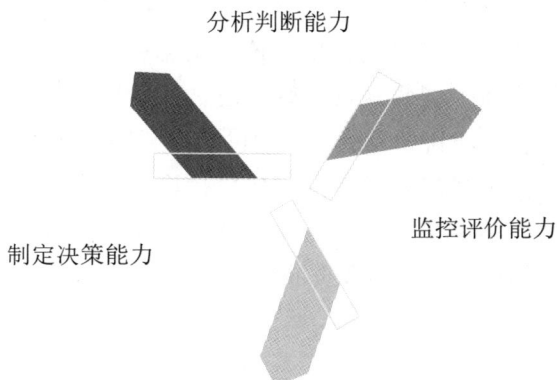

图6-5 情景实践能力的构成

1. 分析判断能力

在特定的情境中，大学生需要运用分析判断能力，识别和理解情境中的关键信息和问题，进行有效的分析和判断。这可能包括收集和评估信息、识别和分析问题以及预测和判断可能的结果和影响。例如，商业学专业的学生可能需要分析市场趋势，判断其对公司策略的影响；化学专业的学生可能需要分析实验结果，判断其对科学理论的意义。在这个过程中，大学生需要运用他们的专业知识和技能进行批判性思考，以作出准确和深入的分析和判断。良好的分析判断能力不仅可以帮助大学生在学习和实践中取得成功，也可以帮助他们在未来的职业和生活中更好地应对问题和挑战。

2. 制定决策能力

基于对情境的分析和判断，大学生还需要运用制定决策能力，制定和执行有效的决策和行动计划。这可能包括设定目标和策略、选择和调整行动方案以及管理和协调资源。例如，工程专业的学生可能需要基于项目需求和资源限制制定工程设计和施工计划；心理学专业的学生可能需要基于病人的症状和需求制定治疗和康复计划。在这个过程中，大学生需要运用他们的专业知识和技能进行创新性和策略性思考，以制定有效和可行的决策。良好的制定决策能力不仅可以帮助大学生在学习和实践中取得成功，也可以帮助他们在未来的职业和生活中更好地实现目标和理想。

3. 监控评价能力

在执行决策和行动计划的过程中，大学生需要运用监控评价能力，监控和评价执行的效果，以调整和优化决策和行动。这可能包括监控和记录执行过程、评价和分析执行结果以及根据评价结果调整决策和行动。例如，教育专业的学生可能需要通过课堂观察和学生反馈，监控和评价教学效果，以优化教学方法和策略；环境科学专业的学生可能需要通过实地考察和数据分析，监控和评价环境保护项目的效果，以优化项目设计和实施。良好的监控评价能力不仅可以帮助大学生在学习和实践中持续优化和提高，也可以帮助他们在未来的职业和生活中持续学习和发展。

第三节 大学生实践能力培养的理论基础及意义

一、大学生实践能力培养的理论基础

大学生实践能力的培养是现代教育中的重要组成部分，它的理论基础包括以下几个方面（如图6-6）：

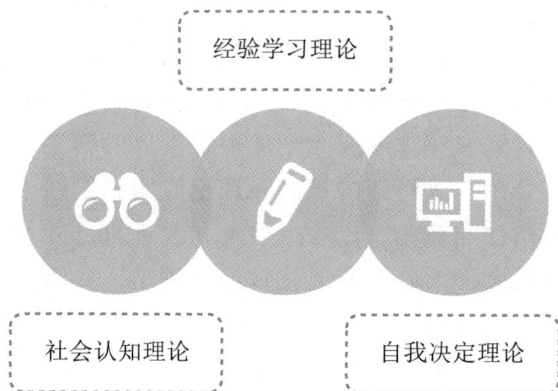

图6-6 大学生实践能力培养的理论基础

（一）经验学习理论

库伯认为，学习是持续的经验构成与再构成的动态过程，在学习的过程中，经验发挥了核心作用。[1]经验学习理论是一种强调实践的学习理论，它对大学生实践能力的培养具有重要的理论指导意义。通过将经验学习理论应用到大学生实践能力的培养中，可以有效地提高学生的实践能力，帮助他们更好地适应社会和职业生涯的需求。经验学习理论是一个理解和解释学习过程的框架，由美国心理学家大卫·库伯于20世纪70年代提出。该理论的基本前提是，知识产生于个体对经验的直接感知和理解。因此，这一理论强调实践活动在知识获取和学习过程中的中心位置。经验学习理论的核心是一个连续的四阶段循环，包括具体体验、反思观察、抽象概念化和主动实验。这

---

〔1〕 钱贤鑫：《基于库伯经验学习理论的成人教学策略探析》，载《成人教育》2014年第6期，第4~6页。

四个阶段共同构成了经验学习的完整过程，每一阶段都在不断地促进个体的学习和发展。

第一阶段是具体体验阶段，个体通过直接参与活动获取经验，这是经验学习的起点。在这一阶段，个体被投入新的、未知的情境中，亲身经历并感受环境对自己的影响。这种直接的体验和感受为后续的学习提供了基础。第二阶段是反思观察阶段，个体开始思考和反思自己在具体体验阶段的经历和感受。他们从自身的经验中提取信息，对事件进行深入的思考和分析。这种反思和观察使得个体能够对自己的经验有更深入的理解，从而为抽象概念化阶段做好准备。第三阶段是抽象概念化阶段，个体基于对经验的理解和反思，形成新的理念和理论。在这一阶段，个体将自己的观察和思考整合成为抽象的概念和理论，这些概念和理论成为个体理解世界的新工具。第四阶段是主动实验阶段，个体开始尝试将新的概念和理论应用到实践中。他们使用新的理念和理论来指导自己的行为，以此来检验和改进自己的理论。这种实验性的行为使得个体有机会不断修正和优化自己的理论，从而完成了一个完整的经验学习循环。

在大学生实践能力培养中，经验学习理论具有重要的参考价值。通过鼓励学生参与各种实践活动，可以使学生在具体体验阶段获取丰富的实践经验。在反思观察阶段，学生可以通过对自己的实践经验进行深入的思考和反思对所学的知识有更深的理解；在抽象概念化阶段，学生可以基于自己的实践经验，形成对知识的新的理解和认识；在主动实验阶段，学生可以将新的理解和认识应用到实践中，通过实践检验和改进自己的理解和认识。通过参与实践活动，学生不仅能够获取实践经验，还能够通过反思和理论化自己的实践经验，形成自己的知识和理解。这种通过实践活动进行的学习过程，可以有效地提高学生的实践能力，使他们能够更好地应对社会和职业生涯的挑战。

从更宏观的角度来看，经验学习理论为教育者提供了一个重要的理论工具，可以帮助他们更好地理解和指导学生的学习过程。通过将经验学习理论应用到教学实践，教育者可以更有效地促进学生的学习，提高教学质量。

（二）社会认知理论

社会认知理论是由班杜拉于 20 世纪 70 年代提出的一种心理学理论，主要研究个体如何通过观察他人的行为、态度和情绪结果，学习并构建对社会的理解。社会认知理论的核心概念包括观察学习、自我效能和结果期望等，这些概念对大学生实践能力培养具有显著影响。

观察学习也被称为模仿或模型学习，是个体学习新行为的重要方式。大学生通过观察他人的行为和行为结果，可以无需直接经历即可学习新的技能和知识。例如，学生可以通过观察老师的讲解，了解到一个新的概念或理论，也可以通过观察实验室中的高年级学生或教师，学习到如何正确使用实验设备或进行科研操作。自我效能是指个体对自己能够成功完成任务或达到目标的信心和信念。自我效能对大学生实践能力的培养有着重要影响。具有高自我效能的学生往往更有动力去尝试新的任务，面对困难也更有毅力坚持下去，这对培养其实践能力是至关重要的。而自我效能的形成与增强，既可以通过个体自身的实践经验，也可以通过观察他人的成功经验。结果期望是个体对其行为可能带来的后果的预期。如果大学生认为实践活动能够带来积极的学习结果，例如学习成绩的提高、知识技能的增强、职业前景的提升等，他们就更有可能投入实践活动。因此，为了培养大学生的实践能力，教育者需要明确并强调实践活动的积极结果，激发学生的学习动机。

社会认知理论对大学生实践能力的培养有着重要的理论指导作用。在教学活动中，教育者可以运用观察学习的原理，通过示范和模仿，向学生展示新的知识和技能。教育者也可以通过建设性的反馈和评价，增强学生的自我效能，鼓励他们积极参与实践活动。此外，教育者还应当强调实践活动的积极结果，激发学生的学习动机，促进他们的实践能力发展。

（三）自我决定理论

自我决定理论，由阿德华·德西和理查德·瑞安在20世纪80年代提出，是一种关于动机的理论，专门研究人的内在动力和自我调节的问题。这一理论认为，人的行为动力源于三个基本心理需要的满足：自主性、胜任感和关联性。这三个心理需要也同样适用于大学生实践能力的培养。

自主性是指个体感觉到自己的行为是出自内心的选择和决定，而非外部压力或奖励的驱动。在大学生实践能力培养中，尊重和支持学生的自主性是非常重要的。当学生感觉到他们的学习和实践活动是出自自己的选择，而非被动接受的任务，他们会更有积极性参与其中，更有可能取得成功，这有利于他们实践能力的发展；胜任感是指个体对自己能力的正面评价，相信自己有能力完成任务或实现目标。在大学生实践能力培养中，提升学生的胜任感也是关键。只有当学生相信自己有能力完成实践活动时，他们才会积极投入、才会坚持不懈、才会不断提升自己的实践能力；关联性是指个体感到自己与他人的连接和归属感，是人的一种基本社会需要。在大学生实践能力培养中，满足学生的关联性需求也是重要的。通过团队合作的实践活动，学生不仅可以学习到合作和沟通的技能，还可以感到自己是团队的一部分，这有助于他们更好地参与实践活动，提升实践能力。

自我决定理论的核心在于人们的积极行为和持久动力源自三个基本心理需要的满足。在大学生实践能力的培养中，教育者可以通过满足学生的自主性、胜任感和关联性需求，激发他们的内在动力，促进他们的实践能力发展。例如，教育者可以提供多样化的实践活动，让学生根据自己的兴趣和目标选择，满足他们的自主性需求。教育者也可以提供适度的挑战和支持，帮助学生提升自己的能力、提高他们的胜任感。此外，教育者还可以通过合作学习和小组讨论等方式，促进学生之间的交流和合作，满足他们的关联性需求。

二、大学生实践能力培养的重要意义

大学生实践能力的培养是高校实践育人过程中不可忽视的一环。随着全球化的加速、知识经济的崛起，现代社会对人才的需求日益复杂多样，特别是对大学生的实践能力和创新能力的需求越来越高。在这样的背景下，高等教育应该重视并加强对大学生实践能力的培养，以满足社会对高素质人才的需求，推动社会的进步。以下是对大学生实践能力培养的重要意义的详细论述（如图6-7）：

图6-7 大学生实践能力培养的重要意义

（一）大学生自身发展的最佳途径

大学生实践能力的培养对于学生自身发展而言有着深远的影响。高等教育的目标不仅是为学生提供专业的理论知识，更是塑造全面发展的个体，让他们在毕业后能够胜任各种挑战和任务。实践能力在其中发挥着至关重要的作用，可以说是大学生自身发展的最佳途径。

实践能力的培养对于大学生理论知识的深化有着决定性的作用。当学生在课堂上学习到新的知识时，如果不能通过实践来验证和应用这些知识，那么这些知识就会变得抽象和无用。而通过参与实践活动，学生可以将理论知识与实际情况相结合，不仅可以加深对理论知识的理解，还可以提高自己的技能水平，让知识更加活用。

实践能力的提高对于学生未来职业生涯的发展也有着重要影响。通过实践，学生可以了解到各种工作环境和工作方式，有助于他们确定自己的职业方向和职业目标。同时，实践活动还能让学生了解到自己的长处和短处，有助于他们制定自我提升的计划，为将来的职业生涯打下坚实的基础。实践能力还有助于学生形成良好的人际关系和社会适应能力。在实践活动中，学生需要与他人合作完成任务，这就需要他们具有良好的沟通能力和团队合作能力。这些技能在将来的职业生涯中是非常重要的。同时，通过参与社会实践，学生可以了解到社会的现状和问题，培养他们的社会责任感。

（二）人才培养的当务之急

大学生实践能力的培养是当前人才培养的当务之急。不仅因为实践能力的培养是提升大学生综合素质的关键，也因为这是适应当前社会发展的需要。高校需要改进教育模式，提供更多的实践机会，同时与企业等社会力量深度合作，共同培养出能够适应社会需求、具有实践能力的高质量人才。当今社会，技术快速发展、知识更新速度日益加快。对于大学生来说，纯粹的理论学习已经无法满足社会对人才的多元需求。相比于过去单一的知识掌握，现在的社会更加看重大学生能否把所学知识运用到实际之中，即实践能力。这样的能力并非一蹴而就，需要在学习过程中不断实践、反思、总结和优化，这是一种复杂而又系统的过程。

实践能力的培养在人才培养中的重要性已被越来越多的高校所认识并且行动。许多高校开始重视实践教学模式，旨在培养学生理论与实践相结合的能力。他们通过引入项目学习、案例分析、实地考察等方式，鼓励学生将所学知识应用到实际工作之中，进而提升实践能力。在这样的学习模式中，学生不仅可以通过实践加深对知识的理解，还可以提升处理实际问题的能力，培养批判性思维和创新能力。虽然实践能力的重要性已经得到了越来越多的认识，但是在实际操作中，大学生实践能力培养仍面临着许多挑战。一方面，由于资源、条件等限制，很多高校无法提供足够的实践平台，导致学生无法获得充分的实践机会。另一方面，当前高校与企业的合作模式还需进一步优化，如何提供公平、有效的实习机会，使得学生能在实习中获得真正的锻炼和提升，是当前亟待解决的问题。

（三）推动高等教育的改革和进步

大学生实践能力的培养对于推动高等教育的改革和进步具有重要的意义。只有将理论教学和实践教学紧密结合，才能有效地培养出适应社会发展需求的高素质人才，才能使高等教育真正成为推动社会进步的重要力量。高校、教师、学生和社会应共同努力，全面提升大学生的实践能力，推动高等教育朝着更加开放、包容、创新的方向发展，为社会的发展做出更大的贡献。

从教育质量提升的角度看，大学生实践能力的培养在学生学习过程中发挥着至关重要的作用。学习不应仅仅停留在课本上的理论知识，而应转化为实践中的技能和能力，从而使学生能够在学术和实践中找到平衡，理论知识与实践能力得到有效的融合。实践能力的培养使教育过程变得更加全面，从而提高了教育质量。它使得学生有机会将在课堂上学到的理论知识应用到实际生活和工作中，从而加深对知识的理解和掌握；从学生职业发展的角度看，大学生实践能力的培养有助于学生更好地规划自己的职业道路，提高其就业竞争力。通过实践活动，学生能够更早地接触到社会，了解到社会的实际需求，从而使得自己的职业规划更加明确，职业技能更加完善。在实践活动中，学生不仅能够提升专业技能，而且能够提升与之相关的一系列软实力，比如沟通能力、团队合作能力、解决问题的能力等，这对于他们未来职业生涯的发展具有深远影响；从社会创新能力的角度看，大学生实践能力的培养对于提升社会的创新能力具有重要的意义。在现代社会，创新是推动社会发展的重要动力。而高等教育的目标之一就是培养具有创新精神和实践能力的高素质人才。因此，通过实践教育，可以有效地培养学生的创新能力和团队协作精神，使他们能够在未来的工作中发挥重要作用，推动社会的创新和发展。

大学生实践能力的培养对于推动高等教育的改革和进步也有着深远的影响。它促使教育者对教育模式进行深入思考，更好地理解并应对社会对教育的需求和期望。实践教育的推广，也使得教育过程更加贴近社会，更具有时代感，从而更好地推动教育的改革和进步。

第四节　高校实践育人中大学生实践能力培养的具体策略

在高校实践育人过程中对大学生实践能力的培养是一项关键的任务。针对这一需求，我们可以从以下几个方面制定具体策略（如图6-8）：

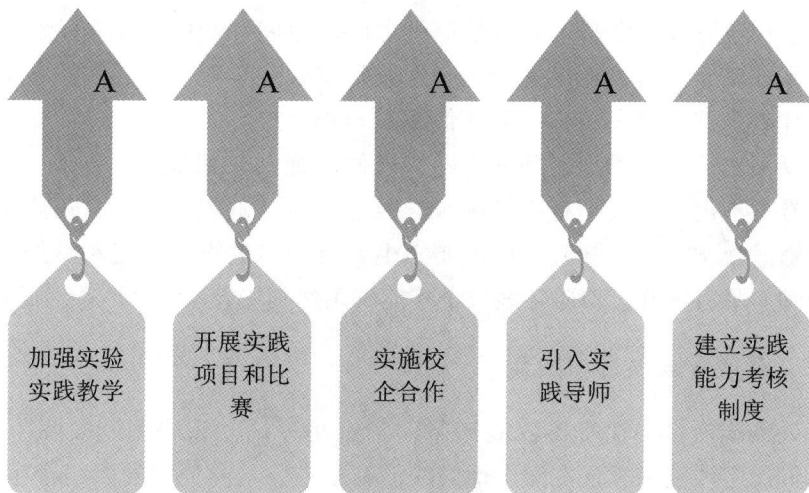

图6-8　高校实践育人中大学生实践能力培养的具体策略

一、加强实验实践教学

实验实践教学旨在通过动手操作和亲身经历，使学生更好地理解和掌握专业知识，提高其实践能力。在实践中，学生不仅能提高理论知识的掌握程度，也能培养解决问题的能力，塑造团队合作精神，甚至锻炼领导力。强化实验实践教学的核心是让学生深入参与。一个有效的实验实践教学不仅包括对实验原理的理解，还需要学生在实践中亲自操作，从操作中对理论知识有更深的理解。在这个过程中，导师的角色是指导和监督，而学生则需要主动探索和思考。

实验实践教学应该设计得既有挑战性，又能符合学生的能力水平。设计得过于简单的实验实践教学会让学生觉得无趣，过于复杂的则可能让学生感到困惑和挫败。因此，为学生提供一个适度的挑战，既可以激发他们的学习热情，也可以使他们从中受益。在实验实践教学中，学生应被鼓励去犯错误。犯错误并从中学习，是一个重要的学习过程。导师应该在学生犯错误时引导他们从错误中找出原因，理解为什么会出错，如何防止再次出错。这不仅能提高学生对实验原理的理解，也能培养他们的问题解决能力。实验实践教学还需要配备合适的设备和资源。无论是基础实验还是高级实验，都需要适当的设备支持。同时，导师也应该有足够的知识和技能来指导学生进行实验。此外，学校还应该为实验实践教学提供足够的时间和空间。在实验实践教学中，评估和反馈也是必不可少的一环。教师应该定期对学生的实践技能进行评估，并给出具体的反馈，帮助他们改正错误，提高实践能力。而学生也应该经常反馈他们在实践中遇到的问题，以便教师及时调整教学方法。强化实验实践教学不仅要求教师有高超的教学技能和丰富的实践经验，还要求学校提供足够的教学资源。同时，也需要学生具有积极的学习态度和良好的团队合作精神。只有这样，实验实践教学才能真正达到培养学生实践能力的目标。

二、开展实践项目和比赛

开展实践项目和比赛不仅能够帮助学生将理论知识应用到实际生活中，提高他们的实践能力，还能激发他们的创新精神，培养他们的团队合作能力。因此，高校应当充分利用这两种策略，为学生提供更多的实践机会，培养出更多优秀的人才。

实践项目是学生实践学习的一个重要环节。高校可以设计和组织一系列实践项目，这些项目可以是基于课堂的扩展，也可以是与社区、公司或政府机构的合作项目。通过这些项目，学生可以深入了解和掌握课堂上所学的理论知识，同时也能提升他们的实践能力。设计实践项目时，教师需要确保项目内容丰富，具有挑战性，同时也要充分考虑学生的兴趣和专业背景。项目的难易度应适中，不应过于简单或过于复杂。适度的挑战性可以激发学生的学习兴趣和动力，使他们更加积极地参与实践项目。在实践项目的实施过程中，导师的角色非常关键。导师不仅需要指导学生完成项目，更需要引导他们思考，帮助他们解决遇到的问题，培养他们的独立思考和问题解决能力。

实践比赛是另一种促进学生实践能力提升的有效方式。比如，高校可以举办科技创新大赛、商业计划竞赛等，让学生在竞赛中锻炼他们的实践能力。

这种比赛可以让学生在实践中运用和检验他们的知识和技能，同时也能激发他们的竞争意识和团队合作精神。

在实践比赛中，教师的角色是激发学生的潜力，引导他们独立思考和解决问题。教师应鼓励学生发挥自己的优势，同时也要帮助他们克服困难和挑战。无论是实践项目还是实践比赛，都应该有一个完善的评价系统。评价系统不仅要考查学生的知识和技能，更应该考查他们的思维方式、问题解决能力、团队合作能力等。这样，才能真正提升学生的实践能力。

三、实施校企合作

通过实施校企合作可以有效地将教育与实际工作环境结合起来，使学生能够在真实的工作环境中学习和实践，提高他们的实践能力。同时，这也为学生提供了了解职场文化、提升就业竞争力的机会。因此，实施校企合作是提升大学生实践能力的有效策略之一。

校企合作的形式多样，包括实习、工作坊、讲座、培训、项目合作等。这些合作模式能够提供给学生一个直接接触实际工作环境的机会，使他们能够在实际的工作环境中应用所学知识，增强对专业领域的理解，提升工作技能。实习是校企合作中常见的一种形式。通过与企业合作，学生可以在企业中进行为期几个月的实习，体验真实的工作环境，获得实际工作经验，理解和掌握所学专业的实际运用。在这个过程中，学生还可以与企业员工进行交流，了解职场文化，培养职业素养。工作坊、讲座和培训是另一种常见的校企合作形式。企业可以通过这些方式传授给学生行业知识，分享工作经验，指导他们解决实际问题。学生也可以通过这些活动了解行业发展趋势，拓宽视野，提高就业竞争力。项目合作是校企合作中的一种高级形式。在这种合作模式下，学校和企业可以共同进行一些研发、创新等项目，学生可以在项目中担任一定的角色，参与项目的实际操作，从而获得实践经验和技能。

在进行校企合作时，学校和企业都需要承担责任，共同保证合作的成功。学校需要选派有能力、有责任心的教师来负责合作项目，保证学生的权益，提供给学生充分的学习和实践机会。企业则需要提供真实的工作环境，对学生进行有效的指导和帮助，评价他们的表现。

四、引入实践导师

通过导师的指导，学生可以更好地理解和应用专业知识，更好地解决实际问题，更好地规划自己的职业道路，从而提高他们的实践能力。实践导师的角色十分重要。他们不仅能引导学生理解和掌握专业技能，还能培养学生的批判性思维，激发学生的创新精神，帮助他们形成正确的职业观念。他们还可以通过分享自己的经验和见解，帮助学生规划自己的学习和职业道路。

实践导师作为知识和经验的传播者，他们的主要任务是帮助学生掌握理论知识，并将其应用于实际操作。在这个过程中，导师需要通过具体的案例、实际的项目以及各种形式的讨论和辅导，帮助学生理解和掌握知识，解决他们在学习和实践中遇到的问题。实践导师作为学生成长的引导者，他们需要帮助学生规划学习和职业道路，激发他们的学习兴趣和动力，提升他们的学习成就感。他们可以通过提供个性化的辅导，满足学生的个别差异，使每个学生都能得到适合自己的教育和训练。实践导师作为职业发展的指导者，他们可以通过分享自己的职业经验和见解，帮助学生了解职业环境，形成正确的职业观念，提升他们的职业素养。他们还可以帮助学生建立良好的职业道德，培养他们的职业责任感。

引入实践导师的过程需要学校和企业的密切合作。学校需要选择有实践经验、有教育热情、愿意分享经验的实践导师。企业则需要提供实际的工作环境，支持导师的工作，确保他们能够有效地指导学生。

五、建立实践能力考核制度

实践能力考核制度可以有效衡量学生的实践技能，并给出反馈，进而激励学生更深入地参与实践活动，提高其实践能力。实践能力考核制度应充分反映学生在实践中的学习情况，注重学生的实践成果和能力的提升。这需要制定一套全面、公正、客观的评价标准，并结合学生的实际情况进行灵活调整。

在建立实践能力考核制度时，应首先明确考核的目标。考核制度旨在衡量学生的实践技能，并鼓励他们参与更多的实践活动。因此，考核标准应围绕实践技能展开，例如，可以设置实践项目、案例分析、实习表现等评价项目。在制定评价标准时，还应注重其全面性和公正性。考核内容应涵盖学生在实践中所展现的各方面能力，包括操作能力、解决问题的能力、团队协作能力等。考核方式应保持公正，确保每个学生都有公平展示的机会。实践能力考核制度的实施应有明确的流程。首先，对学生进行定期的实践能力评估；其次，根据评估结果，给出建设性反馈，指导学生改进；最后，对学生进行再次评估，查看他们的进步情况。

在实施考核制度时，应注重反馈的有效性。评价结果应及时反馈给学生，帮助他们了解自己的优点和不足，并提供具体的改进建议。此外，还应将评价结果反馈给教师，使他们了解学生的学习情况，以便进行针对性的教学。

第七章

总结与展望

第一节　高校实践育人研究成果的理论意义与实践价值

高校实践育人的研究成果既可以推动教育理论的发展，又可以指导教育实践，对于提升高等教育的质量，推动社会的进步都具有重要的意义和价值。

一、理论意义

高校实践育人研究的理论意义主要体现在完善教育理论和指导教学改革两个方面（如图7-1）。

完善
教育理论

指导
教学改革

图7-1　高校实践育人研究成果的理论意义

（一）完善教育理论

实践教育的理论研究对于完善教育理论具有重要的意义。在这一过程中，高校实践育人研究不仅提供了新的视角，更提供了新的理解方式。故而，理论和实践的关系被置于了一个新的、更广阔的视野中。传统的教育理论往往偏向于对知识的传递和技能的训练，而实践教育理论的提出却提醒人们，教育不仅是知识的传递，更是一种能力的培养。在这里，教育被赋予了更深远的意义，那就是培养学生解决问题的能力和应对未知挑战的勇气。因此，教育的任务不再仅仅是教会学生知识，更重要的是教会学生如何运用知识、如何去思考、如何去解决实际问题。

高校实践育人研究的深入进行，进一步推动了教育理论的发展。这种理论的发展不仅体现在教育的目标上，更体现在教育的过程中。教育的目标从单一的知识传递转变为多元的能力培养，教育的过程从被动的接受转变为主动的参与。在这里，教师不再是知识的传递者，而是学生学习的引导者，学生不再是知识的接受者，而是知识的创造者。通过这种方式，教育理论得到了进一步的完善和发展，教育的功能也得到了进一步的发挥。高校实践育人研究还提供了对现有教育理论的反思。在现代社会，信息的传播速度越来越快，知识的更新速度越来越快。因此，学生所学的知识可能在未来的工作中很快就会过时。这就要求教育不仅要教会学生知识，更要教会学生学习的能力。这就需要对现有的教育理论进行反思，对教育的目标和方法进行重新定义和设计。

（二）指导教学改革

高校实践育人研究成果的理论意义在于，它提供了一种新的教学模式，为教学改革提供了方向。这种模式强调实践的重要性，强调学生的主体地位，强调教师的引导角色。它将知识的学习和实践能力的培养结合起来，让学生在学习中体验实践的乐趣，感受知识的力量。这种教学模式不仅有利于提高学生的学习效果，更有利于培养学生的实践能力，为社会提供了一批具有实践能力的优秀人才。

教学改革作为教育系统中的核心议题，一直是教育者、研究者、政策制定者关注的焦点。而高校实践育人研究成果，以其新颖的理念和成熟的实践，提供了对教学改革的有力指导。教学改革的目标是为了更好地适应社会发展的需要，满足学生全面发展的要求。传统的教学模式，过于侧重知识的传授，忽视了实践能力的培养。而高校实践育人研究所提出的理念和策略，为改变这一现状提供了思路和方法。在具体的操作层面，高校实践育人研究成果提倡以实践为导向的教学模式，鼓励学生主动参与、动手操作，通过解决实际问题来学习和掌握知识。这种教学模式不仅让学生在操作中获得乐趣，更让学生在实践中见识到知识的力量，感受到学习的成就。它将学生的学习从被动接受转变为主动参与，从而提高了学生的学习积极性，改善了学生的学习状态。高校实践育人研究还强调了校企合作的重要性。通过校企合作，学生可以接触到更多的实际问题，可以了解到企业的运作模式和行业的发展趋势。这不仅有利于学生的就业，更有利于学生的成长。通过这种方式，学校和企业共同参与学生的教育和培养，学生在学校中就可以接触到社会，感受到社会的气息。

在理论层面，高校实践育人研究提出了实践教育的理论。这种理论突破了知识教育的狭隘框架，将教育的目标定位为培养具有实践能力的人才。这种理论不仅对教育的目标提出了新的要求，更对教育的过程提出了新的观点。在这种观点下，教育不再是教师的单向灌输，而是学生和教师共同参与的过程。教师通过引导学生的学习，激发学生的学习兴趣，培养学生的学习能力。学生通过主动参与学习，积累知识，提高能力。

二、实践价值

高校实践育人研究成果的实践价值主要体现在提高教育质量、培养应用型人才、优化教育政策、推进社会进步等几个方面（如图7-2）。

提高教育质量		优化教育政策
培养应用型人才		推动社会进步

图7-2　高校实践育人研究成果的实践价值

（一）提高教育质量

提高教育质量是教育工作者和全社会共同的责任和期待，高校实践育人研究成果的实践价值在于能有效地提高教育质量。实践育人的理念以及具体策略的实施，可以从多个层面和角度推动教育质量的提升。以实践为核心的教育方式可以激发学生的学习兴趣。理论知识的学习往往较为抽象和枯燥，而实践教学却可以让学生亲身参与，以动手的方式理解和掌握知识。实践教学可以让学生在完成任务的过程中体验到学习的乐趣，从而提高学生的学习积极性，提高学习效果，最终提高教育质量。另一方面，实践教育也促进了教师教学方法的改变。从教师的角度来看，实践教育不再是单一的知识灌输，而是需要教师在设计实践教学环节、引导学生完成实践活动的过程中，更好地理解学生的学习需求和学习难点。这要求教师具有更高的教学能力，而这对于提高教育质量也是至关重要的。

实践育人的策略还包括对实践环境的要求，比如设备设施的完善、实验材料的丰富等，这些都是教育质量的重要组成部分。因此，实践育人的理念和策略的实施也推动了教育环境的改善。实践教育还可以帮助学生建立全面的知识体系。在实践活动中，学生可以将所学的理论知识运用到实际问题的解决中，这样不仅可以加深对知识的理解，而且可以培养解决问题的能力。在这个过程中，学生的知识体系也会变得更加完整和系统。实践教育的实施还关注到了学生的个体差异。每个学生都有自己的学习兴趣和学习方式，在实践教育的实施过程中，教师需要根据学生的实际情况来调整教学方式和教学内容。这就要求教师具有更高的教学能力，这也有助于提高教育质量。

（二）培养应用型人才

培养应用型人才是当今高等教育的重要任务之一，高校实践育人的研究成果在这方面具有显著的实践价值。在面向未来的社会发展中，具有实践能力和创新精神的应用型人才需求日益增强。高校实践育人研究成果在培养应用型人才方面发挥着重要作用。实践育人研究成果的核心是以实践为主导，强调知识和技能的结合，理论和实践的结合，教学和生产的结合，校内和校外的结合。这种培养模式使得学生在学习过程中不断实践，通过实践活动获取和运用知识，培养应用型技能，形成应用型思维。这种模式的实施使得高校教育更加贴近社会，更加贴近实际，为学生提供了丰富的实践机会，提高了学生的实践能力。

具体来看，实践育人策略通过各种形式的实践活动，如实验、实习、实践项目、实践竞赛等，使学生在实践中学习，提高学生的实践能力。这些实践活动不仅让学生掌握和应用理论知识，而且能让学生了解和熟悉实际工作环境，培养学生的职业素养。同时，这些实践活动也培养了学生的创新精神和创新能力。实践育人策略还通过校企合作、实践导师制度等方式，构建起校内外一体化的实践教育平台，进一步提升了学生的实践能力和职业素养。校企合作可以让学生接触到最新的行业动态和技术，了解企业的需求，增强学生的就业竞争力。实践导师制度则让学生在导师的指导下开展实践活动，提高学生的独立工作能力和团队协作能力。在实践育人策略的指导下，学生的实践能力得到了提升，对社会的理解更加深入，职业素养也得到了提高，这无疑为他们的未来就业和发展奠定了坚实的基础，这也使得高校的教育质量得到了提升，满足了社会对应用型人才的需求，对于推动社会经济的发展具有重要的意义。

（三）优化教育政策

教育政策是指导教育活动的规则，影响教育的方向和质量。实践育人研究成果为教育政策的制定和优化提供了新的视角和参考。实践育人的核心思想是以实践为主导，强调知识和技能的结合，理论和实践的结合，教学和生产的结合，校内和校外的结合。这种教育理念对于教育政策的制定具有重要的启示意义。教育政策需要反映出这种实践导向的教育理念，鼓励和支持实践教学活动的开展，营造有利于实践教学的教育环境。在教育资源的配置上应优先保障实践教学活动的资源需求，提供充足的实验设备、实习基地、实践导师等。对于实践教学的效果，应建立健全评价机制，将实践能力的培养纳入教学质量的评价标准，确保实践教学的质量和效果。在教育改革上，应积极推进实践教学模式的创新，打破传统的课堂教学模式，激发学生的实践热情和创新精神。

实践育人研究成果还为教育政策的制定提供了新的工具和方法。例如，校企合作是实践教学的重要方式，可以通过政策引导和支持，推动校企合作的深入发展。实践导师制度是实践教学的重要保障，可以通过政策予以鼓励和支持，推动实践导师制度的建立和完善。更重要的是实践育人研究成果为教育政策的制定提供了新的思考。实践育人理念认为，教育的目的不仅是传授知识，更是培养学生解决问题的能力和应对未知挑战的勇气。这种理念挑战了传统的知识教育理念，为教育政策的制定提供了新的方向。教育政策需要从知识教育向实践教育转变，更加注重实践能力的培养，更加关注学生的全面发展。

（四）推动社会进步

高校实践育人研究成果在推进社会进步方面具有深远的影响。学校是社会进步的重要驱动力之一，其实践育人的教学成果将直接影响到社会的发展和进步。实践育人的目标是培养学生的实践能力和创新精神，使他们能够在未来的工作和生活中积极应对各种挑战，创新解决问题，推动社会的进步。

通过实践育人，学生能够将学到的理论知识转化为实际的操作技能，将创新的思维转化为解决问题的方法，这对于推动社会的科技进步和经济发展具有重要作用。

社会进步不仅需要科技的发展，还需要文化的繁荣。实践育人的教学方式强调全面发展，注重培养学生的人文素养和社会责任感，这有助于推动社会文化的发展和价值观的提升。实践教育使学生在实践中了解社会，感受社会，为社会服务，培养他们的社会责任感和公民意识，使他们在未来的社会生活中能够积极参与，为社会的进步做出贡献。实践育人研究成果在推动教育改革，优化教育政策方面也对社会进步产生了积极影响。教育改革和教育政策的优化不仅可以提高教育的质量和效率，培养更多的高素质人才，还可以推动社会公平，缩小教育差距，促进社会的公平和和谐。实践育人研究成果还有助于深化校企合作，推动产学研一体化发展。校企合作是实践教学的重要方式，通过校企合作，可以将教育与生产紧密结合，使教育更符合社会的需求，更具应用性和针对性。产学研一体化可以加速技术的转化和创新，推动社会的科技进步和经济发展。

第二节　高校实践育人的未来发展趋势

未来的高校实践育人将会更加重视学生的全面发展，更加注重实践教学的质量和效果，同时也会利用新型技术和教学手段，提高实践教学的效率和效果。(如图 7-3)。

01	数字化与虚拟化实践教学
02	强化跨学科实践教学
03	深化产学研一体化发展
04	增强实践课程的个性化和创新性
05	重视社会服务意识和社区参与

图 7-3　高校实践育人的未来发展趋势

一、数字化与虚拟化实践教学

在 21 世纪的信息社会，数字化与虚拟化的技术越来越成为高等教育中不可或缺的一部分。尤其是在高校实践育人中，数字化与虚拟化实践教学的应用，正在逐步改变传统的教育模式，为学生提供全新的学习体验。数字化与虚拟化实践教学的核心是利用现代信息技术，模拟真实的实践环境，为学生提供一个真实、安全且容错率高的学习平台。学生在这样的平台上可以自由地尝试、实验和探索，而不用担心会带来实际的损失或风险。这种方法充分利用了数字化与虚拟化技术的优势，为学生创造了更为丰富和多样的实践机会。一方面，数字化与虚拟化实践教学能够突破时间和空间的限制。学生不再受制于实验室的开放时间，也不需要在特定的地点进行实践活动，他们可以在任何地方，只要有互联网连接，就能进行实践学习。这为学生提供了更为灵活和便利的学习环境，有助于他们更好地安排自己的学习时间，提高学习效率。另一方面，数字化与虚拟化实践教学也能提供更为丰富和个性化的学习资源。教师可以根据学生的学习需要和兴趣，选择或设计合适的数字化与虚拟化实践项目。学生也可以根据自己的情况，选择不同的实践项目，进行个性化学习。这样，每个学生都能得到自己需要的实践机会，实践教学的效果也会大大提高。数字化与虚拟化实践教学还能提供实时的反馈和评价。教师可以通过在线的方式，随时了解学生的学习进度，及时提供指导和帮助。学生也可以通过系统的反馈，了解自己的学习情况，调整自己的学习策略。这有助于形成一个良好的教学反馈机制，提高教学效果。

在数字化与虚拟化实践教学中，学生有机会探索各种各样的学科领域，包括科学、工程、医学、艺术等。这种跨学科的实践学习方式，不仅增强了学生的综合素质，也拓宽了他们的视野，使他们能够更好地适应社会的多元化需求。数字化与虚拟化实践教学也有助于培养学生的创新思维和创新能力。在数字化与虚拟化的环境中，学生可以自由地设计和改进他们的实践项目，通过不断的试验和调整，找到最佳的解决方案。这种学习方式强调了创新和实践的重要性，有助于学生在实际工作中灵活应对各种挑战。数字化与虚拟化实践教学也有助于提高学生的团队协作能力。在很多实践项目中，学生需要与他人合作，共同完成任务。在这个过程中，他们不仅能够学习到团队协作的技巧，也能够学习到如何处理人际关系，如何有效地沟通和协调。

随着大数据、人工智能等新技术的发展，数字化与虚拟化实践教学的应用也会更加广泛。比如，通过大数据技术，教师可以收集和分析学生的学习数据，更精准地了解学生的学习需求和进步情况。通过人工智能技术，可以为学生提供更个性化的学习推荐和辅导，提高学习效果。

二、强化跨学科实践教学

随着科技的飞速发展和社会的不断进步，越来越多的问题需要多学科的知识和方法来解决。比如，环境保护问题需要生物学、地理学、化学、政治学等多方面的知识，信息技术问题需要计算机科学、数学、设计、心理学等多方面的知识。只有跨学科的实践教学，才能为解决这些问题提供全面和深入的视角。强化跨学科实践教学是未来高校实践育人的重要发展趋势之一。这一趋势既是对现代社会复杂多元的需求的回应，也是提升高校教育质量，培养具有综合素质和创新能力的优秀人才的重要路径。通过实施跨学科的实践教学，可以为学生提供一个更加丰富、更加多元、更加创新的学习环境，从而更好地发挥他们的潜力，提升他们的实践能力，为他们的未来发展奠定坚实的基础。

强化跨学科实践教学可以打破传统学科边界的束缚，让学生有机会接触到更广阔的知识领域。不同学科之间的融合与交叉，会催生出全新的学习领域和研究方向，这些新领域和方向往往是前沿的、富有创新性的。学生在这样的学习环境中，可以拓宽他们的视野，触及他们在单一学科中可能无法接触到的新知识和新理论。强化跨学科实践教学也有助于培养学生的创新思维和批判性思维。在跨学科的学习过程中，学生需要将来自不同学科的知识进行整合和链接，这需要他们不断尝试、实践，甚至挑战现有的知识观念和理论框架。这种过程可以锻炼学生的创新思维，使他们更愿意并且能够从新的角度去思考问题，去发现问题的解决方案。强化跨学科实践教学还可以提升学生的学习动力和学习兴趣。与单一学科的教学相比，跨学科的教学往往更具吸引力，更能激发学生的好奇心和探索欲。比如，通过将科学和艺术相结合的教学方式，可以让学生在享受艺术创作乐趣的同时，也能学到科学的知识，从而提升他们的学习动力和兴趣。

三、深化产学研一体化发展

产学研一体化理念以创新驱动发展为核心，注重理论知识与实践经验的融合，强调科研活动与社会实际需求的紧密连接。未来，高校将寻求与企业、研究机构的深度合作，推动教育与社会需求、产业发展对接，从而达到理论与实践、知识与技能、校园与社会的融合，这样，学生能够在实践中收获真实的工作经验，更好地掌握专业知识，提升就业竞争力。产学研一体化发展是理论与实践相结合的重要体现。它通过校企合作、合作研究等方式，让学生直接接触到行业最前沿的技术和问题，理解企业的运营模式，了解产业的发展动态。高校作为知识的创造者和传播者，应以培养高素质的创新型人才为己任，为社会提供智力支持和技术服务。而企业作为经济活动主体，有着丰富的实践经验和技术积累。通过与高校的合作，可以实现知识的传播和技术的转化，为社会经济的发展提供支持。

产学研一体化还可以推动大学创新成果广泛应用于产业发展实践，使大学不仅从产学研合作中获得更多的科研经费和社会服务收入，而且可将科学研究延伸到经济科技发展的最前沿，为学校的学科建设、创新人才培养、教师队伍建设以及毕业生就业提供强有力的支持。[1]在产学研一体化发展中，高校设立实践基地是一种常见的做法。实践基地可以提供一个接近工业生产环境的实训平台，让学生在接触和理解专业知识的同时，感受企业文化，理解企业运作，积累实际工作经验。这种模式下，学生不仅可以掌握理论知识，更能学习到实际操作技能，培养解决实际问题的能力。产学研一体化发展也意味着高校与企业、研究机构的深度合作。在这种合作中，高校可以引入企业项目，让学生参与到实际的产品开发和市场推广中，这种方式可以帮助学生更好地理解和运用所学的知识，了解市场需求和企业运营模式，提升他们的创新能力和解决实际问题的能力。高校与研究机构的合作也是产学研一体化发展的重要组成部分。通过开展合作研究，学生可以接触到最新的研究成果和最前沿的研究技术，提升他们的学术素养和研究能力。这种方式不仅可以提升学生的研究能力，也有助于推动社会科技的进步。

深化产学研一体化发展是高校实践育人的重要途径。通过与企业、研究

---

〔1〕 陆军恒：《大学的十个界面》，生活·读书·新知三联书店 2013 年版，第 149 页。

机构的合作，高校可以实现教育与社会需求、产业发展的紧密对接，让学生在实践中获得真实的工作经验，更好地掌握专业知识。在这个过程中，学生可以更好地理解和应用专业知识，提升他们的实践能力和就业竞争力。

四、增强实践课程的个性化和创新性

在高等教育领域，实践教学始终被视为知识获得和技能培养的关键部分。对于未来的发展趋势而言，增强实践课程的个性化和创新性被认为是至关重要的一环。个性化是以学生为中心，注重满足学生个体的学习需求和兴趣，尊重每个学生的独特性和多样性。在高等教育中，个性化教学不仅仅是传授知识，更重要的是根据每个学生的特点和兴趣，进行个性化的教学设计和指导，以促进每个学生的全面发展。高等教育中的实践教学，应关注学生的个体差异，根据他们的特点和兴趣设计实践教学活动，让他们在实践中找到自我，发展自我。在实践课程中增强个性化，可以让每个学生根据自己的兴趣和发展方向，选择和设计自己的实践项目。在这个过程中，教师的角色从传统的教授者转变为指导者和伙伴，他们不仅指导学生如何进行实践活动，还鼓励学生探索新的方法和路径，发展自己的想法和创新能力。

创新性是指教育活动中的新颖元素，包括创新的教学方式、教学方法和教学内容。在高等教育中，创新性教学是培养学生创新思维和创新能力的重要手段。实践教学是学生学习和发展创新能力的重要场所，高等教育中的实践教学，应注重培养学生的创新思维和创新能力。在实践课程中增强创新性，需要引入新的教学方法和技术，鼓励学生采用新的方式和方法进行实践活动。在这个过程中，教师的角色也在发生变化，他们不再是知识的传递者，而是创新思维和创新能力的培养者。他们需要创造一个开放、包容、鼓励创新的教学环境，让学生在实践中体验创新，学习创新。

为了实现实践课程的个性化和创新性，高校需要进行一系列的改革和创新。例如，改变传统的教学模式，实施个性化和创新性的教学设计；建立一套能够满足个性化和创新性需求的教学资源和服务体系；提供多样化的实践平台和机会，让学生在实践中发现自我，提升自我。这些改革和创新需要高校有明确的目标和策略，需要教师有高度的专业素养和创新意识，需要学生有积极的学习态度和创新精神。只有这样，才能真正实现实践课程的个性化和创新性，才能让实践教学真正成为高等教育的重要支柱，为学生的全面发

展和社会进步贡献力量。

五、重视社会服务意识和社区参与

在实践育人的未来发展中，社会服务意识和社区参与的重视逐渐成为教育改革的重要一环。这种趋势是基于社会责任和公民身份的认识，致力于培养具有社会责任感、关心社区福祉的人才。高等教育需要让学生了解到，作为社会公民，他们不仅需要为自己的生活和职业做好准备，更需要意识到自身行动对社区和社会的影响，并愿意积极参与社区事务，以实现社会的公平和进步。

对社会服务意识的重视，在高等教育中主要体现在以服务学习为主导的教育模式中。服务学习是一种以实践为导向的教育方法，让学生通过参与具有实际意义的社区服务项目，从中学习并体验社会责任和公民参与。这种教育模式能让学生理解社会的复杂性和多样性，感受到自己的行动能对社区产生积极的影响，从而培养他们的社会责任感和公民精神。实施服务学习的高校，需要与当地社区建立紧密的合作关系，让学生有机会参与到社区的各种项目中，包括社区建设、环保活动、公益服务等。在这些项目中，学生不仅可以将课堂上的理论知识应用到实际中，更可以通过解决真实的社会问题，提升自己的能力，培养解决问题的创新思维。

对社区参与的重视是让学生了解和体验社区生活的重要方式。通过参与社区事务，学生可以了解社区的运作机制，体验社区的多样性，学习和锻炼与不同背景的人沟通和协作的能力。这对于他们将来在多元化的社会中生活和工作，具有非常重要的意义。实施社区参与的高校需要为学生提供丰富的社区参与机会，让他们能够从社区的各个角度了解社区，参与到社区的各种活动中。这不仅可以让他们了解社区的实际情况，更可以让他们体验社区生活，理解社区的价值和意义，培养他们的社区参与意识。

在未来的发展中，对社会服务意识和社区参与的重视，将让高校实践育人的角度更加宽广，内容更加丰富。这需要高校教育的多元化，需要创新，需要教师的专业素养和热情投入，更需要学生的积极参与和自我挑战。只有这样，才能真正实现实践教育的目标，让学生在实践中收获知识和技能，体验成长和进步，发展自我和服务社会，实现个人价值和社会价值的统一。这样的教育，才能让学生在未来的社会中，既能追求自我发展，也能承担社会责任，既能实现个人价值，也能促进社会进步。

参考文献

[1] 赵巧玲、宗晓兰：《高校实践育人研究》，吉林人民出版社 2020 年版。

[2] 李红、王谦主编：《新时代高校实践育人理论与实践》，江苏大学出版社 2021 年版。

[3] 李淑静：《应用型本科高校实践育人研究》，吉林大学出版社 2021 年版。

[4] 范桂森、武剑英：《文化自信视域下高校实践育人系统研究》，北京工业大学出版社 2022 年版。

[5] 钟一彪、曲翔主编：《实践育人的方法：基于高校学生公益服务视角》，中山大学出版社 2021 年版。

[6] 李延忠：《实践育人创新研究》，北京理工大学出版社 2013 年版。

[7] 张建锋主编：《大学生实践能力培养模式探索与实践：基于成都大学文学与新闻传播学院的考察与研究》，电子科技大学出版社 2016 年版。

[8] 吴志华：《学生实践能力发展研究》，辽宁师范大学出版社 2010 年版。

[9] 李流舟、郑曦楠：《高校实践育人内涵的多维阐释》，载《大陆桥视野》2022 年第 4 期。

[10] 李海娟：《新时代高校实践育人路径探析》，载《思想理论教育》2021 年第 8 期。

[11] 范春霞：《论高校实践育人及其发展对策》，载《赤峰学院学报（汉文哲学社会科学版）》2021 年第 3 期。

[12] 朱海菲：《民办高校实践育人平台建设研究》，载《中文科技期刊数据库（文摘版）教育》2021 年第 2 期。

[13] 贾俟萌、全永根：《高校实践育人的路径创新研究》，载《教育信息化论坛》2021 年第 1 期。

[14] 董玲莉、董文琳：《新时代高校实践育人协同机制探析》，载《长江丛刊》2023 年第 5 期。

[15] 于经宇、杨鹤：《新时代"四元一体"高校实践育人体系构建研究》，载《辽宁省交通高等专科学校学报》2023 年第 1 期。

[16] 鲍芳芳：《新时代构建高校实践育人体系的思考》，载《丝路视野》2023 年第 11 期。

［17］吴汉平等：《构建高校实践育人协同体系探究》，载《现代职业教育》2020 年第 23 期。

［18］隋向萍、王志臣：《新形势下民办高校实践育人体系研究》，载《数字化用户》2022 年第 43 期。

［19］罗丽华：《生态文明教育与高校实践育人的创新融合》，载《环境工程》2023 年第 2 期。

［20］何学建、周羽：《高校实践育人共同体建构路径》，载《教育观察》2020 年第 13 期。

［21］张琛、田玉：《高校实践育人创新模式构建》，载《传播力研究》2020 年第 12 期。

［22］张丙昕：《系统思维下高校实践育人共同体的构建路径探析》，载《文教资料》2022 第 22 期。

［23］李晓燕、王继成：《高校实践育人存在的问题及改进策略》，载《渤海大学学报（哲学社会科学版）》2020 年第 3 期。

［24］郑传娟、洪晓畅：《高校实践育人共同体：背景、内涵与建构路径》，载《思想政治教育研究》2022 年第 2 期。

［25］王璐璐：《创新思维对高校实践育人的促进机理及方法研究》，载《高校辅导员》2022 年第 1 期。

［26］荆潇：《高校实践育人工作路径的优化》，载《文教资料》2019 年第 23 期。

［27］李程：《高校实践育人机制深入探索与构建研究》，载《当代教育实践与教学研究（电子刊）》2021 年第 20 期。

［28］胡俊楠：《高校实践育人行为选择及促进机制》，载《品位·经典》2023 年第 6 期。

［29］张玲玉：《提升高校实践育人的时代性探索》，载《黑龙江教育（高教研究与评估）》2019 年第 8 期。

［30］陈旭：《基于"双创"视角下的高校实践育人模式研究》，载《读与写（上旬）》2021 年第 9 期。

［31］冯雨婷：《应用型高校实践育人共同体建设探究》，载《就业与保障》2021 年第 8 期。

［32］杨海霞、梁艳青：《"三全育人"理念下的高校实践育人模式》，载《文教资料》2021 年第 8 期。

［33］陈娴：《构建高校实践育人长效机制的思考》，载《智库时代》2019 年第 5 期。

［34］叶亚男：《地方应用型高校实践育人长效机制研究》，载《智库时代》2021 年第 5 期。

［35］都静、马利萍、樊晓阳：《新时代高校实践育人的机制与路径研究》，载《决策探索（下）》2021 年第 2 期。

［36］蔡婕萍、许和连、马文豪：《课程思政背景下高校实践育人模式探索》，载《改革与

开放》2021 年第 3 期。

[37] 何学建、周羽：《高校实践育人的多元主体协同治理策略研究》，载《山西青年》2021 年第 2 期。

[38] 王亚煦等：《基于系统思维的理工科高校实践育人路径探究》，载《系统科学学报》2021 年第 1 期。

[39] 董俊娜：《中华优秀传统文化融入高校实践育人机制研究》，载《中文科技期刊数据库（全文版）教育科学》2021 年第 1 期。

[40] 王洪飞、孙莹贤：《高校实践育人合力机制探析》，载《开封教育学院学报》2017 年第 12 期。

[41] 张晶晶、王佩莹：《高校实践育人多维路径研究》，载《西部素质教育》2017 年第 10 期。

[42] 谭件国：《高校实践育人长效机制探微》，载《中国市场》2017 年第 10 期。

[43] 郑君、彭静云：《高校实践育人机制的探究》，载《当代旅游》2018 年第 24 期。

[44] 刘力菲：《构建新时代高校实践育人工作体系》，载《吉林省教育学院学报》2022 年第 8 期。

[45] 陈春芳：《应用型本科高校实践育人体系构建探究》，载《吉林工程技术师范学院学报》2022 年第 3 期。

[46] 王喆荟：《理想信念教育视域下应用型高校实践育人探究》，载《新教育时代电子杂志（教师版）》2021 年第 4 期。

[47] 廖晋饶：《OBE 理念下高校实践育人模式探析》，载《大众文摘》2022 年第 7 期。

[48] 张莉、王江华：《高校实践育人模式的研究与探索》，载《科技视界》2019 年第 22 期。

[49] 蒋尊国、孙玉洁：《提升大学生实践能力 促进大学生就业创业》，载《中国共青团》2022 年第 6 期。

[50] 赵法茂等：《基于科研项目平台培养大学生实践能力探索》，载《中国现代教育装备》2021 年第 15 期。

[51] 桑琴、李玮：《基于校企合作的大学生实践能力的培养》，载《新教育时代电子杂志（教师版）》2020 年第 32 期。

[52] 于忠军、王静：《创新创业背景下高校大学生实践能力提升的策略研究》，载《智库时代》2022 年第 31 期。

[53] 郑纯：《大学生实践能力培养与提升路径研究》，载《当代教育实践与教学研究》2019 年第 15 期。

[54] 王雅君：《提升大学生实践能力的对策探析》，载《吉林工程技术师范学院学报》2017 年第 2 期。

［55］陈树良等：《大学生实践能力体系建设与思考》，载《辽宁工业大学学报（社会科学版）》2017年第2期。

［56］孟阿迪等：《社区文化需求下的大学生实践能力培养》，载《成功（中下）》2018年第23期。

［57］李旭：《双创背景下大学生实践能力的构成与培养》，载《创新创业理论研究与实践》（第1卷）2018年第21期。

［58］王佳佳：《浅谈如何利用新媒体提升大学生的实践能力》，载《记者观察（下）》2018年第9期。

［59］包兰：《培养大学生实践能力的方法与途径》，载《商业故事》2016年第28期。

［60］黄文芳：《以"第二课堂成绩单"制度为依托促进高校实践育人——以玉林师范学院为例》，载《科教文汇（中旬刊）》2020年第32期。

［61］何学建、顾欢：《供给侧结构性改革下的高校实践育人质量提升路径研究》，载《产业与科技论坛》2022年第23期。

［62］荆悦：《新时代高校实践育人工作探析——基于大学生全面发展的研究》，载《盐城工学院学报（社会科学版）》2022年第6期。

［63］吴刚、陈桂香、朱志勇：《高校实践育人的整体把握》，载《教育评论》2013年第2期。

［64］宋述芳、张伟伟、吕震宙：《一流本科建设下高校实践育人的定位、反思及发展》，载《黑龙江高教研究》2019年第12期。

［65］赵文杰：《高校实践育人创新创业载体和平台建设研究》，载《创新创业理论研究与实践》2019年第12期。

［66］杨克岩、马腾：《高校实践育人创新创业平台建设的探索与实践》，载《现代职业教育》2019年第11期。

［67］左洁：《志愿服务活动对于高校实践育人功能的研究》，载《教育研究》2019年第9期。

［68］孙晨：《依托社会实践提升高校实践育人功效的途径探究》，载《泰山学院学报》2019年第6期。

［69］张琴：《高校实践育人共同体建构策略论析》，载《淮阴工学院学报》2019年第2期。

［70］伍廉松：《新时代高校实践育人的时代价值及其实现路径》，载《北京青年研究》2019年第2期。

［71］高天琦：《多维视域下高校实践育人共同体构建的探索与实践》，载《黑龙江畜牧兽医》2019年第24期。

［72］姚丹：《应用型高校实践育人体系的构建与机制创新》，载《湖北开放职业学院学

报》2019年第1期。

［73］薛莲：《高校实践育人创新创业载体和平台建设研究》，载《教育教学论坛》2016年
　　　第30期。

［74］沈宇航、马铁明：《新时代高校实践育人推动校企合作科研创新对策研究》，载《新
　　　一代》2021年第22期。

［75］张震、张茳：《基于校企合作应用型高校实践育人的着力点研究》，载《当代教育实
　　　践与教学研究（电子刊）》2018年第11期。

［76］何蔚超、高希：《新时期高校实践育人路径探析》，载《经营管理者》2015年第
　　　12期。

［77］李鹏飞：《对深化高校实践育人的思考》，载《教育与职业》2014年第29期。

［78］吴立全、于秋叶：《高校实践育人新模式探究》，载《东北农业大学学报（社会科学
　　　版）》2017年第3期。